주권화폐—준비금 은행제도를 넘어서
Sovereign Money. Beyond Reserve Banking

조세프 후버(Joseph Huber) **지음**

유승경 **옮김**

진인진

....

추천사

우리가 살고 있는 경제는 시장 경제이다. 시장에서는 화폐를 매개로 거래가 이루어진다. 화폐만 있으면 뭐든지 살 수 있으니, 어떤 사람이든 더 많은 화폐를 갖기 원한다. 정부도 마찬가지이다. 하고 싶은 일은 많지만 늘 예산이 모자란다. 세금을 더 걷자니 현재 세대의 반발이 두렵고, 채권을 발행하자니 미래 세대의 부담이 걱정이다.

모든 주체가 화폐를 원하지만, 정작 화폐가 무엇인지 정확하게 아는 것은 쉬운 일이 아니다. 우리가 쓰는 지폐에는 한국은행 총재의 도장이 찍혀 있으니까 일반 사람들은 화폐를 중앙은행이 발행하는 것으로 알고 있다. 그러나 중앙은행이 발행한 화폐는 전체 화폐의 일부분밖에 차지하지 않는다. 대부분의 화폐는 상업은행이 대출할 때 창조된다. 중앙은행이 발행한 화폐를 본원통화라고 부르고, 상업은행이 창조한 화폐를 예금통화, 신용통화, 파생통화 등으로 부른다.

상업은행이 화폐를 창조하는 과정은 대체적으로 다음과 같이 설명된다. 갑이 1억원을 시중은행에 예금한다. 그런데 예금을 받은 시중은행은 예금 받은 금액의 10%를 지급준비금으로 남겨두고 나머지 9천만원을 을이라는 사람에게 대출해준다(예금의 10%를 지급준비금으로 남겨두도록 법으로 정해져 있는 경우). 이렇게 되면 시중에 풀린 통화량은 처음에는 갑이 가지고 있던 본원통화 1억원이었으나, 이제는 갑의 예금 1억원과 을이 대출받은 현금 9천만원을 더한 1억 9천만원으로 커진다. 그런데 이와 같은 과정이 여러 번 반복되면 당초 1억원보다도 훨씬 더 많은 양의 통화가 시중에 공급되는데 이것이 바로 예금통화 창출을 통해 민간에 화폐가 공급되는 과정이다(한국은행, 경제이야기 따라잡기).

여기서 몇 가지 주목할 점이 있다. 첫째로 상업은행들이 1억원 본원통화를 가지고 9억원의 대출을 해 줄 수 있다는 것이다. 상업은행들은 자기가 마련한 돈만큼 대출을 해주는 것이 아니라 마련한 돈의 몇 배가 되는 돈을 대출해 주는 것이다. 없는 돈을 가지고 대출해 주면서 돈을 버는 마술을 부리고 있다. 둘째로 파생통화는 예금과 대출이 반복되면서 만들어지는데, 예금과 대출 중 어느 것이 더 중요할까? 예금만 있고 대출이 없으면 통화가 늘어나지 않는다. 대출을 해야 예금의 몇 배가 되는 통화가 늘어난다. 이렇게 생각해 보면 대출이 더 중요하다고 할 수 있다. 예금통화라고 부르기 보다 대출통화(신용통화)라고 부르는 편이 현실과 더 부합된다고 할 수 있다.

이와 같이 오늘날의 화폐는 상업은행의 대출에 기초해서 공급된다. 대출에 기초한 화폐공급은 금융시장을 불안정하게 만든다. 호황 때는 화폐량이 너무 많이 늘어나서 경기가 과열되고 불황 때는 화폐가 너무 줄어들어 불황이 깊어진다. 최근에는 미국의 SVB 은행이 파산하였다. 자산의 거품과 붕괴가 주기적으로 발생한다. 상업은행은 돈을 발행하면서 막대한 발행이익을 얻게 된다. 보통 사람들은 빚쟁이가 되어 은행에 이자 내기 바쁘다. 가난한 사람일수록 이자 부담이 더 크다. 한쪽은 앉아서 돈을 벌고 다른 쪽은 일해서 번 돈으로 이자 내기 바쁘니 불평등이 심화된다.

화폐를 공급하는 다른 방법이 있을까? 몇 가지가 있다. 이 책에서 바로 그런 방법들을 설명하고 비교하고 있다. 그 중에서 가장 바람직한 것이 주권화폐를 발행하는 방법이다. 원래 화폐는 주권자가 발행하던 것이었다. 주권자는 화폐를 발행하면서 발행이익을 갖게 된다. 오늘날의 주권자는 국민 전체이다. 상업은행이 화폐를 창조해서 발행이익을 독차지하는 것을 금지하고, 중앙은행장이 화폐를 발행해서 발행이익을 국민들에게 나누어 주면 주권화폐가 된다.

주권화폐 시스템이 도입되면 매년 경제성장에 맞추어 적절한 양의 화폐를 공급할 수 있으므로, 경제의 불안정성이 줄어든다. 모든 사람들에게 화폐발행이익이 돌아가므로 실질소득이 늘어나고 불평등이 줄어들게 된다.

이 책은 현재의 화폐체제가 갖고 있는 문제점, 주권화폐가 갖는 장점, 신용화폐에서 주권화폐로 순조롭게 이행하는 방법 등이 서술되어 있다. 완전한 주권화폐 체제로 이행하지 않더라도 주권화폐라는 관점을 갖게 되면 우리 사회의 심각한 경제 문제를 해결할 수 있는 다양한 전망들을 가질 수 있다.

불평등 문제를 생각해 보자. 챗GPT를 만든 샘 올트만(Sam Altman)은 최근 한국을 방문해서 월드코인이라는 가상화폐를 통해서 세계인들에게 기본소득을 지급하겠다고 말했다. 세계 정부가 없는 상황에서 이러한 시도가 성공하기는 쉽지 않아 보인다. 그러나 주권국가 내에서 주권화폐 발행이익을 기본소득으로 지급하는 것은 얼마든지 가능하다. 브라질의 마리카 시는 시 안에서만 쓸 수 있는 디지털 화폐의 형태로 저소득층 주민들에게 기본소득을 지급하고 있다고 한다.

탄소중립 문제를 생각해 보자. 다가오는 기후 재난을 막으려면 탄소중립이 필수적이다. 탄소중립을 달성하는 데에는 막대한 재정이 필요하다. 상당수의 전문가들은 막대한 재정 때문에 우리나라는 탄소중립 달성이 불가능할 것이라고 비관적인 전망하고 있다. 그런데 주권화폐 또는 그와 유사한 방법을 활용하면 얼마든지 재원을 마련할 수 있다. 주권화폐를 직접 발행하지 않더라도 무이자 또는 낮은 이자율로 기후 채권을 발행해서 중앙은행이 인수하도록 하면 얼마든지 재정을 확보할 수 있다.

아무쪼록 이 책을 통해서 더 많은 사람들이 주권화폐라는 관점을 갖게 되어서 시대적인 과제의 해결에 더 빨리 합의할 수 있게 되기를 희망한다.

2023년 10월
한신대학교 명예교수
강남훈

• • • •

한국어 번역/판 서문

주권화폐—준비금 은행제도를 넘어서(2023)

'돈이 세상을 움직인다'고 합니다. 이 속담은 또 다른 질문을 남깁니다. "돈은 누가 움직이는가?" 이것이 바로 이 책의 주제입니다. 누가 어떤 종류의 화폐를 어떤 목적으로 만드는가? 오늘날 돈이라고 하면 여전히 주화와 지폐를 말하는 것인가, 아니면 계좌 잔고 형태의 장부화폐, 혹은 벌써 최신 디지털 토큰인가? 화폐는 정부, 더 정확하게는 그 나라의 중앙은행으로부터 나오는가, 아니면 민간 은행부문 또는 암호화폐 발행자를 포함한 여타 대리화폐의 발행자로부터 나오는가? 그들은 어떤 이해관계에 따라 어떤 방식으로 돈을 유통시킬까?

역사적으로 주조권은 그 권역의 통치자에게 맡겨져 있었으며, 시간이 지나면서 헌법적 중요성을 갖는 특권인 국가의 화폐주권으로서 법적으로 공고히 되었습니다. 화폐주권에는 ⑴ 통화(공식 화폐적 회계단위)의 결정권, ⑵ 공식 지불수단, 즉 나라의 통화단위로 표시된 화폐의 발행권, ⑶ 화폐 발행에 따른 이익인 시뇨리지(seigniorage)의 공공 이익을 위한 사용이 포함됩니다.

그러나 지난 3세기 반 동안 두 번이나 민간 화폐 발행자들이 자신들의 화폐를 유통에 투입하여 매력적인 화폐주권의 일부를 전용할 수 있는 기회가 열렸습니다. 유럽과 미국에서는 1700년경부터 지폐가 도입되었습니다.

중국, 조선, 일본에서는 몇 세기 앞서 도입되었지요. 지폐가 도입된 이유는 주화의 만성적 부족이었습니다. 그런데 유럽에서는 지폐가 규제를 받지 않아서 너무 많은 은행과 왕실 재무부가 자체적으로 지폐를 발행했기 때문에 수용성이 일관되지도 않고 약했습니다. 어떤 경우에는 인플레이션을 일으킬 정도로 지폐가 과도하게 공급되었습니다.

이 같은 파편화된 상황은 19세기에 중앙은행들이 은행권(지폐) 발행을 독점하면서 극복되었습니다. 당시 중앙은행들은 그러한 목적으로 설립되었지요. 중앙은행이 발행한 지폐는 널리 수용되었습니다. 그러나 지폐의 양은 금의 축장량(금본위제)에 의해 제한을 받았습니다. 이로 인해 이전처럼 화폐의 희소성이 반복적으로 나타났고, 이는 인구 증가, 산업화, 국제 무역 및 도시화가 요구하는 그 시대의 확장적 수요와 충돌을 빚었습니다. 화폐의 불필요한 부족은 청구권과 부채를 장부에서 상호 청산하는 민간 은행부문에 의해서 극복되었습니다. 시간이 지남에 따라 양도 가능한 은행 계좌의 잔고가 무현금 지불수단으로서 보편적으로 사용되면서 정부 주화와 중앙은행권 형태의 현금을 대체하는 화폐가 되었습니다. 이 화폐는 장부화폐(book money) 혹은 은행화폐(bankmoney)라 불립니다.

20세기 동안에 민간 은행화폐는 어떤 도전도 받지 않고 가장 지배적인 유형의 화폐로 부상했습니다. 통계에 따르면, 오늘날 선진국에서는 공공화폐 공급의 80~98%가 은행화폐로 구성되어 있습니다. 소액은 여전히 현금으로 지급되는 경우가 많지만, 그 사실이 현금이 더 이상 시스템적으로 규정적인 역할을 하지 못하고 사실상 은행화폐의 하위 집합이 되었다는 사실을 가릴 수는 없습니다.

중앙은행은 더 이상 금본위제에 의해 화폐 창조에 제한을 받고 있지 않지만 영향력 면에서는 민간 은행들의 보조기관으로 전락했습니다. 왜냐하면 현금(중앙은행이 발행한 화폐)의 사용이 은행화폐의 편리함으로 인해 급격히 줄어들었고, 비현금성 중앙은행준비금(즉, 은행이 중앙은행 계좌에 보유하고 있는 잔고)은 지금까지는 은행만을 위한 것일 뿐 일반 대중은 그것의 사용에서 배제되어 있기 때문입니다.

중앙은행은 지급준비금 대출에 적용되는 기준금리를 조정함으로써 민간 은행들의 화폐 창조에 영향을 미치고자 합니다. 그런데 문제의 핵심은—결제 거래의 기술적 효율성 덕분에 정상적인 상황에서—은행이 100단위의 은행화폐를 창조하여 유통시키는 데 3~6단위의 중앙은행준비금만 있으면 된다는 사실입니다. 따라서 부분지급준비금은행제도라는 용어가 사용됩니다.

대출을 뒷받침하는 중앙은행준비금의 비율이 줄어듦에 따라 통화정책의 전달 지렛대가 상당히 짧아졌습니다. 중앙은행은 민간 은행들이 여전히 필요로 하는 준비금을 항상 공급해야 하고, 평상시보다 위기 상황에서 더 원활하게 공급해야 하기 때문에 통화정책의 효과는 실제로 일반적으로 가정하는 것보다 훨씬 약하며, 은행의 화폐 창조 능력은 이제 사실상 무제한에 가깝습니다.

여기에는 한 가지 측면이 더 있습니다. 봉건 통치자들의 주화는 "부채 아닌 화폐(debt-free money)"였습니다. 예를 들어, 광석 채굴부터 주조까지 은화 생산에는 보통 주화 구매력의 약 40%가 소요되었습니다. 따라서 시뇨리지(화폐발행이익)는 60%였습니다. 화폐는 정부 지출을 통해 유통으로 투입되었습니다.

주화는 일단 유통되기 시작하면 은행과 금융뿐만 아니라 실물 경제를 뒷받침하는 본원 화폐(base money)의 역할을 했습니다. 금융 거래가 잘못되면(거래의 일정 금액이 불가피하게 잘못되면) 채권자와 채무자가 영향을 받고 파산과 대차대조표의 청산까지 불러옵니다. 하지만 관련된 화폐는 사라지지 않았습니다. 이 화폐는 계속해서 존재하고 다른 경제활동을 위해 순환하며 경제를 계속 뒷받침했습니다.

오늘날의 화폐는 이 점에서 차이가 있습니다. 지폐이든 장부화폐이든,

중앙은행화폐이든 은행화폐이든 모두 신용-부채 화폐입니다. 은행이 차입자의 당좌계좌에 대출 금액을 입금하는 신용 확대를 통해서 창조됩니다. 계좌 잔고는 어딘가에서 '가져오는' 것이 아니라 이전에는 존재하지 않던 것입니다. 은행은 대차대조표에 새로운 은행화폐를 고객에 대한 신용 청구권(은행의 자산)과 고객에 대한 지불 채무(은행의 부채)로 기록합니다. 은행 신용은 고객의 현금 예치를 기반으로 하지 않은 지 오래되었지만, '예금'은 신용의 '지불'를 통해서 창조됩니다. 이렇게 창조된 예금은 고객(비은행)에게는 타인에게 빌려줄 수 있는 대부자금의 역할을 하지만, 은행의 영업에 활용하는 대부자금은 아닙니다. 그 대신에 은행들은 은행 간 지불을 위해서 준비금을 필요로 하며 잔여적으로 현금 인출에 대비한 소액의 현금을 필요로 합니다.

일부 경제학자들은 신용이 화폐의 자리를 차지했다고 하거나, 적어도 오늘날 화폐와 신용은 동일하다고 결론을 내리고 있습니다. 그러나 화폐와 신용이 동일하다는 통념은 타당하지 않습니다. 화폐와 신용 사이에는 운명적인 연관성이 있지만 동일하지는 않습니다. 지불수단(화폐)은 그 속성과 기능 면에서 채권자와 채무자 간의 채권-채무 관계와 다릅니다. 확실히 대출이 대손상각되면 한 번 유통된 은행화폐는 같은 은행이나 다른 은행의 고객 사이에서 계속 유통됩니다. 그러나 은행이 곤란을 겪다가 파산하면, 문제의 은행에 예치된 고객 예금, 즉 해당 은행의 은행화폐는 은행과 대차대조표와 함께 사라집니다. 쉽게 말해, 우리의 은행화폐는 은행 대차대조표에 인질로 잡혀 있는 셈입니다.

은행화폐의 지배력이 커질수록 중앙은행과 정부는 민간 은행화폐를 구제하여 경제가 돌아갈 수 있도록 하기 위해 시스템적으로 중요한 은행과, 필요하다면, 전체 은행부문을 구제해야 했습니다. 중앙은행은 일상적으로 은행을 위한 항시적인 최종 대부자가 되었고, 정부는 필요한 경우에 은행화폐의 최종 보증자이자 은행 재자본화의 최종 주체의 역할을 수행합니다. 따라서 민간 은행과 민간 은행화폐는 파산하기에는 너무 크고 파산하기에는 너무 깊이 상호 연결되어 있음으로 해서 준주권적 지위를 차지하고 있습니다.

중앙은행은 사실상 화폐 창조에 대한 통제권을 포기했습니다. 중앙은행은 은행들이 미리 조성해 놓은 사실을 수용할 수밖에 없습니다. 오늘날 나라의 통화단위로 표시된 화폐 공급을 창조하는 특권은 사실상 은행에 주어져 있으며, 화폐 창조로 인한 이익의 대부분은 은행에 돌아갑니다. 국가가 당연히 화폐주권을 가져야 한다는 점을 생각하면 말 그대로 거꾸로 된 세상입니다. 주권화폐가 공공 유통에서 지배적인 비중을 차지하지 못하는 상황에서 주권화폐는 빈 껍데기일 뿐이라는 사실이 너무 오랫동안 잘못 판단되어 왔습니다.

현재의 은행화폐체제에 내재된 불안정성과 위기 취약성은 이 시스템의 틀 내에서는 극복될 수 없습니다. 부분지급준비금은행제도의 현실은 한 은행에 대한 막연한 소문만 퍼져도, 해당 은행에서 대량 인출이 일어나서 해당 은행의 존립을 위협하고, 그 여파로 은행 및 금융 시스템의 다른 부분까지 위협하는 사태를 불러옵니다. 이러한 현상은 최근 2023년 3월에 있었던 미국의 실리콘밸리 은행, 시그니처 은행, 퍼스트 리퍼블릭 은행, 크레디트스위스의 위기에서 다시 한번 목격되었습니다. 이 은행들은 막대한 공적 자금을 사용하여 구제된 이후에 시스템적으로 가장 중요한 두 은행을 비롯한 다른 은행들에 매각되어야 했으며, 이는 현재 더 큰 클러스터 리스크(cluster risk)를 초래하고 있습니다.

게다가 신용–부채 화폐로서의 화폐는 근본적으로 결함이 있는 고안물입니다. 신용–부채 화폐는 화폐적으로 안전하고 안정적인 주권화폐를 기반으로 은행과 금융을 구축하는 대신에, 은행과 금융의 흥망성쇠에 의존하고 있기 때문입니다. 하지만 주권화폐는 은행과 고객에게는 화폐 자산일 뿐 더 이상 은행 부채가 아니며 따라서 은행이 파산해도 사라지지 않습니다. 화폐와 신용의 잘못된 동일시와 함께 은행화폐의 부분적 기초로 인해 은행 위기와 금융 위기의 반복되는 연쇄작용은 사실상 사전에 예정되어 있습니다.

　　이러한 상황에서 화폐 통제권을 되찾는 것은 반박할 수 없는 시대적 요구입니다. 사람들은 지금까지 더 많은 은행 규제, 더 복잡하고 관료적인 규제로 이것을 달성하고자 하면서 문제의 핵심을 제쳐 놓았습니다. 문제의 핵심은 부분준비금은행제도에 의해서 공식 국가 통화단위로 표시된 민간 은행화폐가 창조되는 현실입니다. 금융의 위험을 '규제를 통해서 일소하는 것'은 불가능합니다. 그 대신에 필요한 것은 화폐시스템의 구조적 변화, 즉 중앙은행의 주권화폐를 다시 지배적인 화폐 유형으로 만들어서 통화정책을 직접 실행하고 효과적으로 전달할 수 있도록 화폐 공급을 재구성하는 일입니다. 달리 말하면 은행화폐의 특권을 극복해내고 통화당국인 중앙은행의 손에 화폐 창조를 맡기는 것입니다.

　　시스템적으로 지배적인 주권화폐의 공급은 안전하고 안정적인 화폐를 생산하고 금융 경제를 더욱 안정시킬 뿐만 아니라 공공의 이익을 위해 시뇨리지를 늘림으로써 공공 부채를 줄이는 데 기여할 것으로 기대됩니다.

　　여기서 두 가지가 강조되어야 합니다. 첫째, 주권화폐체제는 화폐 창조를 통제하고 통화량을 탄력적으로 재조정하고자 하는 것이지 화폐의 사용을 통제하려는 것이 아닙니다. 화폐의 사용은 자본시장과 민간 및 공공의 실물 경제에 맡겨야 합니다. 둘째, 중앙은행은 통화당국으로서 역할을 수행하지만, 정부의 지시나 재정-예산적 이해관계로부터 독립적으로 통화정책을 수행해야 합니다. 이는 시민의 자유와 민주정부에 기반한 법치주의가 보장하는 법원의 독립성 및 사법 행정의 비간섭주의와 유사합니다. 이 두 가지 조건이 보장되지 않으면 중앙은행은 신용과 투자를 광범위하게 통제하는 중앙계획관료체제로 전락할 위험이 있고, 다른 한편으로는 정부가 오늘날의 은행과 마찬가지로 '그들의' 중앙은행을 무절제하게 마치 당연한듯이 이용할 수 있습니다.

　　주권화폐체제를 구현하는 데는 언제나 그렇듯 급진적인 방식과 온건한 방식이 있습니다. 급진적 변형은 하룻밤 사이에 빙뱅식으로 은행화폐를 중앙은행화폐로 대체하는 것입니다. 기술적으로는 가능하지만 정치적으로 실현 가능성은 거의 없습니다. 온건한 형태는 화폐 공급을 점진적으로 재구성하는 것으로서, (비현금 또는 디지털 현금 형태의) 중앙은행화폐가 최근에 논의되는 중앙은행디지털화폐(CBDC)의 형태로 일반 대중과 은행 사이에서 점진적으로 유통되는 방식입니다. 그러면 중앙은행디지털화폐가 새로운 지배적이고 시스템을 규정하는 화폐 유형이 될 것이며, 은행화폐는 시간이 지남에 따라 뒷전으로 밀려나거나 완전히 대체될 것입니다. 일정한 변화를 가한다면, 이 논리는 스테이블코인과 같은 불충분하게 보장되는 다른 대리화폐나 비트코인과 같은 무보장 암호화폐에도 동일하게 적용됩니다.

중앙은행디지털화폐의 발행 경로는 현재와 같이 그대로 유지됩니다. 즉 중앙은행이 은행과 오늘날의 그림자은행에 신용을 제공하는 방식으로 발행됩니다(사실 은행과 그림자은행은 서로 유사해지고 있습니다). 중앙은행에서 은행으로의 대출 경로를 유지하는 것은 탄력적이고 시의적절한 통화정책 수행과 미세 조정을 위해 필요합니다. 그러나 부채 아닌 순수 시뇨리지인 새로 창조된 화폐를 공공 재정으로 이전하는 발행 경로가 추가되어야 합니다.

2008년 금융위기 이후 중앙은행이 공공 재정에 직접적으로 기여할 가능성이 '화폐적 자금조달(monetary financing)', 즉 중앙은행이 정부 지출의 자금 조달에 직접적으로 기여하는 방식을 통해서 논의되어 왔습니다. 화폐 창조가 생산성 및 잠재적 경제 산출의 변화에 대체적으로 비례해서 이뤄진다면, 이 수량은 상대적으로 적을 것입니다. 국가 예산의 정규적인 자금 조달은 주권화폐체제에서도 계속해서 세금과 필요한 경우에 한해 차입을 통해 이뤄져야 합니다. 그러나 정부의 차입은 상설 초과대출기구를 통하거나 중앙은행에 의한 국채의 제한적인 직접 매입을 통해서 이뤄질 수 있어야 합니다.

디지털주권화폐와 정부 지출에 대한 화폐적 자금조달의 가능성은 정부와 중앙은행에 의한 인플레이션 남용에 대한 우려를 낳습니다. 이러한 측면에서는 오늘날 특히 화폐 창조의 남용과 과잉 화폐공급에 의한 인플레이션을 반복적으로 불러오는 주체는 은행부문이라는 사실을 우선 직시해야 합니다. 최근 수십 년 동안 은행화폐는 전 세계적으로 금융화를 촉진하면서 처음에는 자산 인플레이션과 부의 불평등 증가를 야기하는 것으로 시작하여 이후에는 실물 경제에서 높은 생산자 및 소비자물가 인플레이션을 일으켰습니다. 그러나 주권화폐체제에서 중앙은행은 화폐의 금융 및 실물경제적 용도에 개입하지 않고 스스로를 화폐 창조와 통화정책에만 국한시키고, 나아가 구매력 및 환율의 안정적 유지를 위해 기관의 독립과 화폐적 안정에 대한 법적 의무를 충실히 이행함으로써 화폐 남용을 방지할 수 있습니다. 이러한 권력 분립이 유지되는 한 화폐적으로 어떤 문제가 발생하지 않을 것입니다.

한국 독자들이 이 책을 접할 수 있도록 노력해준 출판사 진인진과 번역자 유승경씨께 이 책의 저자로서 깊은 감사를 표합니다. 그들의 헌신이 이제 공감을 불러일으키길 바랍니다.

베를린, 2023년 5월
조세프 후버

목차

• • • •

제1장

도입

우리는 화폐가 널리 쓰이고 금융이 매우 발달한 경제에 살고 있다. 이 책은 오늘날의 경제에서 중심적 위치를 차지하는 화폐시스템[1]을 독자들이 온전히 파악할 수 있도록 돕는 것을 목적으로 삼는다. 2008년에 시작된 은행 및 부채 위기를 어떻게 이해해야 하는가를 두고 현재의 화폐시스템이 가진 문제들을 깊이 사고한 사람은 드문 것 같다. 하지만 필자는 모든 위기의 근본 원인이 바로 화폐시스템에서 있다고 주장한다.

많은 학자들과 경제논평가들은 신용 및 부채의 거품을 금융위기의 전형적인 징조로 간주하지만, 어느 누구도 그 거품을 만들어낸 돈이 어디에서 왔는가에 대해서는 묻지 않는다. 위기의 금융적 원인들은 공통적으로 화폐적 원인을 가지고 있다. 그 화폐적 원인이란 바로 화폐 창조의 과잉이다. 이 과잉은 강한 동력으로 인해 상황이 파탄에 이를 때까지 결코 멈추지 않는다. 금융시장은 오작동하는 화폐시스템을 기반으로 운영될 경우에는 제대로 작동할 수 없다. 은행 부문 및 금융시장의 문제를 해결하기 위해서는 화폐시스템을 움켜잡아야 한다.

근대 경제에서는 어떤 중요한 경제 활동이든지 사전에 필요한 자금을

---

1 역자주) 화폐시스템(money system)은 화폐가 창조되고 배분되는 과정과 절차를 말한다.

마련해야 한다. 자금조달은 화폐시스템, 화폐의 일차적 창조와 배분 방식, 그리고 화폐의 계속적인 가용성에 달려있다. 화폐는 경제가 본연의 역할을 하도록 만드는 요체 그 자체이다. 그리고 화폐는 어떤 사회적 조건과 마찬가지로 시간의 흐름에 따라 변한다. 오늘날의 화폐 및 은행시스템은 불과 이십 년 전과도 다르다.

이 책은 먼저 현행 화폐시스템의 기능방식을 다루고(제2~4장), 그 다음에 그 시스템의 기능이상을 다루며(제5장), 마지막으로(제6장) 현재의 은행화폐체제(bankmoney regime)를 중앙은행 주도의 주권화폐시스템으로 전환하는 개혁적 전망에 대해서 알아본다. 우리는 현재의 시스템이 중앙은행 주도의 주권화폐시스템이라고 상정하지만 실상은 그렇지 않다. 오늘날의 은행화폐체제에 내재된 문제점에 대한 공통적인 평가를 제외하면 현행 화폐시스템이 실제로 어떻게 작동하는가에 대해서는 널리 공유되는 이론적 합의가 없다.

그 대신에 화폐에 대한 관점과 확신은, 특히 전문가로 간주되는 사람들 사이에서 매우 다양하다. 그 이유는 여러가지인데 그 중의 하나는 이해관계이다―금융적 이해관계, 정치적 이해관계 그리고 이력과 직업적 정체성과 관련된 기득권이다. 그런 이유로 아주 자주 빈약한 이해와 부적절한 실천을 낳는다.

이 책의 제2~4장은 화폐시스템과 그것의 한 부분을 차지하는 은행의 발전과정 그리고 현재의 기능에 대한 개요를 서술한다. 이 부분은 가능한 한 간략하게 서술했지만 문제는 매우 복잡하다. 사실 화폐시스템을 철저히 이해하지 못하고 있는 배경에는 과도한 단순화의 문제가 자리잡고 있다.

제2장은 화폐이론들의 계통에 초점을 맞추고, 그것들을 역사적 맥락에 따라 파악한다. 이 방식은 보다 폭넓고 명확한 이해를 도울 것이다.

제3장은 화폐시스템의 법적, 제도적 기초를 다룬다. 화폐의 국가이론 대 시장이론이라는 주제를 다시 검토하는데, 1830년대와 1840년대에 통화

학파(Currency School)와 은행학파(Banking School) 간에 벌어진 역사적 논쟁에 특별히 강조점을 두었다. 통화학파는 통화량에 대한 국가 통제를 다시 실행할 것을 주장했고, 은행학파는 규제 받지 않는 민간 은행화폐(그 당시에는 주로 은행권)를 선호했다.

통화학파는 19세기에 전성기를 누린 이후에는 거의 주목을 받지 못했다. 화폐의 국가이론은 1900년 경부터 종종 통화학파의 계승자로 간주되었지만, 통화학파 대 은행학파 간 논쟁이 주는 교훈이라는 측면에서는 모호한 입장을 취했다. 화폐의 국가이론은 실제로 '공공-민간 혼합 화폐시스템 (a hybrid public-private money system)'의 개척자로 판명이 나버렸고, 이 시스템이 정립되어 현재와 같은 '국가에 의해 뒷받침되는 상업은행화폐의 지배(the state-backed rule of commercial bankmoney)'가 확립되었다. 이 책은 어떤 측면에서 화폐의 국가이론으로 불리는 증표주의(Chartalism)를 개선하여, 고전적인 통화학파 대 은행학파의 논쟁을 한 단계 발전시키려는 시도라 할 수 있다. 즉 통화학파의 입장을 복원하여, 그것을 더이상 금과 다른 고정된 규칙의 구속을 받지 않도록 시대의 변화에 맞춰서 개선하려는 것이다.

역사적 고찰은 어떤 증거를 찾아내서 '자연스럽거나' '필연적인' 것을 밝혀내는 수단이 아니다. 하지만 화폐, 금융, 경제 간의 관계에 대해서는, 이와 관련된 시스템의 진화가 실제로 어떤 증거를 드러내 보여준다. 금융이 시장을 통해서 탄생한 것이 아니라, 시장이 국가 활동의 확장을 통해서 형성되었으며, 국가의 활동에는 필요한 자금을 조성하는 일도 포함되었다. 즉 화폐는 자금의 조성과 조달을 용이하게 했으며, 이 과정에서 화폐가 상인과 시장에 의해서 만들어지기보다는 국가의 창조물로서 발전했다. 화폐가 시장에 의해서 탄생한 것이 아니라 시장이 화폐에 의해서 탄생했다.

경제적 기능의 측면 외에도 화폐의 국가적 기원을 지지하는 또 다른 강력한 이유가 있다. 화폐는 권력을 행사하는 수단이며, 오직 힘에 의해 뒷받침되는 법적 명령권에 비교될 수 있다. 화폐의 창조자가 되어 그것의 첫 사용자가 될 수 있는 권한은 화폐를 이어받아 사용하는 모든 사용자들을 통제할 수 있는 권력과 특권을 가져다준다. 전통적인 사회와 마찬가지로 근대사회에서, 그러한 권력과 특권은 사적인 것이 아니라 주권적 특권이어야 하며, 더 바람직하게는 권력 분립과 법에 의한 자유주의적 지배 아래에 있어야 한다.

한 통치권역 내에서 화폐적 통제는 항상 입법, 사법, 조세, 공권력 사용과 마찬가지로 주권적 통치의 한 요소였다. 화폐적 권한은 통화(한 나라의 화폐적 계산단위)를 결정하고, 그 통화단위로 화폐(공식적 지불수단)를 창조하고, 그 화폐를 지출하거나 대출하여 유통에 투입함으로써 얻는 시뇨리지(화폐발행이익)의 혜택을 누리는 주권적 권리를 포함한다. 화폐의 헌법적 차원은 정당성과 국법의 측면에서나 경제적 기능성 측면에서 결코 경시되어서는 안 된다.

전통사회에서 근대사회로 이행하면서, 주권적인 화폐 특권이 민간의 화폐 창조에 의해 두 차례에 걸쳐 도전을 받았다. 첫 번째는 17세기 말경부터 19세기 초반 사이에 일어났는데, 그 시기에 민간 은행권(private banknotes)이 점차적으로 국가 주화(sovereign coin)를 대체했다. 상업은행이 발행한 민간 지폐가 해외 무역, 전쟁 및 산업 생산의 자금을 조달했지만, 시간이 지남에 따라 오늘날 우리가 경험하는 것과 다르지 않은 주요한 금융적, 경제적 문제를 야기했다. 그래서 취해진 조치는 민간 지폐(private paper money)를 폐지하고 중앙은행이 은행권[2]을 국가적으로 독점하도록 했다.

두 번째 도전은 이미 첫 번째 도전이 일어났을 때 일정 정도 진행되다가 20세기를 거치면서 분명해졌다. 이 시기에는 계좌상의 민간 은행화폐

---

2 역자주) 은행권(banknotes)은 과거 금본위제시대에 상업은행들이 금 예치증서의 형식으로 발행하던 지폐를 말한다. 이후 중앙은행이 은행권의 발행을 독점하고 금본위제가 폐지되었으나 중앙은행이 발행한 불환지폐는 은행권이라고 불린다.

(private bankmoney on account)[3]가 급속히 늘어나서 국가가 발행한 현금을 대체했다. 수량이 제한된 금에 기반해서는 산업활동이 요구하는 자금을 조달할 수 없는 상황에서 은행화폐가 그 자금을 조달할 수 있었다. 그러나, 곧 은행화폐시스템이 실물 경제에 점차적으로 기능이상적 부담을 안겨주는 것이 분명해졌다. 이런 경향은 1800년경 이후에 민간 은행권이 야기한 문제와 유사했지만, 금융자산과 부채, 경제 산출과 소득 면에서 규모가 훨씬 컸다.

제4장은 현행 화폐시스템의 기능방식을 단계별로 그 개요를 설명한다. 첫 번째로 오늘날의 돈은 은행이 창조한 은행화폐, 즉 계좌상의 화폐(요구불 예금)이다. 은행은 자신들의 원하는 바에 따라서 비은행 고객의 계좌에 입금하는 방식으로 화폐를 창조한다. 오늘날에 와서 주도적인 화폐권력은 예전에 그랬던 것과 달리 국가에 주어져 있지 않으며, 세계적으로도 일반적 믿음과 달리 국민국가들의 중앙은행들에게 주어져 있지도 않다. 실제로는 (민간)은행산업에게 주어져 있다. 오늘날 화폐시스템은 은행들이 주도한다. 즉 은행들이 자신들의 재량적 판단에 따라서 화폐 창조를 결정한다. 은행들은 필요할 경우에 중앙은행으로부터 부분적으로 현금을 지원받고, 준비금이라고 불리는 신용을 중앙은행으로부터 제공받는다.

중앙은행은 시간이 지남에 따라 주로 공법의 지배를 받는 정부당국 혹은 준국가기관이 되었다. 그러나 중앙은행들은 현재 국가의 은행이기보다는 은행들의 배타적인 은행이며, 어느 때나 은행에 대한 재금융기관의 역할을 담당하는 신중한 최종대부자(lenders of last resort)이다. 이 사실은 이제 중앙은행들이 '양적 완화'를 관행적으로 실시하는 현재와 같은 위기의 시기에 더욱 잘 들어맞는다.

이 시스템은 일반적으로 부분지급준비금은행제도로 불리는데, 때로는

---

3   역자주) 은행화폐(bankmoney)는 상업은행이 신용(대출)을 통해서 창조한 요구불예금 형태의 화폐를 말하며, 계좌상의 화폐(money on account)의 한 종류라 할 수 있다.

'무로부터'신용을 창출하는 시스템이라고도 한다. 이 두 표현은 기본적으로 받아들여질 수 있지만, 그것의 실제적 의미는 수많은 잘못된 가정을 전제로 하고 있다. 이 시스템은 중앙은행화폐인 부분적 지급준비금의 뒷받침을 받고 신용을 통해 창조되는 민간 은행화폐가 지배하는 체제로서 중앙은행과 정부의 보증을 받는다.

이 책에서는 은행에 대한 수많은 잘못된 이론들에 대해 논의할 것이다. 그러한 것으로는 돼지저금통모델, 대부자금모델 및 금융중개모델 등이 있다. 그리고, 중앙은행이 중앙은행 지급준비금을 사전에 결정하여 은행들의 신용창조를 통제할 수 있다는 사상(지급준비금 원리와 결합된 화폐승수모델)도 여기에 포함된다. 또한 이러한 맥락에서 주장하고자 하는 바는 중앙은행의 금리정책은 그 효과가 미미하다는 사실이다. 금리정책은 통화량정책이 은행 주도의 시스템에서 작동하지 않게 되자 그 대안으로서 등장했다.

제5장에서는 현행 화폐시스템의 문제점과 기능이상을 자세히 다루고 국가의 지지를 받는 민간 은행화폐시스템이 왜 민간 은행권과 마찬가지로 제대로 작동할 수 없는지를 설명한다. 문제는 모두 은행화폐의 공급이 화폐 창조의 기준 역할을 하는 실물 가치에 결코 묶여 있지 않다는 사실에서 출발한다.

은행 및 금융산업은 최대한 자신들의 사업을 확장하려는 강한 유인을 갖고 있고, 중앙은행은 은행화폐에 대한 통제권의 행사를 중단했기 때문에, 그로 말미암아 은행 및 금융 시장의 동학은 경향적으로 임계치를 넘어서 [은행화폐의] 과잉 발행(overshooting)을 초래한다. 이 경향은 인플레이션(신흥 산업국에서 최근 몇 년처럼)과 보다 현저하게는 자산-인플레이션, 거품 형성, 과잉 금융투자와 부채 과다로 귀결되며, 이것들은 모두 사람에게 영향을 미치는 위기가 닥쳐야 해소된다.

단기적으로는 은행화폐의 창조에는 여러가지 제약들이 있다. 하지만 장기적으로 보면 화폐 및 금융 시스템에 내재된 제약은 없다. 반면에 실질 경제잠재력(real economic potential)과 달성가능한 산출(achievable output)은 언제나 결정적인 제약이다. 따라서 화폐 및 금융의 확장에 대한 최종적인 제약은 실질 경제 생산성(real economic productivity)의 중력에 의해서 설정된다. 은행과 중앙은행은 화폐를 창조하지만, 생산성에서 기원하는 화폐의 가치를 창조할 수는 없다. 은행과 금융이 GDP에 비해서 과도한 수준으로 은행화폐와 금융 자산/부채를 창조하여 생산성의 중력에서 벗어나려는 경향이 더욱 강해질수록, 명목가치와 실질가치 간의 차이가 더욱 벌어지고 결국에는 경제는 땅으로 강하게 곤두박질치게 된다. 이에 따라 자산의 비대해진 명목가치와 소득의 실제적인 흐름 간에 충돌이 일어나고, 상환 요구를 충족하기 위해 부채가 추가적으로 늘어난다.

더욱이 은행화폐와 금융 자산 및 부채가 실질 경제산출에 비해서 과도하게 확장될수록 그 현상들은 근로소득을 희생시키는 금융소득으로의 분배 편향을 강화한다. 오늘날 이것이 소득 및 부의 분배가 100년 전의 1929년 검은 금요일(Black Friday) 이전만큼이나 불평등해진 이유이다.

지난 수십 년 동안 실제로 빈도나 심각성을 더해가는 크고 작은 위기의 시기에 대중들은 은행화폐의 가치가 불안정할 뿐만 아니라 그 존재 자체가 안전하지 않다는 사실을 깨닫게 되었다. 은행이 파산하면 그 돈은 은행의 대차대조표에 있는 단순한 채무일 뿐이기 때문에 은행과 함께 사라진다. 1930년대 대공황 이후 예금보험제도의 도입은 그 사실을 확인해준다. 그러나 시스템 위기의 상황에서는 보험제도, 상업보험회사, 심지어 최후의 화폐 보증자인 정부의 파산까지 모면하게 해주는 충분한 '보험'은 있을 수 없다.

이 시점에서 우리는 국가의 뒷받침이 없다면 민간 화폐는 심각한 은행 및 부채의 위기를 버텨낼 수 없다는 사실을 알 수 있다. 간단히 말해서 오늘날 은행화폐의 우위는 은행산업이 국가의 동의를 얻어서 화폐 창조와 시뇨리지라는 주권적 권한을 차지해버렸다는 것을 의미한다. 왜냐하면 국가는 만성적인 적자와 막대한 부채에 시달리면서도 스스로 거의 무제한적으로 은행 신용에 의존하고 있기 때문이다. 국가가 스스로 화폐를 만드는 것을 중단함에 따라 은행이 이제 정부를 대신하여 화폐를 정도를 넘어서 창조해 내고 있다.

마지막으로 제6장은 건전한 금융의 기초가 될 수 있는 안정적인 화폐 시스템을 구축하는 데 필요한 제도적 변화를 다룬다. 분명한 핵심요소는 계좌상의 은행화폐에서 계좌상의 주권화폐(기술적으로 말하면 계좌상의 중앙은행 화폐)로 전환함으로써 화폐 창조와 시뇨리지의 특권을 되찾는 것이다.

이 방안이 은행의 100% 지급준비금제도나 '좁은 범위의 은행제도(narrow banking)'를 위한 또 다른 계획이 아니라는 점은 처음부터 유의해야 한다. 어떤 종류의 지급준비금제도든 중앙은행 지급준비금의 일부 혹은 전체에 기반하는지의 여부와는 상관없이 서로 다른 화폐들이 분리되어 순환하는 제도이다. 대중적 순환에는 은행화폐가 사용되고 은행 간 순환에는 '고강력 중앙은행화폐(high-powered central bank money)가 사용된다. 이와 대조적으로, 주권화폐시스템은 어떤 종류의 분리-순환 지급준비금은행제도(split-circuit reserve banking)와 달리 단일-순환 시스템(single circuit system)을 구성하며, 현재의 은행화폐시스템보다 관리하기 용이하고 경제 상황에 맞게 탄력적으로 조정할 수 있다.

그러면 한 나라의 중앙은행은 통화량을 완전히 통제하는 주권통화의 화폐당국으로서 정부의 네 번째 구성부분이 되어, 나라의 화폐적 균형을 수호하는 역할을 수행함으로써 구매력과 외환을 효과적으로 방어할 수 있을 것이다. 중앙은행은 통화와 통화량의 수호자로서 법원과 유사하게 독립적이고 공정해야 하며 정교한 법적 명령에 구속되어야 하지만, 오늘날의 특정한 정치적, 금융적 이해관계와 무관하게 법적 기초에 따라 재량적으로 정책을 추진할 수 있어야 한다. 통화량을 확대하고 항구적으로 재조정하기 위한 기준은 생산요소가 완전 활용되는 경제의 성장 잠재력이어야 하며 또한 자산-인플레이션뿐만 아니라 금리와 인플레이션을 고려해야 한다.

은행은 더이상 화폐 권한을 갖지 않는다. 은행은 자신의 대출 활동 및 다른 영리적 사업에, 당연하게도 다른 금융 및 실물 기업처럼, 자금을 일부분이 아니라 전적으로 조달해야 한다. 그렇지만 은행은 결제 및 화폐 서비스를 제공하면서 주권적 화폐권력을 획득하기 전에 일반적으로 그랬던 것처럼 다시 금융중개자가 된다.

주권화폐 개혁은 100년 전에 은행권(banknotes)을 두고 이뤄낸 개혁을 오늘날의 계좌상 은행화폐를 대상으로 이뤄내고자 한다. 이는 은행과 금융을 국유화하는 것이 아니라 화폐를 다시 국유화하는 것이며, 화폐 창조와 은행업을 분리하고자 했던 고전적인 통화학파 계획의 새로워진 접근방식이다. 달리 말하면, 이 접근방식은 화폐 권한과 재정 권한을 철저히 분리할 뿐만 아니라, 이 두 권한을 은행, 금융기관 및 시장에 맡겨진 전반적인 금융기능과도 분리한다.

앞으로 이어지는 장들에 나오는 분석의 배경에는 어떤 종류의 경제학이 있을까? 기저에 있는 패러다임은 시스템적이고 진화적인 경제학이라고 할 수 있다. 그리고 다양한 영역의 제도학파 및 역사학파 경제학과 연관을 맺고 있으며, 신고전학파와 케인스주의의 요소들(신화적인 균형이론을 제외하고)도 그 내용이 일관되고 사실에 의해 뒷받침될 경우에는 격식을 따지지 않고 연관을 맺었다. 근대의 시장 동학은 끊임없이 경제적, 금융적 순환의 구조적 변화를 겪으면서 독특한 생명주기와 학습곡선을 따라서 진화해왔다. 이 과정에서 공급이나 수요는 어느 것도 총계의 측면에서 동질적이지 않았다. 경험적으로 볼 때, 우리는 시장이 어느 정도로 '청산되는지'를 모른다. 시장 참여자는 일반적으로 매수자이거나 매도자이며, 이는 시장이 완전한 진공상태에서 작동하지는 않는다는 사실을 말해준다. 시장과 가격은 관련된 당사자들 간의 계속되는 권력투쟁의 무대이며, 금융 및 산업의 담합주의, 단체교섭, 직업적 보호주의, 시장 과점, 광범위한 정부 개입 등이 존재하는 조건에서는 더더욱 그러하다. 화폐의 이론들과 관련해서는 대부분의 이론들은 1900년경에 등장한 화폐의 은행신용이론까지 거슬러 올라간다. 그 이론이 오스트리아학파, 초기 시카고학파, 프리드먼의 통화주의, 케인스주의와 포스트-케인스주의에 반영되었다. 통화주의는 불필요하게 공급 측면의 원리였으며, 은행 주도의 화폐시스템이 정립된 상황에서는 운영적 측면에서 적절하지 않았다.

다른 한편으로 수요 측면의 케인스주의는 주권화폐의 안정적인 법적 구성을 포함하여, 일반적으로 전체 경제를 위해서, 특별하게는 상품, 노동, 금융시장을 위해서, 일관된 법적 틀이나 규제를 마련하는 데 초점을 맞추기보다는 시기를 구분하지 않고 개입주의적 적자와 부채의 원리를 적용하는 식으로 퇴화했다. 일관된 접근방식은 공급 측면만 고려하거나 수요 측면만을 고려해서는 안 된다. 이 두 측면은 기득권에 좌우되는 정치적 당파의 관점에서는 서로 대립적이지만, 시스템적 관점에서 보면, 서로를 포용하고 제한하는 전체 그림의 보완적인 부분이다.

지난 세기 동안 신고전파경제학은 최신 화폐이론의 그리 비옥한 토양이 되지는 못했다. 더욱이 경제학에서 화폐와 금융이 수행하는 중추적 역할을 해명하는 측면에서도 그렇지 못했다는 점은 반드시 언급되어야 한다. 상대적인 의미에서 화폐시스템을 보다 현실적으로 기술한 측면에서는 포스트-케인스주의의 문헌이 우월했다는 점은 증명되었다. 그렇지만 포스트-케인스주의의 내생적 화폐의 개념은 과장되었다. 이는 1830~1840년대의 은행학파의 진성어음주의[4]를 닮았고, 부분적으로 은행부문의 영리적 사업에 의해 주도되는 화폐 공급뿐만 아니라 비GDP 금융을 위한 일차적인 신용 창조를 무시했다. 포스트-케인스주의가 주장하는 화폐와 신용의 동일성

---

4 역자주) 진성어음주의(real bills doctrine)는 실물경제의 흐름을 반영하는 어음을 신용공급의 기준으로 삼으면, 경제도 은행도 안정을 유지할 수 있다는 이론이다. 화폐공급과 실물경제가 강력하게 연결되려면, 생산과 유통과정에서 발행된 어음만 중앙은행이 할인해야 한다는 믿음을 말한다.

은 현재의 은행화폐체제에서도 사이비 진실이며, 시스템적이고 역사적인 관점에서 보아도 사실을 오도한다(4.14절 및 4.15절을 보라).

이 책에 제시된 관점은 화폐이론의 스펙트럼 내에서, 예를 들어, 그라지아니(Graziani)의 2003년 저서에 응축된 순환주의(Circuitism)와 센시니(Censini)와 로지(Rossi)의 2015년 저작에 의해서 최근에 자세히 설명된 화폐양자이론(Monetary quantum theory)과 가장 많은 공통의 지반을 가지고 있다. 그러나 그런 공통점에는 이 접근들이 제시하는 화폐순환의 은행-생산자-노동자모델은 포함되지 않는다.

이 책은 이 주제에 대한 필자의 초기 탐구로부터 나왔다. 그것에는 런던에 있는 신경제학재단(New Economics Foundation)을 대표하여 1999/2000년에 제임스 로버트슨(James Robertson)과 긴밀하게 협력하여 진행시킨 작업이 포함된다. 물론 무엇인가가 공중에 떠있을 때 일어나는 일들과 마찬가지로, 같거나 유사한 사상을 추구하고 비슷한 사고를 하는 당대의 학자들의 기여들도 있다. 이 중에는 고쉬트(Gocht)의 1975년 저작, 자렌가(Zarlenga)의 2002년과 2014년의 저작, 베르너(Werner)의 2005년 저작, 킨(Keen)의 2011년 저작, 리안-콜린스(Ryan-Collins), 그린햄(Greenham), 베르너(Werner), 잭슨(Jackson)의 2012년 저작, 베네스(Benes)와 쿰호프(Kumhof)의 2012년 저작, 잭슨(Jackson)과 다이슨(Dyson)의 2012년 저작, 브저그(Bjerg)의 2014년 저작, 야마구치(Yamaguchi)의 2014년 저작, 시구르욘손(Sigurjonsson)의 2015년 저작 등이 있다. 나는 마지막으로 미국화폐연구소의 제이미 월튼(Jamie Walton)에게 감사의 말을 전하고 싶다. 그는 이 책의 최종판을 개선하는 데 크게 기여했다.

1장 참고문헌

Benes, Jaromir, and Michael Kumhof. 2012. The Chicago Plan Revisited. IMF-working paper,12/202 August 2012. Revised draft February 2013.

Bjerg, Ole. 2014a. Making Money. The Philosophy of Crisis Capitalism London: Verso Books.

Cencini, Alvaro, and Sergio Rossi. 2015. Economic and Financial Crises. A New Macroeconomic Analysis. London: Palgrave Macmillan.

Gocht, Rolf. 1975. Kritische Betrachtungen zur nationalen und internationalen Geldordnung. Berlin: Duncker & Humblot.

Graziani, Augusto. 2003. The Monetary Theory of Production. Cambridge: Cambridge University Press.

Jackson, Andrew, and Ben Dyson. 2012. Modernising Money. Why Our Monetary System is Broken and How It Can Be Fixed. London: Positive Money.

Keen, Steve. 2011. Debunking Economics. London: Zed Books.

Ryan-Collins, Josh, Tony Greenham, Richard Werner, and Andrew Jackson. 2012. Where Does Money Come From? A Guide to the UK Monetary and Banking System,2 edn. London: New Economics Foundation.

Sigurjonsson, Frosti. 2015. Monetary Reform. A better monetary system for Iceland, Icelandic Parliament. Submitted to the Committee on Economic Affairs and Trade, March 2015. http://eng.forsaetisraduneyti.is/media/Skyrslur/monetary-reform.pdf.

Yamaguchi, Kaoru. 2014. Money and Macroeconomic Dynamics. An Accounting System Dynamics Approach. Awaji Island: Muratopia Institute, Japan Futures Research Center. http://www.muratopia.org/Yamaguchi/MacroBook.html Werner, Richard A. 2005. New Paradigm in Macroeconomics. London: Palgrave Macmillan.

Zarlenga, Stephen A. 2014. The Need for Monetary Reform. Presenting the American Monetary Act, American Monetary Institute, http://www.monetary.org/wp-content/ uploads/2011/12/32-page-brochuresept20111.pdf.

_____. 2002. The Lost Science of Money. The Mythology of Money—The Story of Power. Valatie, NY: American Monetary Institute.

• • • •

제2장

화폐(돈)

2.1. 화폐의 네 가지 기능: 통화, 지불, 소득 및 자본

화폐의 필요성은 노동분업이 복잡해지고 그에 상응하여 공급망이 확대되자 공급물 관리를 문서화하는 과정에서 생겨났다. 약 3~5천년 전에 장차 화폐가 발전하는 맹아가 먼저 청구권(claims) 및 의무(duties)의 문서화와 청산을 위한 계산단위(unit of account)로서 발전했다. 그 단위는 예를 들어, 보리, 소금, 은, 노동일의 수량이었다. 그것은 아직 화폐가 아니었지만 초기 형태의 화폐, 즉 상이한 것을 서로 비교할 수 있도록 해주는 가치의 계산단위였다.

원시시대와 초기 고대의 경제가 화폐화되고 금융화된 경제로 진화하려면 두 가지의 발전이 전제되어야 한다. 지불수단(means of payment)으로서 화폐가 도입되어야 했고, 화폐의 일부가 일상의 생활비로서 즉시 지출되기보다는 별도로 남겨져서 시간이 지나면 특별한 혜택을 창조하는 활동의 자금으로 사용되어야 했다. 특별한 혜택이란 생산, 토지, 일손, 부나 권력의 증가를 말하며, 오늘날 우리가 알고 있는 금융적 이득도 포함된다. 이런 용도로 쓰이는 화폐가 투자를 구성하며 장차 자본량(stock of capital)을 형성할 잠재력이 된다.

화폐와 그것을 매개로 하는 금융은 고대에 발달하기 시작했다. 주화는 기원전 7세기에 소아시아의 리디아(Lydia)에서 처음 도입되었다. 기초적인 은행업도 고전 그리스와 로마에서 상당한 역할을 했다. 기독교 유럽에서, 은행업 및 금융은 중세의 전성기와 후기에 등장했고 근대 초기에 예금 수취, (장거리 무역에서 중요한) 신용장, 복식부기 그리고 청구권과 부채의 청산을 위한 당좌계좌와 함께 완전히 만개했다.

이에 따라 흔히 말하는 화폐의 세 가지 기능은 이미 확립되었다. 화폐는 전통적으로 계산단위, 교환매개 그리고 가치저장의 기능을 수행하는 것으로 여겨진다. 이 기능들은 현실을 보다 더 잘 반영하기 위해서 다음과 같이 다시 쓸 수 있다:

1. 화폐의 통화적 기능(currency function): 계산의 화폐적 단위, 이 기능에 의해서 가격책정(대상에 화폐가치를 부여)과 회계를 가능하게 한다. 오늘날 이와 같은 계산단위는 기본적으로 국민국가(예를 들면, 달러, 파운드, 엔, 위안 등)나 국민국가의 공동체(예를 들어 유로)의 공식통화의 형태로 존재한다.

2. 화폐의 지불 기능(payment function): 지불수단으로서 징표(token)의 사용, 달리 말하면, 어떤 종류의 청구권과 채무의 정산을 위해 나라의 통화단위로 표기된 화폐의 사용.

3. 소득 기능(income function): (넓은 의미로) 소득을 이전하는 수단으로 사용되는 화폐, 이 기능에 의해서 실물적, 금융적 지출을 할 수 있다.

4. 자본 기능(capital function): 자본 형성의 수단으로 사용되는 화폐.

맨 마지막 기능은 가치저장과 부의 축적이라는 화폐의 전통적 개념과 의미가 다르다. 은화, 금괴는 의심할 바 없이 단지 화폐적 품목일 뿐만 아니라 실제로 귀중품인 반면에, 근대의 징표화폐(token money)는 그것에 가치가 부여되지만 시간이 흐르면 그 가치가 불확실하며 기본적으로 상품의 가격이나 금융 및 실물 자산의 가치보다 더 신뢰할 만하지 않다. 화폐의 가치는 그것을 유통화폐로 사용하여 형성한 소득과 자본의 가치만큼 확실하거나 혹은 그만큼 불확실하다.

화폐는 지불수단이지만 결코 실제로 가치를 저장하는 기능을 하지 못한다. 화폐는 지불을 하고, 소득을 이전하거나 자본을 형성하며 경제가 돌아가도록 한다는 의미에서 유통수단(means of circulation)이며, 스크루지 아저씨의 보물창고에 축장하기 위한 어떤 수단은 아니다. 주화와 금괴의 전통적인 축장은 역기능을 낳았다. 왜냐하면, 그렇게 하면 경제에서 절실히 필요로 하는 구매력이 사라지기 때문이다. 근대에도 화폐(현금 또는 예금)를 활용하지 않고 축장하는 것은 기본적으로 똑같은 이유에서, 그리고 인플레이션이 비록 그 수준이 매우 낮더라도 화폐의 구매력을 줄이기 때문에 역기능을 초래한다.

2.2 화폐의 유형과 창조자들

오늘날에는 (1) 주화(coins), (2) 지폐(paper money: 은행권(banknotes)), (3) 계좌상의 화폐[5](money on account: 은행화폐(bankmoney))라는 세 가지 유형의 화폐가 사용된다. 전통적인 경제에서 근대 경제로 역사적으로 이행하면서 또 다른 유형의 화폐였던 중세시대의 엄대(tally sticks)는 사용하지 않게 되었다. 미래에 등장할 수 있는 유형의 화폐인 디지털 현금(digital cash)은

---

5 역자주) 계좌상의 화폐(money on account)는 계좌에 금액으로 기록되어 있는 화폐로서 준비금과 은행화폐를 들 수 있다. 은행화폐의 경우에 고객이 수표, 현금카드, 계좌 이체 등의 방법으로 사용한다.

현재 종종 물리적인 형태를 갖는 주화와 지폐의 근대적인 대체물로 여겨진다. 이러한 화폐가 미래에 구현될 때에는 블록체인 기술이 적용될 수도 있다. 전자 현금(electronic cash)이라 불리는 것은 아직 그 자체로서 지불수단은 아니지만 항상 일정량의 계좌상의 화폐를 대표한다.

그러면 예를 들어 공식 화폐와 병행하는 '시간 달러(time dollars)' '육아 시간권(nursing hours), 그리고 지역 화폐에 기반한 보완통화는 어떨까? 이것들은 사실 지불수단으로 사용되지만 공식 화폐라고 할 수 없다. 지금까지 그것들은 위기의 시기에, 예를 들어 비상 화폐나 침체된 지역의 회생을 위한 수단으로서 혹은 사회적 실험의 목적으로 제한적으로 사용되었다. 어떤 경우이든 보완통화는 특수한 공동체 혹은 특수 목적의 화폐다.

유사한 내용이 비트코인과 같은 민간 상업통화에 적용될 수 있다. 당분간 이것들도 특별한 환경에서 제한적으로 사용될 것이기 때문에 일반적인 지불수단으로 사용되지는 않을 것이다.[6] 비트코인은 지하경제와 자금세탁을 도울 것이며 자극적인 투기에 활용될 것이다.

보완 또는 병행통화의 경우 창시자의 제도적 위상과 신뢰성에 의문의 소지가 있다. 생산성과 책임 있는 통화정책만큼이나 제도적 및 정치적 뒷받침이 지불수단의 유효성과 가치 지속에 결정적 역할을 한다.

화폐를 특징짓는 것은 어떤 종류의 거래에서도 지불수단으로서 정상적이고 일반적으로 사용되어야 한다는, 즉 부채의 최종적인 청산의 수단으로 기능해야 한다는 점이다. 여기에는 화폐의 형태로 지불했을 때, 선택이든 법의 강제이든, 그것이 일반적으로 수용되어야 한다는 점이 포함된다. 특별한 조건에서는 여전히 현물 지급이 가능하다. 수취인은 돈을 받지 않더라도 동일한 화폐적 가치를 갖는 어떤 것을 받는다. 특수한 금융거래에서는 당사자들은 주식 지분과 같은 자본의 소유권을 이전하는 형식으로 지불이

---

6 ECB(2015, pp. 14 – 18).

이뤄지는 데 동의할 수도 있다. 이것은 화폐의 이전이 아니라, 화폐에 대한 권리(청구권)인 자본의 이전이다. 그러한 권리로는 이자, 임대료, 배당금 혹은 그와 유사한 것들이 있다. 많은 것들이 지불수단으로 사용될 수 있지만, 단지 몇 개만이 화폐이다. 즉 주화, 지폐(은행권), 그리고 계좌상 화폐와 같이 거래의 최종적 정산의 수단으로서 정기적으로 일반적으로 사용되는 징표가 화폐이다.

신용카드나 직불카드는 '플라스틱 머니'로 불려서 오해를 불러 일으키지만, 그 자체가 화폐는 아니다. 이 카드들은 계좌상 화폐를 이전하는 절차를 통해서 무현금 지불(cashless payment)을 수행하는 수단이다. 직불카드의 경우 지급인은 자신의 당좌계좌에서 수취인의 당좌계좌로 송금을 한다. 신용카드의 경우에는 중간에 거래은행이 있어서 수취인의 은행계좌에 입금을 해주고 지급인의 은행계좌에서 한 달에 한 번씩 돈을 거둬간다.

주화와 은행권은 물리적 형태를 가진 전통적인 현금이다. 공식적인 회계기관과 중앙은행의 출판물마저 당좌계좌상의 은행화폐를, 아주 자주 '현금'이라고 부르는데 이는 잘못이다.[7] 이런 의미의 현금은 단순히 '유동적인 지불수단'을 의미할 뿐이다. 그러나 이런 종류의 돈을 '현금'이라고 부르면 현금과 계좌상 화폐 간의 차이가 모호해진다. 후자는 사실 무현금 지불에 사용된다. 계좌상 화폐와 현금 간의 차이는 오늘날의 화폐와 은행시스템에서 아주 중요하며 결코 모호해져서는 안 된다.

근대의 시스템에서, 세 기관이 공식 화폐를 창조할 수 있는 권한을 가지고 있다: 상업은행, 중앙은행, 그리고 재무부. 재무부는 전통적으로 화폐 주조의 권한을 가지고 있다(주화는 오늘날 통화 공급의 1% 이하이다). 주화는 주권을 대표하며 일부 사람들은 국가 화폐(state money)라고 부르기도 하고 여전히 주권 국민국가의 국민통화이다.

---

7 Schemmann(2011 a, pp. 80 – 89, 2012a, b, p. 26).

중앙은행은 일반적으로 19세기 이후부터 은행권을 독점했다(현재 통화 공급의 약 5~20%를 차지하는데 나라에 따라 다르다). 또한 중앙은행은 상업은행들이 개설한 중앙은행계좌를 통해서 준비금을 창조한다. 은행권과 준비금은 중앙은행화폐이다.

오늘날 전 세계 대부분의 중앙은행은 공공기관이며 어떤 경우에는 헌법에 의해, 다른 경우에는 법률 조항에 의해 국가의 화폐당국 지위를 갖는다. 이것은 확실히 분명한 사실이다. 미국의 연방준비제도이사회(FRB)는 이하 연준)는 여전히 민간 은행산업이 소유자로 되어 있지만, 법률과 정치 관행에 의해서 '연준'은 준국가기관의 특성을 갖는다. 연준의 이사회는 미국의 정부기구이다. 유럽중앙은행(ECB)은 유럽연합법에 의한 초국가적 조직체이다. 중앙은행화폐(준비금과 은행권)는 주화와 같이 주권화폐를 대표한다. 미국에서 재무부 증권(Treasury notes)도 역시 주권화폐이며, 연방중앙은행권(Federal Reserve notes)과 연준 계좌상의 비현금 준비금(non-cash re-serves)은 모호한 지위를 유지하고 있다.

은행은 자체적으로 주화를 주조할 수 없었으며, 100년이 훨씬 넘도록 은행들은 은행권의 인쇄도 금지되어 있다. 그렇게 하는 것은 위조행위로 간주된다. 마찬가지로 은행은 기술적인 이유로 중앙은행 준비금을 창조할 수 없다. 그들이 창조해서 유통시키는 것은 예금, 즉 은행 계좌상의 화폐이며, 이 책에서는 대부분의 경우에 그것을 은행화폐라고 지칭한다. 오늘날 대다수 국가에서 유통중인 화폐는 유동적인 은행화폐와 실물 형태를 띠고 있는 현금으로 구성되는데, 은행화폐가 유통화폐의 80~95%를 차지한다. 이 부분에 대해서는 제4장에서 체계적으로 설명한다.

은행, 중앙은행 및 재무부는 자신들의 화폐를 어떻게 유통에 투입하는가? 이 측면에서 주화, 엄대(tally sticks), 은행권, 계좌상의 은행화폐(예금) 그리고 모바일 전자현금의 역사적 계승을 살펴보는 것은 큰 도움이 된다.

2.3 주화 통화와 엄대

산업화 이전 시대에는 봉건영주의 재무관청이 주화를 발행했으며, 자신들이 새 주화의 첫 번째 사용자이기도 했다. 궁정의 비용―군대, 행정, 공공근로, 공무, 궁정의 사치품―을 지불함으로써 화폐를 유통에 투입했다. 따라서 세속과 교회의 통치자들은 순수한 시뇨리지의 형태로 주화의 수익을 차지했다. 시뇨리지란 주화의 생산비용과 액면가치 간의 차이를 말한다.

　　주화의 주조는 고대의 군벌과 왕부터 근대 국민국가에 이르기까지 항상 통치자들의 법적 특권이었다. 로마 멸망 이후와 같은 과도기에는 화폐 주조가 민간 주조인(monetarii)의 손에 들어가기도 했다. 그러나 약 750년경에 페팽 3세(Pepin III)와 샤를르마뉴(Charlemagne)가 주화를 발행하기 시작하면서 다시 통치자의 권한이 되었다. 그 한 가지 동기는 비잔티움을 따라잡는 것이었다. 비잔티움의 귀금속 통화는 동서양 통치자 모두에게 지배적인 모델이었다.[8] 일시적으로 예외는 있었다. 과도한 부채를 안았던 통치자들은 주화 제조를 무역 및 은행 기업과 같은 민간 신용제공자에게 넘겼던 시기도 있었다; 그러나 개인의 화폐 주조는 재무관청의 허가와 통제를 받아서 이뤄졌다. 어떤 개인도 그 권역의 주화에 자신들의 도장을 새길 수는 없었다.

　　전통적인 주화 통화는 부채와 무관했다. 주화는 통치자가 발행한 준-공공화폐였다. 주화 주조는 순수-시뇨리지(genuine seigniorage)를 가져왔다. 주화는 준-공공적인 비용 지불을 통해서 유통에 들어갔고, 다시 주조하기 위해서 거둬들이거나 축장되지 않는 한 계속 유통되었다.

　　오늘날 정부는 더이상 주화를 직접 유통에 투입하지 않는다. 정부는 중앙은행의 요구에 맞춰서 주화를 판매하는 방식으로 같은 유형의 순수 시뇨리지를 확보한다. 그 다음에 중앙은행은 신용을 통하거나 준비금과 교환

8　Zarlenga(2002, p.109).

하여 은행들에게 주화를 공급하고, 은행은 기본적으로 동일한 방식으로 현금을 사용하는 비은행사용자에게 주화를 전달한다.

신용과 부채의 관련 속에서 화폐를 고찰할 때 엄대(tally sticks)의 역사를 살펴보는 것은 특별한 의미가 있다. 엄대는 여러 문화권과 시대에 걸쳐 사용되었다. 유럽에서 엄대는 1100년부터 1400년대 사이에, 영국에서는 1600년대까지 널리 사용되었다. 그 후 산업화가 진행되면서 사용빈도가 줄었다.[9] 엄대는 약 20×5cm의 광택이 있는 나무조각으로 만들어졌다. 수평 줄은 화폐의 수량단위를 표시했다. 1000개는 손바닥 크기, 100개는 손가락 크기였다. 1개는 곡식 한 알의 크기였다. 그 막대기는 한쪽은 짧게 다른쪽은 길게 두 토막으로 나눠졌다. 포일(foil) 또는 스텁(stub)으로 불리는 부분은 예금을 받거나 돈을 빌렸거나 물건을 산 엄대의 발행자가 보관했다. 스톡(stock, 이후 주식의 기원이 되었다)이라 불리는 긴 부분은 예금을 했거나 돈을 빌려주었거나 물품을 제공한 사람이 가졌다. 막대기와 그것에 새겨진 금은 두 쪽이 원래 하나였다는 것을 보증해주었다. 발행인은 자신의 이름을 분명하게 새기기보다는 상징, 가문 문양 또는 약자를 엄대의 뒷면에 종종 표시했는데, 대부분의 사람들이 문맹이었던 시대에 이 방식은 매우 실용적이었다.

분할되지 않은 단순한 엄대는 종종 일괄계산을 위해 부채를 기록하는 용도로 사용되었다. 예를 들어 빵집에서 빵을 구입했지만 즉시 돈을 지불하지 않고 한 번에 일괄해서 지불할 때 사용되었다. 이것은 유럽의 여러 주변지역에서 심지어 20세기까지 일반적인 관행이었다.[10] 중세시대에는 엄대는 예치금의 영수증으로도 사용되었으며 지불수단으로 유통의 일정한 비중

---

9 Davies(2013, pp. 148, 252) 및 Graeber(2012, p.48).

10 Ifrah(1981, p. 112).

을 차지했다.[11] 엄대는 주화의 대체물로서 도입되었다. 왜냐하면 새로운 은광이 전 유럽에 걸쳐 문을 열었지만, 은의 전반적인 공급은 여전히 희소했고, 은광이 시간이 지나면서 고갈되어 은이 점차 비싸졌기 때문이다. 또 다른 문제의 일부는 동양 및 극동으로부터의 명품 수입 증가로 인한 은과 금의 유출이었다.[12] 엄대는 주화의 기반을 확대했고 주화에 의존했다.

엄대는 일괄계산에 의존하는 일반 민중의 범위를 넘어서 상인과 봉건영주에 의해서 발행되었다. 상인들은 엄대를 거래업무에 사용했는데, 이 관행은 이후 그들이 특히 리용, 플랑드르, 샴페인 지역과 프랑크푸르트에서 열렸던 박람회에서 환어음(bills of exchange)이나 수표를 사용하던 방식과 다르지 않았다. 박람회는 포일과 스톡을 청산하던 주요 장소였다. 영국의 헨리1세는 1100년 왕위에 올랐을 때, 엄대를 공식 화폐로 도입했다. 납품업자와 군인들은 엄대로 지불을 받기도 했지만 그것의 수용이 강제적이지는 않았다. 엄대는 근대적 의미에서 법정통화는 아니었다. 엄대를 발행한 재무관청은 의무의 지불(조세)로서 엄대를 받았다. 그래서 왕이 걷어들이는 수익의 큰 부분을 주화가 아닌 엄대가 차지했으며, 엄대는 결국 다시 재무관청으로 흘러 들어갔다.[13]

이런 관점에서 엄대는 제한적이지만 지불수단으로 사용될 수 있는 세금 공제나 민간의 상업적 신용의 한 형태였다. 엄대의 스톡은 이자가 발생하지 않았지만 할인율을 포함할 수 있었다. 이것은 이자 수취가 죄악으로 간주되어 여전히 금지되었던 중세 및 근대 초기 은행에서 흔히 발견할 수 있는 관행이었다(오늘날 이슬람은행에서 그러하다). 엄대 스톡이 엄대의 포일과

---

11 Ifrah(1981, pp. 110 – 116), Apostolou and Crumbley(2008), Davies(2013, pp. 148, 252), Zarlenga(2002, p. 264), Graeber(2012, pp. 48, 268, 435).

12 Zarlenga(2002, p. 131).

13 North(1994, Chaps. 1 및 2).

다시 결합되거나, 혹은 그 반대로 결합되면, 그 엄대는 주화와 달리 유통에서 배제되었다. 너무나 당연하게 주화는 축장되거나 먼 곳으로 흘러가지 않으면 다시 유통되었다.

엄대가 지불수단으로 사용될 수 있다고 해도, 그것은 당시의 은화와 같은 본래화폐(money proper)가 아니라 대용화폐(money surrogate)였다. 그러나 엄대는 수취인이 받아들이면 화폐로 사용되었다. 따라서 엄대는 이후 상업어음이나 민간 은행권 혹은 오늘날 은행의 요구불예금과 똑같은 방식으로 유통되는 신용-부채의 증서였다.

2.4 은행권과 근대 부분지급준비금은행제도의 출현

은행권(banknotes)은 17세기에 은행들이 도입하면서 등장했기 때문에 이름이 그렇다. 중국에서는 지폐가 약 서기 1100년부터 사용되었다. 미국에서는 최초의 지폐 발행자는 이후 미국으로 발전하는 식민지 정부였다. 식민지 정부는 18세기의 전반기에 정부의 지급 증서(bill of credit)를 '식민지 가증권(colonial scrips)이라는 이름으로 발행했다.[14] 그러나, 유럽에서 발행자는 민간 은행이었으며 일부는 왕으로부터 특권을 부여 받았다.

민간 은행권(private banknotes)은 국가 주화(treasury coins)와 같은 방식으로 유통에 들어가지 않았다. 그 대신에 은행권은 고객에게 이자가 붙는 은행 신용(대출)을 제공하는 수단으로 발행되었다. 고객이 동의하면, 신용액은 주화 대신에 은행권으로 제공되었으며 발행 은행은 은행권 소지자의 요구에 따라서 은행권에 기재된 금액을 은화 혹은 금화로 지급하겠다고 약속했다. 바로 이 때문에 은행권은 약속 어음(promissory notes)으로 불린다. 처

---

14 Hixson(1993, Chaps. 7 – 13) 및 Zarlenga(2002, Chaps. 14 및 16).

음에는 은행권은 본래화폐(money proper)가 아니라 돈처럼 사용되는 대용화폐(money surrogate)였다. 회계상으로 보면, 은행권은 은행의 부채, 즉 발행 은행이 해당 어음의 보유자에게 주화를 지불해야 하는 채무이면서 발행 은행에 대한 소지자의 청구권이었다.

은행의 초기 단계에서, 예를 들어, 스웨덴의 리크스은행(Swedish Riksbank, 1668년에 설립), 영란은행(Bank of England, 1694년에 설립) 및 프랑스 왕립은행(French Banque Royale, 1718년에 설립)과 같은 경우에는, 지폐가 오늘날 공공-민간 파트너십으로 간주되는 제도를 통해 발행되었다. 그 당시에도 오늘날처럼 대부분의 정부는 과도한 빚을 지고 있어서 자금 조달의 강한 압력을 받았다. 그래서 정부들은 은행에게 정부와 은행의 특권적 관계 내에서 은행권을 발행할 수 있는 권리를 부여했다. 그러나 그것은 독점이 아니었고, 은행들이 민간 고객에게 은행권을 발행하는 것이 금지되지 않았다. 이러한 행태가 18 세기와 19세기 초에 점점 확산되었다.

은행은 처음부터 새로운 금융수단을 남용했는데, 그 정도는 이전 세기의 '주화 깎기(coin clipping)'보다 더 심각했다. 파리에 있던 존 로우(John Law)의 방크제너랄프리베(Banque Générale Privée)는 그렇게 했으며, 흠잡을 데 없다던 암스테르담은행(Bank of Amsterdam)도 결국 금고에 있는 주화와 금괴가 뒷받침할 수 있는 것보다 몇 배나 많은 신용과 은행권을 중단 없이 발행했다.

그것은 고객들이 자신들의 모든 은행권을 주화로 전환하지 않고, 만약 주화로 바꾸더라도 동시에 그렇게 하지 않았기 때문에 가능했다. 만약 은행이 현재의 지급을 수행하는 데 필요한 주화 지급준비금이 미지불 은행권의 30%였다면, 나머지 70%는 자금으로 뒷받침할 필요가 없다. 따라서 은행은 거의 비용을 들이지 않고 허공에서 은행권의 70%를 만들어냈다. 일부인 30%만 전적으로 비용을 부담했다. 이것이 부분지급준비금은행제도의 원리이다. 70%는 특별 이윤을 거둬들였으며 그 액수는 부담하지 않은 70%

의 자금조달 비용과 같다. 이런 의미에서 부분지급준비금은행제도의 특별이익은 부담하지 않은 차입 금리이며 주화를 유통시키면서 발생하는 순수-시뇨리지(genuine seigniorage)와 대조적으로 이자-시뇨리지(interest-borne seigniorage)라 할 수 있다.

은행이 보유하고 있던 주화와 금괴의 가치보다 더 많은 은행권을 발행하지 않았다고 가정하면 문제는 발생하지 않았을 것이다. 그렇지만 그런 경우에는 은행이 지폐 발행에 따른 특별이윤을 누리지는 못했을 것이다. 지폐는 편리함 외에는 아무런 소용이 없었을 것이다. 그러나 은행권의 잠재적인 편익—은행 자체의 편익만이 아니라 보다 넓은 범위에서 경제가 누리는 편익—은 화폐 공급의 확대였다. 화폐 공급의 확대는 전쟁, 공공서비스 그리고 20세기의 복지국가가 필요로 하는 자금뿐만 아니라 무역 및 산업 성장에 필요한 자금을 제공할 수 있었다. 은행이 은행권 발행으로 누리는 특별이윤은 은행권을 뒷받침하는 데 필요한 현금 지급준비금이 적을수록 더 커졌고, 대중이 주화보다 지폐를 더 선호할수록 커졌다.

부분지급준비금은행제도는 은행권이 등장하기 이전부터 오랫동안 존재했다. 그 관행은 예금을 수취하는 화폐대출업자만큼이나 오래되었다. 그러나 고대 그리스와 로마에서는 예치금을 불규칙하게 운영하는 것은 사기로 간주되어서 처벌을 받았다. 근대 초기에 부분지급준비금은행제도는 점차적으로 재해석되었다.[15] 이것은 교회의 이자 취득 금지를 해제하려는 움직임과 시기적으로 일치한다. 이 흐름은 교황 레오10세(Pope Leo X)가 1515년에 독일의 은행가이자 상인인 야코프 푸거(Jacob Fugger)에게 자신의 무역금융회사의 투자자금 조성에 기여한 저축계좌에 매년 5%의 이자를 지불할 수 있는 권리를 부여함으로써 절정에 달했다. 1515년부터 이자 수취 자체가 더 이상 고리대로 간주되지 않는 것과 마찬가지로 부분지급준비

---

15 10 Huerta de Soto(2009, Chap. 1, pp. 1–165).

금에 기반한 은행업도 사기로 간주되지 않았다. 사실 교회의 이자 반대 명령의 준수가 그 이전에도 그다지 엄격했던 것은 아니었다.

은행의 이윤은 이자 외에도 가격 스프레드와 거래 수수료, 자본 이득으로부터 나온다. 대출과 다른 금융항목이 많을수록 은행 이윤을 더 많이 기대할 수 있다. 그래서 은행은 자신의 대차대조표의 내생적 확장에 강한 유인을 갖는다. 즉 그들은 영리적 목적을 위하여 위험을 감수하고 자금을 부분적으로 조달하여 1차 신용과 함께 은행화폐를 창조한다. 이는 화폐의 초과 공급을 반복적으로 불러왔고 새로운 산업 주기와 맞물리면서 위기 시에는 일시적으로 과소 공급을 불러왔다.

화폐의 초과 공급은 화폐의 추가로 형성된 유효수요가 상품과 서비스의 추가적인 공급에 의해 신속히 충족될 수 없다는 것을 의미한다. 이런 의미에서 돈이 너무 많으면 인플레이션을 일으키고, 이는 통화의 가치 하락을 낳아서 금융 거품과 위기를 키운다. 이것은 스페인 식민지의 은화 인플레이션의 영향 때문에 화폐수량설이 널리 받아들여졌던 16세기 중반 이후에 분명히 인식되었다. 1800년 경과 그 이후에 있었던 지폐의 반복적인 과잉 발행에 따른 영향은 그 시대의 산업 및 교역에서 가장 주도적이었던 대영제국에서 어느 곳보다 현저하게 피부로 느껴졌다.

은행권은 제조하기가 용이하다는 점이 그 수단을 남용하게 된 한 가지 원인이었을 수도 있다. 그러한 남용은 정상적인 발행자에 의해 일어날 수도 있고 국내외의 위조자(프랑스 혁명의 때의 아시나 지폐(Assignats)를 생각해보라)에 의한 것일 수 있다. 그러나 더욱 중요하게 생각해야 할 것은 산업혁명이 진행되는 과정에서 무역과 생산의 확대로 인해 화폐 수요가 크게 늘어나면서 은행가의 명예가 구제되었다는 점이다. 은행권과 계좌상의 은행화폐가 없었다면 18세기 후반부터 20세기까지 진행된 근대화 과정은 없었을 수 있다(예를 들어 식민지 펜실베니아에서 적절하게 운영되었던 주권화폐시스템이나 미국 재무부-분국의 계좌시스템에 기반한 미국 그린백(Greenbacks)[16]과 같은 대안을 제외하면 그러하다).

　　시간이 지나면서 점점 더 많은 사용자들이 은행권을 선택했으며, 더 많은 은행들이 서로 은행권을(항상 주저하면서도) 받아들였다. 당연하게도 지갑은 벨트가 부착된 주화 배낭보다 더 실용적이었다. 또한 은행의 관점에서 볼 때 은행권은 주화보다 쉽고 저렴하게 제작할 수 있었고 지금도 그러하다. 사람들은 지폐에 익숙해졌다. 특정 시점부터 은행권은 주화와 동일한 지위를 갖는 진짜 돈으로 간주되었다. 이런 경향은 나라에 따라 달랐지만 1833년부터 1900년대까지 은행권의 국유화에 의해 결정적으로 강화되었다. 그 이후로 은행권은 법정통화(legal tender)를 대표했다. 지폐 통화 뒤에는 국가 권력이 버티고 있었고, 아무도 은행권을 더 이상 주화로 바꿀 생각을 하지 않았다.

　　영란은행[17]은 지금까지도 은행권의 보유자에게 요구하는 은행권을 파운드-스털링으로 상환할 것이라고 약속하고 있다. 비꼬기 좋아하는 사람들은 영란은행의 정문에서 그 약속을 반복해서 시험했지만 빈손으로 돌아왔다. 이와 대조적으로 미국 연방준비은행은 '이 은행권은 공공 및 민간의 모든 부채를 청산할 수 있는 법정통화'라고 명시하고 있다. 요지만을 담은 진술은 정확히 진실을 반영하고 있다. 화폐는 그저 그 이상도 그 이하도

16　역자주) 그린백(Greenbacks)은 민간 은행이나 미국 중앙은행(미연방준비제도)이 아닌 미국 정부가 발행했던 달러 화폐로서 뒷면이 녹색이었기 때문에 그런 이름이 붙었다. 그린백을 처음으로 발행한 대통령은 에이브러햄 링컨이며, 그는 미국 남북전쟁의 자금을 마련하기 위해서 4억 달러에 달하는 그린백을 발행했다. 그 이후에도 그린백은 간간히 발행되었으나, 은행가들의 비난으로(은행가들은 그린백이 귀금속으로 뒷받침되지 않아 치명적인 인플레이션을 유발할 것이라고 말했다) 그나마도 발행되지 않게 되었다. 그리고 연방준비제도의 등장으로 그린백은 필요가 없어지게 되었다. 마지막으로 그린백을 발행한 대통령은 존 F. 케네디 대통령이지만, 그가 발행한 그린백은 그의 의문사로 제대로 유통되지 못하였다.

17　역자주) 영란은행(Bank of England)는 영국의 중앙은행이다.

아니다. 특히 은행권은 다른 화폐적 물질에 의존하지 않고 신용과 부채 관계를 대변하지도 않는다. 하지만 신용 혹은 부채 의무를 최종적으로 정산하는 역할을 수행한다. 더욱이 유럽중앙은행(ECB)의 은행권은 각국 통치자의 서명을 재인쇄하는 것을 제외하면 어떤 진술도 담고 있지 않다. 그 서명이 마치 '나는 내 직책의 권한으로서 은행권의 유효성을 보증한다'고 진술하는 것 같다.

　　게다가 19세기 후반부터 유통되는 주화는 순동, 은, 금이 아닌 합금으로 만들어졌다. 이에 따라 현금은 그 자체로 물질적 가치가 없거나 거의 없는 가치의 징표라는 것이 사람들에게 분명해졌다. 그러나 통화의 가치는 나라의 토지 가치 또는 국가의 금보유고를 통해서 보장된다는 생각은 지속되었다. 포트 녹스(Fort Knox)[18]의 신화는 생생한 환상의 원천이 되었고, 금본위제가 종말로 다가갈수록 그러했다. 그러나 화폐의 유일한 실제적 보증은 수요와 공급이 있는 재화와 서비스의 양과 질을 의미하는 실물적인 경제적 산출이다.

2.5 계좌상의 은행화폐

1800년 전후의 수십년 동안, 은행계좌상의 화폐, 줄여서 은행화폐가 무현금-지불이 늘어나면서 대용화폐(money surrogate)로서 부상하기 시작했다. 은행이 창조한 은행의 당좌계좌에 있는 돈은 당좌예금 혹은 요구불예금(sight deposit)이라고 한다. 중앙은행이 창조하여 중앙은행의 계좌에 보관된 돈은 준비금(reserve)이라고 한다. 이것은 주화나 금괴를 은행에 예치해서

18　역자주) 포트 녹스(Fort Knox)는 미국 켄터키주 루이빌 남쪽에 위치한 미 육군 기지로서 미국 금보유고의 상당량을 보관하고 있는 금고가 있는 장소로 유명하다.

예금이 실제로 창조되던 시기까지 거슬러 올라가는 전통적인 용어들이다. 그러나 오늘날에는 제4장에서 설명하는 바와 같이, 예금은 현재 당좌계좌의 대변 기입(credit entry)을 통한 은행 신용에 의해서 창조된다. 예금은 은행계좌상의 화폐(은행화폐)와 하나이고 동일한 것이며, 이는 준비금이 중앙은행 계좌상의 화폐(중앙은행화폐)인 것과 마찬가지이다.

준비금과 은행화폐는 무현금 지불수단이다. 무현금 지급의 범위는 산업화와 함께 확대되었지만, 화폐로서 은행화폐의 중요성은 1900년경 이전까지는 일반적으로 널리 인식되지 못했다. 그 당시에 선진 유럽국가에서 요구불예금의 비중은 공공 화폐공급의 약 1/3까지 늘어났다. 오늘날 그 비중은 80~95%에 달하며 현금은 그 나머지의 작은 비중을 차지한다.

계좌상의 은행화폐는 정확히 말해 새로운 발전은 아니다. 그것은 확실히 은행권보다 더 오래되었다. 유럽에서 은행업이 약 1300~1500년경에 발달한 이래, 상인은 은행에 당좌계좌를 가지고 있었다. 따라서 대변 및 차변, 청구권 및 채무는 회계 절차를 통해 청산될 수 있었다. 은행이 발행한 신용장 혹은 은행 예치금증서는 훨씬 안전하고, 대량의 주화를 물리적으로 운반하는 것보다 더 실용적이고, 엄대(tally sticks)를 활용하는 것보다 덜 번거로웠다.

물론 예금의 범위와 기능적 현실은 시간이 흐름에 따라 변하고 있다. 돌이켜 보면 하나의 차이는 은행화폐의 확산이다. 르네상스와 종교개혁 시기에는 사용자들이 소수의 행위자들에 불과했으나 오늘날에는 모든 가계의 100%에 가까울 정도로 확산되었다.

은행화폐는 은행권과 마찬가지로 지출을 통해서 유통에 들어가지 않고, 이자가 붙는 상업은행 신용에 의해서 발행되며, 근대에는 중앙은행 신용을 통해서도 발행된다. 민간 은행화폐를 법정통화[19]로 규정한 법이 만들

---

19 역자주) 법정통화(legal tender)는 법률에 의해서 상품 결제, 부채 청산의 법적 효력을 갖는

어진 적은 없다. 그러나 많은 법률과 규정이 요구불예금을 언급하고 있으며, 무현금 지불수단으로서 그것의 존재와 일반적 사용을 전제하고 있다. 오늘날 대부분의 국가기관, 특히 국세청과 사회보장기관은 은행화폐에 의한 지불만을 요구한다. 전간기와 제2차대전 이후에 은행화폐는 공식 화폐의 지위를 획득했다. 은행화폐는 아직 법정통화나 주권화폐 혹은 중앙은행화폐가 아니지만, 모든 관련 국가기관으로부터 공식적으로 인정받고 사용되는 지불수단이 되었다.

은행화폐는 고객의 요구에 따라 예치금을 현금으로 전환할 수 있는 약속어음이다. 이는 예전의 민간 은행권이 은화로 상환해주겠다는 약속이 담긴 종이 증서였던 것과 똑같은 방식이다. 오랜 기간 동안에 사람들은 은행권과 일정한 여유분의 주화가 있으면 행복했고, 오늘날 우리들은 예금과 나머지 여유분의 은행권과 소량의 잔돈이 있으면 행복하다. 만약 고객들이 은행에 대한 모든 금전적 청구권을 현금화하기를 원하면, 모두가 알고 있는 것처럼, 시스템은 즉시 붕괴한다. 일반적으로 우리는 편리함과 저비용 때문에 그렇게 하려고 하지 않으며, 은행은 예금액의 일부만 현금으로 돌려줄 수 있기 때문에 그렇게 하는 것을 바라지 않는다. 그 이유 중의 하나는 은행권이 주화에 비해서 상당히 비용 면에서 이점이 있고, 은행화폐는 은행권에 비해서 그러한 이점이 더 크다는 점이다.

은행권과 은행화폐 간에는 중요한 차이점이 있는데, 이것 때문에 사람들은 은행화폐와 무현금 지불의 관행을 일반적으로 무리 없이 받아들인다. 주화에는 국가 표식이 있으며, 은행권에는 발행은행의 이름과 은행장—오늘날에는 중앙은행 총재—의 서명이 있다. 이와 대조적으로 은행화폐는 그것이 한번 일반적 유통 과정에 들어가면 표식이 붙지 않는다. 그래서 원래

화폐를 지칭한다. 금화와 은화와 같은 상품화폐도 법정통화가 될 수 있다는 점에서 법령화폐(fiat money)의 개념과 구별해서 이해할 필요가 있다.

의 발행자를 추적하는 것은 거의 불가능하다. 따라서 은행화폐는 익명으로 처리되고 동질화된다. 마치 모든 은행과 은행업무의 목적이 어느 시점이든 모두 같은 것처럼 말이다.

　　이 때문에 은행화폐는 중립성 및 무결점의 외관을 띠게 되면, 은행에 실제로 면책 특권이 지워지면, 공식적 승인까지 얻게 된다. 개별 은행은 적어도 이론적으로는 자신의 부채에 대해 책임을 질 수 있다. 그러나 민간 은행화폐의 전체 금액에 대한 책임은 (오늘날 은행을 허가하고 감독하는) 공공의 중앙은행과 정부, 즉 재정과 납세자에게 돌아간다. 이 기관들이 실제로 그런 문제에 대해서 많은 것을 할 수 없는 위치에 있을 경우에도 그러하다. 그리고 이로 인해 빚어지는 모든 현상들—원하는 만큼 은행화폐를 발행하여, 이익을 사유화하고, 부분지급준비금제도를 통해서 경쟁적 열위에 있는 다른 상대보다 비용을 최소화하며, 시스템적으로 치명적인 손실을 사회화하면서도, 그 책임을 정부 관료나 익명의 고객에게 돌리는 현상들—은 '세상의 지배자'임을 자처하는 자들에게는 확실히 세상의 모든 가능한 것 중에서 최선이다.

　　부분지급준비금은행제도에 기초한 은행화폐체제는 더 확고하게 확립될수록, 더 많은 고객들과 은행들이 이 시스템에 참여하라는 압력을 받게 된다. 한 은행이 자신이 창조한 은행화폐를 다른 은행이 받아들이기를 원한다면, 그 자신이 다른 모든 은행들로부터 무현금 지불을 받아들여야 한다. 그렇지 않으면 시스템이 작동하지 않는다.

2.6 전자 화폐와 디지털 현금

최근 몇 년 동안에, 블록체인 기술의 출현으로, 전자 화폐(Electronic Money) 나 전자 현금(electronic cash, e-cash)을 한편으로 하고 디지털 현금(digital cash)을 다른 한편으로 하는 새로운 구별이 생겼다. 전자 현금은 자유롭게 이동하는 계좌상의 은행화폐를 지칭하는 한편, 디지털 현금(digital cash)은 블록체인으로 구성된 통화 단위를 의미한다. 디지털 현금은 계좌상의 화폐를 넘어선 현대 화폐 발전의 다음 단계로 여겨진다. 예를 들어 중앙은행이 발행하여 공공 유통에 사용되는 주권 디지털 현금은 전통적인 물리적 현금의 현대적 대체물로 간주된다. 이제 전자현금을 검토해보자.

전자현금은 플라스틱 카드의 마그네틱 스트립이나 칩과 같은 저장매체의 잔고 형태를 띤다. 전자현금카드는 선불카드(prepaid card)와 구별된다. 후자는 전자현금의 규정이 적용되지 않으며 지불수단으로 사용할 수 없다. 그 대신에 그것은 비은행 기업이 발행한 단일 목적의 수단으로서, 예를 들면 휴대전화의 통화시간을 제공하거나 사전에 정해진 전류를 제공하는 것과 같은 목적에 쓰인다. 선불카드의 발행자는 현금이나 신용카드 또는 직접적인 자금이체를 통해서 사전에 해당하는 돈을 받는다. 각각의 금액이 카드의 발행기업의 계좌에 기록되어 있다. 계좌에 있는 잔액은 고객이 카드를 사용할 때에 계좌의 잔고에서 인출된다. 사용하지 않은 잔액은 일반적으로 상환되지 않는다.

이와 대조적으로 전자현금은 기존의 물리적 현금을 대체하는 지불수단으로 대중에게 제시된다. 전자지갑 속의 전자현금 잔고는 은행의 자동입출금기(ATM)를 통해서 증액될 수 있다. 각 금액은 고객의 당좌계정에서 인출되어 은행의 특별한 전자현금 청산계정에 입금되어 칩에 등록된다. 전자현금 청산계정은 은행의 청산저축계정(open deposit account)과 유사하다. 따라서 물리적 현금의 경우와 마찬가지로, 그 금액은 은행화폐 채무로 기록되지 않지만, 전자현금 청산계정에서 또 다른 단기은행채무와 교환된다. 예를 들어 매표기에서 고객이 카드를 사용하면 칩에 기록된 사용가능한 금액이 그에 대응해서 줄어들며, 그만큼의 금액이 그 은행의 전자현금 청산계정에서 수취인의 당좌계정으로 이체된다. 전자지갑에는 초과 인출이 가능하지 않다. 전자현금카드의 사용하지 않은 잔액은 고객의 당좌계정으로 다시 이체될 수 있다.

카드의 칩은 휴대폰 앱에 있는 특별한 전자현금 잔고가 될 수도 있다; 또는 휴대전화에 직불카드에 해당하는 앱이 설치될 수도 있다. 은행계좌가 아직 널리 보급되지 않은 개발도상국에서는 전자현금 에이전트를 통해 물리적 현금과 교환하여 전자현금을 얻을 수 있다. 돈은 특별한 전자현금계정에 보관되고, 휴대폰 앱을 통해서 접근할 수 있다.

현재의 형태로 저축될 수 있는 전자현금의 금액은 수백 달러로 제한되어 있다. 이 제한의 한 가지 이유는 전자현금카드와 휴대폰이 대규모 가치 저장소로 사용되는 것을 방지하기 위함이다. 전자현금은 중간의 청산계정 없이는 물리적 현금처럼 한 손에서 다른 손으로 또는 한 전자 지갑에서 다른 전자 지갑으로 순환할 수 없다.

따라서 전자현금은 물리적 현금의 대체물이 아니며 전자현금카드가 지폐가 들어가는 지갑과 유사한 진정한 전자지갑은 결코 아니다 그것은 여전히 계좌상의 화폐이다. 전자현금이라고 하는 것은 실제로 모바일 은행의 하위 계정인 계좌상 화폐의 모바일 판이다. 당분간은 전자현금이 배후에 있는 은행화폐 계정이나 은행화폐 기반의 다른 어떤 개별 청산계정 없이 존재하는 것은 상상하기 힘들다. 전통적인 물리적 현금을 대체하는 전자현금이 미래가 있는지, 혹은 현대 화폐가 온라인 및 오프라인, 원격 및 즉시, 실시간 및 예약전송과 같은 다양한 이체 방법을 통해 사용할 수 있는 비현금 화폐인지의 여부는 불분명하다.

엄밀히 말해서, 전자현금과 전자지갑은, 계좌상의 은행화폐를 '현금'이라고 지칭하는 것처럼, 오해의 소지가 있는 용어이다. 오직 민간 은행화폐를 초월한 주권화폐의 미래에서만 그것이 가능해진다. 즉 모든 지불수단이 중앙은행에 의해서 발행되고, 은행 고객의 돈과 은행 자신의 돈이 서로 분리되는, 단일 순환으로 유통될 때에만, 현금과 계좌상 화폐 간의 차이는 그리 중요하지 않게 될 것이다.

현금과 은행화폐 간의 혼동은 현금과 은행화폐가 같은 성격을 가진 것처럼 주장하는 것으로 이어진다. 어떤 측면에서 이것은 은행산업이 전체 통화량에 대한 '주권'적 통제를 한다는 사실의 반영이기도 하다. 은행이 발행한 전자현금은 재무부의 주화에 대한 독점과 중앙은행의 은행권에 대한 독점을 훼손한다. 모바일 은행화폐 잔고가 물리적 현금을 대체할 가능성이 있다는 점에서 그러하다.

전통적인 물리적 현금은 조만간 폐기될 수밖에 없다. 개인 고객과 기업 모두에게, 전자 또는 디지털 지불수단은 곧이어 물리적 현금을 사용하는 것보다 더 편리하고 비용이 덜 드는 수단이 될 것이다. 세무서와 금융감독기관은 현금이 탈세의 수단이자 지하경제가 선호하는 수단이어서 현금이 없어지기를 바랄 것이다.

금융 억압의 수단으로서 마이너스 금리를 주창하는 사람들도 현금의 폐지를 바랄 것이다. 만약 계좌상의 화폐만 존재한다면, 위험 대비책으로서 물리적 현금의 보유를 없앨 수 있고, 그에 따라 마이너스 금리를 효과적으로 부과함으로써 화폐적 징벌을 실행할 수 있을 것이다. 즉, 높은 수준의 공공 및 민간 부채에 따른 이자 부담을 완화하고, 은행이 고객에게 예금금리를 지불하는 것이 아니라 화폐 보유자가 은행에 이자를 지불하게 할 수도 있다.[20]

더욱이 은행가들도 물리적 현금을 폐지하기를 원한다. 왜냐하면 물리적 현금의 취급이 계좌상 화폐의 전산화된 관리에 비해 노동력이 많이 들어서 비용이 많이 들기 때문이다. 더욱 중요한 점은 은행들은 자체적인 주화나 은행권을 발행할 수 없다. 은행들은 전체 비용을 부담하면서 중앙은행으

---

20 Buiter(2009) 및 Rogoff(2014). 2013년 11월 8일의 IMF 경제포럼의 Larry Summers의 연설, www.youtube.com/watch?v=KYpVzBbQIX0.

로부터 현금을 구해야 한다. 따라서 각 나라의 중앙은행에 대한 은행들의 의존도가 최근 크게 감소했음에도 불구하고 물리적 현금 때문에 여전히 높다.

현행 시스템의 조건이 바뀌지 않는 상황에서, 전통적인 물리적 현금이 완전히 사라지면, 은행업계는 전자-디지털 현금에 대한 독점권을 장악하여 이미 확립된 은행화폐의 독점을 더욱 강화할 것이다. 이렇게 되면 현행 시스템은 중앙은행과 정부가 주권적 통화특권을 완전히 상실하고 패권적인 대은행기업들의 이해에 봉사하는 방향으로 또 한 단계 나아갈 것이다. 디지털 현금이 계좌상의 은행화폐와는 별개의 지불수단으로서 미래가 있다면, 전자현금은 은행산업이 스스로 발행하고 통제하는 화폐적 대중수단이 아니라 가능한 한 빨리 주권화폐가 되어야 한다. 더욱이 중앙은행이 대중적 사용을 위해 주권디지털 현금을 블록체인기술에 기반하여 도입하는 것은 현재 유망한 새로운 접근방식이다(6.17절).

2.7 정보의 징표인 화폐

지불수단이 주화에서 은행권으로, 그리고 계좌상의 화폐, 디지털 현금, 그뿐만 아니라 하위 계좌상의 전자현금으로 발전하는 연속적 단계를 만들어가는 진화적인 구심력과 같은 전반적 경향이 존재하는가?

일반적 관점은 화폐는 상품화폐에서 징표화폐(token money)로 진화했다고 한다. 하지만 상품화폐는 고전 및 신고전파 경제학이 만들어낸 서사이다. 고대에 물품의 경제적 가치를 측정하기 위해 사용된 소금이나 은 같은 것은 화폐로 간주할 수 없다. 비록 특정 거래에서 실제로 일정량의 곡물이나 일정한 수의 염소를 건네 줌으로써 정산이 이뤄졌다 하더라도, 이로 인해 그 품목이 정규적이고 일반적인 지불수단으로 발전하지는 못했다. 이 상품들은 계산단위로 사용되었다.

2700년 전에 탄생한 최초의 주화부터 현재의 전차현금에 이르기까지 모든 화폐는 징표화폐(token money)였다. 계몽철학자인 존 로크(John Locke)는 차이를 포착했다: 화폐가 상품이라고 말하는 것은 아주 흔한 착각이다.…금괴는 무게로서 가치가 평가되고…. 화폐는 표식에 의해서 가치가 평가된다.[21] 이와 유사하게 케인스는 1913년 인도경제를 분석하면서 인도의 은 루피를 단지 '은에 인쇄된 은행권'으로 간주했는데, 이는 주화의 은 함유량이 액면가보다 훨씬 적었다는 점에서 분명하다.[22] 그라지아니(Graziani)는 '진정한 화폐경제는 상품화폐의 존재와 일관되지 않기 때문에…징표화폐를 사용해야 한다'고 결론을 내렸다.[23]

물론 예전의 주화는 특별한 상품을 대표하는 귀금속으로 만들어졌다. 주화는 그 액면가에 가까운, 때때로 그보다 더 큰 물질적 가치를 가졌다. 그러나 주화의 액면가와 물질적 가치 간에 차이나 변동이 있었다는 단순한 사실은 화폐 징표와 그 징표를 구성하는 물질 사이에는 차이가 있다는 증거다.

중세와 초기 근대 사회에서 귀금속 주화는 부분적으로, 그리고 최종적으로는 대안적인 추가적 징표에 의해서 완전히 대체되었다. 두 세기 동안은 나무로 만들어진 엄대(tally sticks), 이후에는 종이 가증권(scrips) 및 은행권(중국에서는 예전에 가죽으로 만들어졌다), 그 다음에는 비귀금속 합금 주화, 그리고 최종적으로 계좌상의 화폐 및 전자현금에 의해 대체되었다. 따라서 1900년에 짐멜(Simmel)은 물질적 화폐에서 비물질적 화폐로의 초세속적(trans-secular) 경향을 가정했다.[24]은행화폐와 전자현금은 실제로 정보 단

---

21 다음에서 인용했다, The American Monetary Institute, Monetary History Calendar, August 25~31, on the occasion of John Locke's Birthday August 29th, 1632.

22 Keynes,(1913, p.26).

23 Graziani(1990, p.10). 같은 의미의 주장으로는 다음을 보라, Parguez and Seccareccia(2000, p.104).

24 Simmel(1900, p. 139).

위의 형태로 존재한다. 그러나 돈은 징표의 물리적 속성이 무엇이든 차이가 없다. 어떤 화폐 징표이든 그것은 특정한 통화로 표기된 화폐의 일정한 금액을 나타낸다. 달라진 것은 정보의 기술적 매개물이다. 그것은 금속주화에 새겨진 암호로부터 시작해서, 장부에 기입된 숫자, 그리고 은행권에 처음에는 손으로 기록되고 이후에는 인쇄된 암호를 거쳐서 최종적으로 계좌에 전자적으로 저장된 디지털 숫자로 바뀌었다.

숫자를 적은 재료가 무엇이든 간에, 항상 부기를 통해서 청구권과 의무를 정산하는 문서화 방법과 절차는 항상 있었다. 고대시대에는 이것들이 물품의 단위로 되어 있었고, 근대사회에서는 통화단위로 표기되었다. 따라서 계좌상 화폐의 선구적인 사례는 약 2700년 전에 주화가 도입되기 훨씬 전에 존재했을 수 있다. 청구권과 부채의 비현금 정산은 중세 은행업이 등장한 이후에 확실히 존재했다. 단지 회계적 용도로만 사용된 통화도 있었는데, 그러한 예로서 프랑크 족의 리브르(Frankish livre)는 샤를르마뉴 시대로부터 1795년까지 거의 천년 간 사용되었다. 또한 1650년부터 리브르를 단위로 하는 프랑스의 주화도 있었지만, 대부분의 경우 리브르는 계좌를 운영하기 위한 통화였다. 이 같은 방식은 오늘날의 국제통화기금(IMF)의 특별인출권이나, 1979년부터 1998년까지 사용되던 ECU(European currency unit: 유럽통화단위)에 비교될 수 있다. ECU는 유로화에 의해서 대체되었는데, 유로화는 1999년부터 계좌로서 존재했고 2002년부터 주화와 지폐의 형태를 띠었다.

어떤 의미에서 계좌상의 화폐는 항상 현금과 병행하여 존재했다. 변한 것은 현금의 사용과 계좌상 화폐의 사용 간의 비례 관계이다. 은행화폐의 초세속적 확산으로 은행화폐는 배후에서 전면으로 이동했고, 유무선 전신, 전화, 우체국, 전신타자기 및 보다 최근에는 디지털 장치의 지원을 받는다. 결과적으로 디지털 정보 및 통신 기술에 기반한 회계 및 첨단 결제시스템에 의해서 이제 물리적 징표는 사라지고, 은행당좌계좌나 블록체인상의 디지털 단위가 사용되는 단계에 이르렀다.

2.8 화폐의 가치는 어디에서 오는가?

17~18세기의 중금주의(mercantile bullionism)[25]와 19세기의 금본위제에 내재되어 있던 화폐에 대한 이해방식에 따르면, 징표화폐(token money)[26]의 가치는 비축된 금이나 토지에 의해 뒷받침된다. 그러한 사고는 화폐가 상품들의 상품(commodity of commodities)으로 보임에도 불구하고 단지 또 다른 상품으로 오해한 데서 비롯되었다. 1716년에 존 로우(John Law)는 새로운 프랑스 지폐의 가치는 루이지애나(Louisiana)의 토지 가치에 의해 보증된다고 주장했다. 사람들은 실제로 그러한 이야기를 믿었으며, 많은 사람들이 아직도 그렇게 믿고 있다. 1923년 독일제국은행(German Reichsbank)이 인플레이션 이후 새로운 통화의 가치는 나라의 영토 가치에 의해 보증될 것이라고 선언했을 때에도 그 속임수는 다시 통했다.

　　일반적으로 화폐의 가치가 자산, 특히 은, 금, 부동산 또는 주식의 가치에 의존하는지 아니면, 그러한 자산이 화폐적 부를 대표하는지를 검토하는 것은 매우 흥미롭다. 아래에서 설명하는 바와 같이 후자가 진실이다. 소득 상황뿐만 아니라 경기나 금융주기에 대한 자산 가격의 민감도는 일반적으로 분명하다. 위기 시에 영향을 받은 금융자산은 가치가 급락해서 화폐가

25　역자주) 중금주의는 중상주의 중에서 특히 초기에 속하는 경제사상 및 정책으로서 '국부는 곧 금과 은'이라는 관점에서, 부를 확보하기 위해서는 직접적인 무역통제로 무역흑자를 내고 경화와 귀금속의 수출은 제한해야 한다고 주장했다.

26　역자주) 징표 화폐(token money)는 소재적 가치가 명목 가치(액면 가치)보다 적은 화폐를 말한다. 국가의 법령에 의해서 명목가치에 정해지는 법령화폐(fiat money)는 화폐가 물질적 소재가 아니라 징표의 역할로부터 명목 가치를 갖게 된다는 점에서 징표화폐이다.

치를 떨어뜨리기보다는 높인다. 왜냐하면 일정한 양의 돈이 있으면 줄어든 가격으로 더 많은 상품과 자산을 살 수 있기 때문이다.

화폐 가치가 자산 가치에 의존한다거나 화폐적 자산인 화폐가 본질적 가치를 갖는다는 잘못된 생각은 화폐에 대한 반(半)근대적인 이해이다. 그 것은 동시에 은행학파의 교리를 전하고 있다(3.3절). 그러나 은행은 가치를 창조하는 것이 아니라 화폐를 창조한다. 대출을 제공할 때에 대부분의 경우 은행은 채무자에게 담보를 제공하거나 보증을 설 사람을 요구한다. 이는 담 보의 역할을 할 수 있는 자산만큼만 화폐가 있다는 잘못된 가정을 낳을 수 있으며 화폐 가치가 채무자와 보증인의 지급능력에 달려 있다고 가정한다. 그러나 자산이나 보증이 아닌 현금 흐름 또는 정기적인 근로소득에 대한 기 대에 의해서 뒷받침되는 대량의 장부 신용도 있다. 더욱이 청구권이 평가절 하되어야 할 때에도 화폐는 사라지지도 않고 가치를 잃지도 않는다. 이 가 설은 대출을 받는다는 개념과 화폐 가치라는 개념을 혼동하고 있으며(4.15 절), 그래서 신용과 화폐를 잘못 등치시킨다. 이것은 모두 은행학파의 교리 이다.

화폐의 국가이론을 잘못 이해함으로써 빚어진 화폐 가치에 대한 또 다 른 기만적인 가르침이 있다(3.1절). 그 내용에 따르면 화폐가 가치를 갖는 것 은 정부가 화폐를 세금 납부의 수단으로 받아들이기 때문이다. 그러나 세 금 요소의 중요성은 화폐의 가치, 즉 구매력과 그 통화의 환율과 관련이 없 으며, 징표화폐의 일반적 수용성과 관련되어 있다. 이 측면에서 지불수단의 유효성이 화폐의 가치로 오인된다.[27]

국가의 주된 기여는 화폐에 유효성을 보증하는 것이다. 화폐 가치는 정부가 책임성 있게 화폐를 다루는가 아니면 무책임하게 다루는가에 영향 을 받을 수 있다. 그러나 국가가 어떤 지불수단을 실제로 사용하면, 반드시

---

27 또한 다음을 참조하라, Rossi(2007, p.5).

그것들을 법정통화로 선언하지 않더라도, 그 수단들은 공식 화폐로 확정될 뿐만 아니라 일반적으로 받아들여지게 된다.

그렇다면 근대의 토근 법령화폐(token fiat money)**28**는 무엇으로부터 그 가치를 얻는가? 첫 번째로 그리고 궁극적으로 화폐 가치는 생산성의 수준에 의해서, 즉 경제 과정에서 가격이 매겨지는 경제 산출물의 질과 양에 의해서 결정된다. 경제 과정에는 각각의 생산 사슬, 시장 동학, (세금, 관세, 보조금 및 규제를 통한) 정부 개입의 상류(upstream) 및 하류(downstream)에서 활동하는 중추적 기업행위자들에 의한 가격 책정이 포함된다. 실물적인 경제산출이 경제 가치를 만들어내는 본래적인 요체이며, 유통 중인 능동적 화폐의 수량이 공급이나 수요되는 물품의 최종 책정 가격을 지불하는 매개수단이다. 그래서 특정 기간 동안에 산출물의 가치는 모든 상품과 서비스의 가격과 동일하다.

가격 결정 과정이 실물 경제적 항목에 한정되지 않는다. 화폐 및 금융 경제에 있는 항목도 대상이 된다. 또한 이것은 실물적인 그리고 금융적인 항목의 가치가 사전에 결정되지 않는다는 것을 의미한다. 그것은 산출물 생산에 투여되는 인간의 노력과 연관된 일종의 노동가치 연금술에 내재돼 있지 않으며, 가치가 기적적으로 화폐의 수량에 내재돼 있지도 않다. 경제 가치는 대상의 가치를 통화단위로 평가하는 동학적인 상호작용의 결과이다. 그리고 그 과정은 필요와 욕구, 효용과 선호에 기초해 있으며, 제공되는 품목(공급)과 그 품목을 얻고자 하는 능동적인 화폐의 수량(수요)의 상호작용을 통해서 진행된다.

부여된 가치의 대부분은 형성된 가격과 가격관계에 구조적으로 새겨

---

28 역자주) 법령화폐(fiat money)는 금, 은과 같은 물리적 상품에 의해서 뒷받침되지 않아서 소재적 가치를 갖지 않고 오직 법령에 의해서 명목 가치가 유지되는 화폐를 말한다. '명목화폐'로 번역하기도 하는데 어원 면에서 정확하지 않다.

지는데, 가격과 가격관계는 유효한 공급과 수요의 상호작용으로 소급되며, 그것을 통해서 항구적으로 재조정된다. 따라서 화폐의 구매력은 시장 상황과 각각 기대 가격을 제시하는 수요 측과 공급 측의 교섭력에 달려 있다. 이 원리는 상품과 서비스, 노동 비용, 금융자산 가격, 비유적으로는 세금, 세금과 유사한 사회보장기여금에도 그대로 적용된다. 가격 형성은 다양한 요인들 간의 역동적인 되먹임 과정을 포함한다. 그런데, 이 요인들은 상호 관련되어 있지만, 한 요인이 다른 요인에서 유도되거나 그것으로 환원되지 않는다.

이런 측면에서, 여기서 지지하는 시스템적 관점은 최적 가격이나 균형 가격을 가정하지 않고 재조정되는 상대가격의 모델에 대응한다. 거시경제 방정식에서 가정한 바와 같이 생산과 소득 사이의 어떤 종류의 밀폐된 거시적 정체성(예컨대, 산출=소비된 소득+투자된 소득)도 가정하지 않는다. 또한 그것은 다른 관점에서 보면 생산의 생산의 순환주의와 양자 모델의 출발점이다.

개별 행위자의 관점에서, 가격은 옳거나 그르고, 혹은 정당하거나 부당하며, 충분하거나 부족하다. 그러나 거시경제학적 관점에서 보면, 오직 실제 가격만 있다. 즉 거래에서 지불된 바로 그 가격이 중요하며, 그것은 품목의 실제 가치와 화폐 가치를 모두 반영한다.

로시(Rossi)에 따르면, '화폐와 생산은 실물적(real)일 뿐만 아니라 화폐적(monetary)이며 동일한 현실의 두 얼굴'이다.[29] 센시니(Cencini)와 로시(Rossi)는 '화폐는 현재의 산출과 합쳐지는 정도만큼 존재한다…화폐는 산출과 분리되면 존재이유가 없다…임금의 지불은 화폐와 산출의 구조적 결합을 가능하게 하는 사건'이다.[30] 결과적으로 '어떤 생산에 의해서 뒷받침되지 않는 금융자본의 형성'은 '실제(real)' 화폐보다는 '텅 빈(empty)' 화폐

---

29 Rossi(2007, pp. 40, 121). 또한 참조 Rossi(2001, pp. 105, 122, 152).

30 Cencini and Rossi(2015, pp. 146 – 148).

와 단순히 관련되어 있다.[31]

이런 진술들은 그것을 도출한 생산의 화폐이론(monetary theory of production)의 맥락을 반드시 인정하지 않더라도 인정될 수 있다. 화폐는 생산을 통해서가 아니라 신용 창조에 의해서 창조된다. 화폐를 창조하는 주체는 고용주와 고용인이 아니라 은행이다. 그러나, 많은 화폐가 국내총생산(GDP)과 연관된 금융이기보다는 GDP와 무관한 금융으로 흘러간다(6.8절). GDP와 무관한 화폐 사용에 기반한 소득이 실질 항목에 지출되면, 이것은 실물경제적 가격 관계를 바꾼다. 높은 실질 성장률이 이에 호응하여 뒤따르지 않는 상황에서, 통화단위의 실질 가치, 즉 근로소득의 구매력은 줄어든다.

마찬가지로, 자연, 인간, 기술에 의한 생산력이 산출을 생성하지만, 그 산출의 경제적 가치는 생산과정에서 지불되는 근로소득의 양에 의해서 결정되지 않고, 상대적으로 독립된 자체적인 복합적 가격 책정 과정을 통해서 결정된다. 기업이 지속되기 위해서는 실제 가격은 물론 산출 생산의 모든 비용을 감당해야 한다. 그 비용에는 투입물 생산과 서비스, 노동, 금융, 세금, 인출혹은 배당 지급이 포함된다. 그러나, 판매된 산출물에 책정된 최종 가격은 다양한 비용 요소들로 환원될 수 없다.

근로 소득과 금융 소득 간의 차이와 관련하여, 후자는 GDP와 무관한 금융소득과 그와 대조되는 GDP 관련 투자로부터의 금융소득으로 세분된다. 다음으로 '텅 빈 화폐(empty money)'의 개념이 두 유형의 금융소득 모두를 지칭하는가, 아니면 비-GDP 금융만을 포함하는가를 질문할 수 있다. 대답이 무엇이든, 이것은 절대적인 '경제학 법칙'이나 밀폐된 거시경제적 항등식에 관한 것이 아니라 정당성과 정의에 대한 규범적 질문과 관련이 있다. 금융소득에 대한 현재의 논쟁은 생산적 노동과 비생산적 노동에 대한 과거의 산업시대 논쟁의 현대적 변형이라 할 수 있다. 19세기 노동가치론

---

31 Cencini and Rossi(2015, pp. 173, 204, 258). Baranzini 및 Cencini(2001, p. viii).

은 한 가지 요점을 포함하고 있지만 결국에는 실제로 유효하지 않았다. 오늘날 케인스 계통의 생산의 화폐이론에 대해서도 비슷한 말을 할 수 있다.

돈이 있는 사람은 누구든지 생산에 대한 자신의 기여 여부와 무관하게 구매력을 가지고 경제 생산물의 일정 몫을 살 수 있다. 실제적 생산 과정에 투자한 사람들은 경제 산출에 간접적이고 금융적인 기여를 한다. 비-GDP 금융에 돈을 투자한 사람들은 생산에 기여하지는 않지만, 자본과 부를 유지하는 데(혹은 파괴하는 데) 기여할 수 있다. 마지막으로 '무에서' 돈을 창조할 수 있고, 그 돈이나 그것에서 나온 수익을 지출하는 사람들은 공짜 점심의 특권을 누린다―이 특권은 화폐 창조자에게는 무상이지만, 다른 모든 사람들은 포기한 것이다.

현대 화폐는 지불수단의 기능을 갖고 있어서 소득을 제공하거나 자본을 구성하지만, 그것을 제외하면 내재적 속성이 없다.[32]화폐를 교환수단으로 보는 것은 잘못된 것이 아니지만, 불완전하고 전근대적이다. 일반적 지불수단으로서 화폐는 생산요소의 할당과 소득 분배의 매개체 역할을 한다. 현대 경제는 거대한 물물교환시스템이 아닌, 생산이나 공급의 수직적, 수평적 연쇄의 복잡한 그물망으로 바라볼 때 더 잘 파악된다. 이 그물망은 공급자와 수요자 간의 협력 관계와 상이한 수요자들뿐만 아니라 상이한 공급자들 간의 경쟁을 포함한다. 이 연쇄관계와 관련된 시장과 가격은 장기계약에 기반하며 그 연쇄관계 상의 중추적 행위자들의 가격정책의 지배를 받는다.

이러한 맥락에서, 화폐는 인출권(drawing right)으로 바라볼 때 가장 잘 파악될 수 있다. 화폐는 구매력을 대변하며, 그 구매력은 종류와 품질이 확정되지 않은 공급물의 확정되지 않은 배분인 동시에 무제한적 효력을 갖지만 수량의 제한이 있다. 화폐의 가치는 부여된 가치이다. 이는 그것의 가치가 화폐 자체에 있는 것이 아니라, 화폐가 살 수 있는 상품, 서비스, 자산의

---

32 Rossi(2003).

가격에 있다는 것을 의미한다. 이런 맥락에서 화폐는 확정되지 않았지만 양적으로 제한이 있는, 전체 경제 산출뿐만 아니라 실물적, 금융적 자산을 선호에 따라 인출할 수 있는 인출권이다. 그러나 화폐와 금융자산은 그 자체로 가치를 갖지 못한다. 화폐와 자산이 금융거래에서 가격을 갖는다 하더라도, 이 가격은 궁극적으로 경제 산출물의 실제적이고 기대된 가치이다. 이것은 화폐의 가격과 가치가 직접적으로나 간접적으로나 어떤 수준의 생산성 유지에 달려있다는 것을 말한다.

이는 결코 실물경제가 역으로 자금조달에 의존한다는 것과 모순되지 않는다. 왜냐하면 금융은 화폐가 얼마나 활용가능한가에 달려 있기 때문이다. 화폐가 금융을 통해 경제 산출과 연결되는 후자의 연관성은 통제의 위계질서를 나타낸다. 이에 반해 실물경제에서 금융과 화폐 및 은행시스템으로 가는 전자의 연관성은 완수되어야 하는 조건과 준수되어야 하는 제약을 나타낸다.

이제 남은 것은 실질 산출이 발휘하는 중력이다. 근대성에 대한 비판적 담론으로 회자되는 불길한 아메리카 원주민 족장의 자주 인용되는 진술인 '당신은 돈을 먹을 수 없다'는 진짜가 아닐 수 있지만 아주 타당하다. 실질 경제 산출의 형성에는 상류-하류의 사슬이 있으며, 근본과 연결되면서도 그것에 의존하는 단지 부분적으로만 그것과 유리되는 다양한 금융자산의 사슬들이 있다. 화폐시스템, 금융, 그리고 산출 형성 간의 시스템적 위계질서는 확실히 양방향으로 작동하지만, 화폐와 금융자산은 실질 산출이 없다면 완전히 무의미하다. 화폐의 첫 번째의 궁극적인 존재이유는 실제로 화폐가 가치를 도출하는 산출과 실질 부문이다. 왜냐하면 구매력을 의미하는 인출권에 의해서 화폐 보유자는 경제요소를 배분하고 소득을 분배할 수 있기 때문이다.

2.9. 화폐화되고 금융화된 경제

최근 몇 년 동안의 경제 화두는 '금융화(financialization)'다. 이는 투자은행 및 세계 금융시장의 엄청난 성장을 지칭하는데, 1980년대를 지나면서 성장하기 시작했다. 또한 이를 금융시장자본주의라는 개념으로 지칭할 수 있다. 금융시장자본주의(financial market capitalism)는 직접적이고, 때때로 배타적이기도 한, 은행과 기업의 관계를 중심으로 했던 예전의 금융자본주의(financial capitalism)의 계승자이다.[33]

보다 넓은 시야에서 보면, 과거의 산업적 은행자본주의와 오늘날의 금융시장자본주의는 역사적으로 멀리 거슬러올라가는 하나의 계통에 속하는 최근의 형태들이다. 기초생존수준과 지역경제를 넘어선 경제는 금융화될 필요가 있다. 즉 대규모 사업을 위해 사전적일 뿐만 아니라 지속적으로 자금을 조성하는 어떤 방식에 기초할 필요가 있다. 대규모 건축물과 공공사업, 군대와 전쟁(예를 들어, 성당과 십자군)은 세금과 기부금 그리고 다소 정교한 형태의 신용 등 조직적 자금조달 없이는 상상할 수 없다. 중추적 행위자는 상인과 은행가가 아닌 한 권역의 통치자였다. 그들 중의 셋(정부, 무역 및 생산 기업, 그리고 금융가들)은 약 500년 동안 근대세계체제에서 국민국가로 표상되는 일종의 공생관계를 발전시켰다.

금융은 화폐의 도입으로 보다 쉬워지고 보다 효율적으로 되었다. 역으로 금융은 화폐의 가용성에 의존하게 되었다. 근대 화폐가 귀금속과 분리되면서 금융경제는 직접적으로 화폐시스템의 영향을 받아서 형성되었는데, 이 화폐시스템은 은행시스템과 점차 얽혔다. 화폐, 특히 은행화폐는 그 이

---

33 다음을 참조하라, Hudson(2012, pp. 129, 185), Epstein(2005), Palley(2008), Hein et al.(2008) 및 Kay(2015). 제1차 세계대전 전후의 은행 중심 금융자본주의는 마르크스주의자 루돌프 힐퍼딩(Rudolf Hilferding)과 로자 룩셈부르크(Rosa Luxemburg)의 저서에 반영되어 있다.

후에 전체 경제의 기본 토대가 되었다.

이런 배경에서 시장의 발달은 자금조달 방식의 발달에 따른 산물이며 그 반대가 아닐뿐만 아니라 고대 이후 금융의 발달은 2700년에 걸친 화폐와 은행의 발달에 따른 산물이라고 가정할 이유가 있다. 따라서 우리는 고전파와 신고전파의 서사와 반대되는 시스템의 발전 양상에 도달하게 된다. 근대사회에서 경제는 금융시스템[34]에 기반하며, 금융시스템은 다시 화폐시스템 위에 구축된다. 이 기능적 위계체계에 따라서 금융이 전체 경제를 지배하는 것처럼 화폐가 금융을 지배한다. 혹은 적절한 언어로 표현하면, 경제는 금융에 의해 주도되고, 금융은 화폐에 기반할 뿐만 아니라 화폐시스템에 의해서 영향을 받는데, 오늘날의 화폐시스템은 은행이 주도하고 있다. 이는 확실히 선형적 인과관계가 아니라 상호의존적 되먹임 작용(feedback interdependencies)을 수반한다. 그러나 이것들은 화폐적, 금융적, 실물적 경제의 시스템적 위계체계를 둘러싸고 전개된다.[35] 화폐 배분의 주된 경로뿐만 아니라 화폐의 발행과 첫 사용을 통제하는 자는 누구든지 힘에 뒷받침되는 지시를 내리는 법적 권위에 기반한 명령권 외에 사회적 통제의 가장 강력한 수단을 갖게 된다.

이러한 견해는 경제학을 제외한 사회과학에서 널리 공유된다.[36] 경제학파의 스펙트럼 내에서, 화폐화되고 금융화된 경제의 의미에 대한 가장 명확한 이해를 발전시킨 것은 순환학파와 양자이론인 것 같다. 그라지아니에 따르면, 실물 경제적 지출뿐만 아니라 금융투자의 자금을 조달하는 화폐는 경제의 구조와 내부 작동방식을 바꾼다.

---

34 역자주) 금융시스템(financial system)은 차입 등을 통해서 경제활동에 필요한 자금을 조달하는 과정과 절차를 말한다.

35 Huber(2014 a, 195쪽).

36 다음을 참조하라, Häring and Douglas(2012, pp. 47, 76).

화폐는 결코 중립적이지 않다 [그리고] 경제적 수준에서 이윤의 원천이며, 사회적 수준에서 권력의 원천이다.'

임금경제에서 화폐와 신용에 대한 접근이 핵심적 요소이기 때문에, 화폐와 신용의 생산자는…특권적인 지위를 누리며 총생산의 일정 몫을 인정받는다.[37]

순환주의와 양자이론의 교훈에 따르면, 근대 경제는 신용과 화폐가 관리되는 방식에 의존한다. 마찬가지로, 고용과 소득 수준은 상대가격에 의해 결정되지 않고 신용-기반 자금조달의 조건에 의해 결정되는 것으로 간주되며, 자금조달의 조건은 은행과 기업에 의해 공통적으로 결정되는데 특히 은행이 칼자루를 쥔다. 이 명제를 뒷받침하는 모델은 의문의 여지가 있지만 (6.8절), 그것은 분명하게 경제의 중추적 행위자로서 은행이 가진 권력과 은행 및 금융산업의 압도적 지위를 강조한다.[38]

이와 대조적으로, 대부분의 신고전파경제학은 화폐시스템에 거의 관심이 없다. 전형적인 교과서 모델에서, 화폐는 단지 교환의 매개체이고, 경제에서 의미가 없는 베일(veil)일 뿐이다. 심지어 '화폐가 문제다'라고 주장했던 프리드먼의 통화주의조차도 돈이 너무 많이 풀리면 명목 가격수준을 바꾸지만 실물은 결코 바꾸지 않는다고 주장한다. 이 가정은 비현실적이며 핵심을 놓치고 있다.[39] 돈이 실물경제지출을 위해 사용되는가, GDP와 무관한 금융투자를 위해 사용되는가 여부는 중요한 차이를 만든다. 결코 화폐는 경제에 대한 단지 베일이 아니며, 금융화된 근대 시장경제의 구성요소이다. 만약 화폐시스템이 제대로 작동하지 않는다면, 금융시스템과 실물경제는 마찬가지로 제대로 작동하지 않는다.

---

37 Graziani(1990, p. 29, 2003, p. 26).

38 Graziani(2003, pp. 58–62, 1990, pp. 8, 11–29).

39 신고전파 경제학의 중립성 정리에 대한 비판적 논의는 다음을 참조하라, Rossi(2001, p. 80).

2장 참고문헌

Apostolou, Nicholas, and D. Larry Crumbley. 2008. The Tally Stick, the First Internal Control? The Forensic Examiner 70(1): 60−62. Spring 2008. http://www.bus.lsu.edu/accountting/faculty/lcrumbley/tally%20 stick%20article.pdf Baranzini, Mauro, and Alvaro Cencini. 2001. The Quantum Theory of Money and Production. Foreword to Sergio Rossi. 2001. Money and Inflation. Cheltenham, UK: Edward Elgar, viii−xli.

Buiter, Willem H. 2009. Negative Nominal Interest Rates. Th ree ways to over-come the zero lower bound. NBER Working Papers, June 2009.

Cencini, Alvaro, and Sergio Rossi.2015. Economic and Financial Crises. A New Macroeconomic Analysis. London: Palgrave Macmillan.

Davies, Glyn. 2013 [1994]. A History of Money. Cardiff: University of Wales Press.

ECB. 2015. Virtual Currency Schemes—A Further Analysis. Frankfurt: European Central Bank.

Epstein, Gerald A., ed.2005. Financialisation and the World Economy. Cheltenham, UK: Edward Elgar.

Graeber, David. 2012. Debt. The First 5,000 Years. New York: Melville House Publishing.

Graziani, Augusto. 1990. The Theory of the Monetary Circuit. Économies et Sociétés 7: 7−36.

_____. 2003. The Monetary Theory of Production. Cambridge: Cambridge University Press.

Häring, Norbert, and Niall Douglas. 2012. Economists and the Powerful. Convenient The ories, Distorted Facts, Ample Rewards. London: Anthem Press.

Hein, Eckhard, Torsten Niechoj, Peter Spahn, and Achim Truger, eds.2008. Financeled Capitalism? Marburg: Metropolis.

Hixson, William F. 1993. Triumph of the Bankers. Money and Banking in the Eighteenth and Nineteenth Centuries. Westport, CO: Praeger.

Huber, Joseph. 2014b. Modern Money Theory and New Currency Theory. A Comparative Discussion. Real-world economics review 66: 38 – 57.

Hudson, Michael. 2012. The Bubble and Beyond. Dresden: Islet Verlag.

Huerta de Soto, Jesús. 2009. Money, Bank Credit, and Economic Cycles, 2nd edn. Auburn, AL: Ludwig von Mises Institute (1st edn. 2006).

Ifrah, Georges. 1981. Histoire Universelle des Chiffres. Paris: Ed. Seghers.

Kay, John. 2015. Other People's Money. London: Profile Books.

Keynes, John Maynard. 1971 [1913]. Indian Currency and Finance. London: Palgrave Macmillan.

North, Michael. 1994. Das Geld und seine Geschichte vom Mittelalter bis zur Gegenwart. München: C.H.Beck.

Palley, Thomas I. 2008. Financialisation. What it is and why it matters. In FinanceLed Capitalism? eds. E. Hein et al., 29 – 60. Marburg: Metropolis-Verlag.

Parguez, Alain, and Mario Seccareccia. 2000. The Credit Theory of Money— The Monetary Circuit Approach. In What is Money? ed. J. Smithin, 101 – 123. London: Routledge.

Rogoff, Kenneth. 2014. Costs and Benefits to Phasing Out Paper Currency. NBER Working Papers, May 2014.

Rossi, Sergio. 2001. Money and Inflation A New Macroeconomic Analysis. Cheltenham: Edward Elgar.

_____. 2003. Money and Banking in a Monetary Theory of Production. In Modern Theories of Money, eds. Louis-Philippe Rochon, and Sergio Rossi, 339 – 359. Cheltenham: Edward Elgar.

_____. 2007. Money and Payments in Theory and Practice. London: Routledge.

Schemmann, Michael. 2011a. The ABC of Sovereign Debt Redemption. IICPA Publications.

_____. 2012a. Accounting Perversion in Bank Financial Statements. The Root Cause of Financial Crises. IICPA Publications.

_____. 2012b. Liquid Money—the Final Th ing. Federal Reserve and Central Bank Accounts for Everyone. IICPA Publications.

Simmel, Georg. 1900. Philosophie des Geldes. Berlin: Duncker & Humblot. Recent English version 2004. Philosophy of Money,ed. David Frisby. London: Routledge.

Zarlenga, Stephen A.2002. The Lost Science of Money. The Mythology of Money—The Story of Power. Valatie, NY: American Monetary Institute.

• • • •

제3장

증표주의(Chartalism)

3.1. 화폐의 국가이론과 시장이론

대다수 사람들은 화폐의 기원과 속성에 대해서 애덤 스미스(Adam Smith)로 대표되는 고전파경제학의 서사와 이후 칼 멩거(Carl Menger, 신고전파적 오스트리아 학파이다)가 1871년에 신고전파적으로 확장시킨 서사를 떠올린다. 이 관점에 따르면, 화폐는 고대의 물물교환과 시장과정에서 상품교환을 원활하게 하기 위한 자생적인 창조물로서 등장했다. 이 맥락에서 화폐는 다른 것과 마찬가지로 상품의 하나이며 사적인 것으로 간주된다. 이 관점은 대개 화폐의 상품이론으로 불린다.[40]

    이를 법적 측면에서 바라보면 사법(private law) 혹은 민법(civil law)의 사안이다. 이 시각에서 화폐 탄생에 대한 고전적 서사는 화폐의 사적 계약 이론이다. 또한 이 이론을 화폐의 시장이론이라고 부르는 것이 더 나을 수

---

[40] 몇 가지 유용한 논의는 다음에서 찾을 수 있다, 굿하트(Goodhart, 1998)(화폐의 민간 시장-기반 이론 대 증표이론), Hudson(2004)(물물교환 대 화폐의 부채이론), Rossi(2007, pp. 10 – 16) 및 Ryan-Collins et al.(2012, pp.30 – 37)(화폐의 상품이론 대 신용이론), 이러한 병치는 앞서 설명한 대로 상이한 측면들을 섞어 놓고 있기는 하다.

있다. 그 이유는 고전적 서사가 개별적으로 분석되어야 하는 적어도 세 가지 측면을 뒤섞어 놓고 있기 때문이다. 우선 화폐가 국가에 의해 탄생했는가 아니면 시장에 의해 탄생했는가에 대한 질문이다. 그 외에도 화폐는 상품인가 아니면 상징적 징표인가의 질문과 화폐가 신용-부채관계의 신용과 부채인가 아니면 부채를 정산하기 위한 '부채가 아닌 징표(debt-free token)'인가라는 질문도 있다.

이 지점에서 초점은 화폐가 국가에 의해 탄생되었는가, 아니면 시장에 의해 탄생되었는가에 맞춰진다. 경제사학자들이 제공한 실증적 증거를 보면—특히 고대 초기부터, 그리스, 로마, 비잔틴, 아랍-이슬람, 기독교 중세시대 그리고 근대 초기까지의 서구 세계에서 스미스와 멩거의 서사는 거의 허구이다.[41] 여러 증거는 화폐가 공적인 것으로서 통치자의 특권이었다는 관점을, 이 책에서 선택한 용어에 따르면 화폐의 국가이론을 지지한다.

화폐의 진화는 고대 메소포타미아와 이집트에서 처음에는 도시국가의 사원 및 궁전을 중심으로 하는 가문들과 그들을 받들던 사람들과 함께 시작되었는데, 이후에 그 도시국가 중 몇몇은 큰 왕국으로 발전했다. 이때 경제활동은 전문화된 행정조직에 의해서 중앙집중적으로 관리되었다. 그 활동에는 공급망 및 관개체계나 도시 성벽과 같은 공공사업의 노동분업적 조직화, 수확 등과 함께 장인, 공인, 행정 인력, 이후에는 상비군에게 제공하는 다른 수단들의 분배가 포함된다. 이 모든 것은 계약, 법적 구조, 성전 및 문

---

41 Hudson(2004) 및 Graeber(2012, pp. 22 -71). 고대와 중세 사회의 화폐에 대한 자세한 역사는 다음을 참조하라, Del Mar(1867, 1880, 1895), Ridgeway(1892), Le Goff(1956, 1986, 2010) 및 Davies(2013). 근대 초기부터 유럽과 미국의 화폐 역사에 관해서는 다음을 참조하라, Friedman and Schwartz(1963), Galbraith(1975), Vilar(1976), Kindleberger and Laffargue(1982), Kindleberger(1993), Hixson(1993), North(1994), Zarlenga(2002), Davies(2013), and Aliber and Kindleberger(2015).

서화의 발전을 필요로 한다.[42]

화폐는 초기의 국가 구조 내에 존재하던 부족적 전통으로부터 출현한 것으로 이야기된다. 그 전통에는 결혼 지참금 혹은 신부값과 같은 선물이나 공물, 신체적 상해에 대한 보상인 위자료 또는 제물 헌납, 그리고 이후에 정기적으로 된 의무나 공물이 포함된다. 정기적인 공물은 대개 피정복 부족이 강제노동이나 즉각적 노예상태에 묶이지 않을 경우에 그들에게 부과되었다. 마찬가지로, 메소포타미아에서는 상품을 빌려주고 이자와 함께 그것을 돌려받는 관행이 있었다는 증거들이 있다. 즉 돌려주는 상품의 양이 빌려준 양보다 많은 경우다.

수백, 수천 명의 확장된 가계 내에서 공급되는 상품뿐만 아니라 선물과 의무는 측정되고 기록되어야 했다. 모든 거래는 실물로 이뤄졌지만, 그 시대의 주요한 상품이나 매우 가치 있는 상품의 몇 개가 일반적인 계산단위로 발전한 것으로 생각된다. 예를 들어 곡식이나 은의 무게단위가 서로 다른 상품들을 상대적 수량이나 가치로 비교하는 공통의 분모 역할을 했다. 이 계산단위들은 통치자의 행정적 조치에 의해서 정착되었다.

계산단위의 정착은 교역의 역사적 발달과 최종적으로 준-화폐적인 계산단위를 상품의 거래에 사용할 수 있었던 시장의 발달을 배제하지 않는다. 분명히 고대 경제에서 초기부터 지역 및 장거리 교역이 발달했다. 여기서 중요한 점은 교역과 시장의 출현이 왕, 대제사장이나 군벌의 '국가' 가계에 묶여 있었다는 점이다. 대개 그들이 유지하고 있던 중앙적인 관리 운영과 공급망과 밀접히 연결되어 있었다. 또한 이 양상은 통치자들이 기원전 7세기경에 마침내 발행하기 시작한 주권주화(sovereign coins)에도 적용된다.

---

42 Henry(2004). 이것의 많은 부분은 다음에서 광범위하게 전개되었다, Wittfogel(1957)'s Oriental Despotism. 그 이후에 연구는 특수하고 세세한 방식이지만 기본적으로 이 접근법을 확인시켜주었다.

이 같은 역사적 연구에서 도출되는 시사점이 있다면 가장 근본적인 것은 시장이 국가 권력이 없는 헌법적 진공상태에서 등장하고 발전하지 않는다는 사실이다. 시장은 국가의 제도적 및 법적 구조 위에 구축되었으며, 화폐시스템은 그 구조의 필수적인 구성부문이었다. 교역, 시장, 가격, 그리고 지불수단이 원시적인 물물교환에서 '자생적으로' 발전했다는 증거는 결코 존재하지 않는다. [43] 그래버(Graeber)가 말했듯이:

국가가 시장을 창조했다. 시장은 국가를 필요로 한다. 어느 것도 다른 것이 없다면 계속될 수 없다…우리는 그 반대라고 들어왔다…그러나 그것은 잘못된 이분법이다.[44]

우리 자신의 시대에 가까이 다서면서, 이런 측면들은 약 500년 전에 등장하기 시작했던 근대 세계체제 내에서 국민국가와 시장이 진화하던 과정에서 다시 발견할 수 있다. 이 시스템을 구축하는 과정에서, 모험가, 식민지 개척자, 군인, 선교사, 상인 및 은행가 들은 자신의 법적 구조와 돈을 만들지 않았지만, 항상 출신 국가의 사절이거나 국가의 계약 파트너였다. 그들은 사업과 무역망을 국가에 의지하여 확장했다.

화폐를 시장에서 기원하는 상품으로 가정하기보다는 시장이 화폐에서 비롯되었거나, 적어도 화폐를 기반으로 하고 화폐에 의해서 원활히 되며, 혹은 화폐를 촉매로 한다고 여길 때, 시장 자체는 더욱 쉽게 파악될 수 있다. 그러나 기능적 의미에서 신고전파적 서사에 정확히 표현되는 것과 달리 화폐는 시장에서 비롯된 것이 아니라, 주권적 지배의 수단으로서 국가와 법에

---

[43] 다음을 참조하라, Swedberg(2003, 131–146쪽).

[44] Graeber(2012, 71쪽).

의해 탄생했다.[45] 화폐화와 함께 경제의 화폐-기반 금융화가 이뤄졌다. 그 이후에 화폐는 실물 경제와 금융 경제의 목적에 복무했다.

화폐의 상품이론이 역사적으로 틀렸고 고전경제학에서 기초적인 신조로서 유지될 수 없음에도 불구하고, 스미스-멩거의 서사가 시장 발전에 기여하는 화폐의 기본적인 기능을 파악하고 있음을 인정하는 것이 문제가 되지는 않는다. 화폐는 시장의 놀라운 촉매제이며, 거래가 성사되도록 하며, 화폐가 없다면 상상할 수 없는 거래를 촉진하는 시간간 장치(intertemporal device)로서 욕구의 일치(주어진 시간과 장소에서의 공급과 수요의 일치)없이 공급과 수요의 일치를 가능하게 한다. 화폐 지불은 채권자-채무자 관계의 결과가 아니라 태고 이래로 채권자-채무자 관계에서 벗어나도록 돕는다. 마찬가지로 화폐는 투자 자금의 조달을 용이하게 하는데, 화폐가 없다면 그 과정은 매우 복잡할 것이다. 따라서 화폐 자체는 금융상품으로 거래된다. 그러나 화폐의 거래는 화폐의 존재를 전제로 하고, 이런 점에서 화폐는 시장에서 '상향식'이 아니라 각 국가당국에 의해 '하향식'으로 도입되었다는 점을 인정해야 한다.

화폐의 상품이론 대 국가이론의 문제에서 중요한 사항을 요약하면, 고대에 화폐는 청구권과 의무(부채, 공물)를 문서화하고 청산하는 공식 계산단위로서 발달했다. 이것은 그 시대의 세속적이고 종교적인 통치자들과 그들과 관련된 공급망으로 이뤄진 확장된 가계 경제 내에서 일어났다. 지난 2700년 전에 주화가 도입되었을 때 주조 행위는 통치자의 통제하에 있었다.[46]

원격지 교역을 포함한 경제는 권역 내 통치자의 법정과 사원의 확장된

---

45 다음을 보라, Aglietta and Cartelier in Aglietta et al.(eds.)(1998, p. 131).

46 다음을 참조하라, the contribution of Henry, Hudson, Gardiner and Ingham in Wray(ed.)(2004), Graeber(2012).

가계를 둘러싸고 발전했고, 이어지는 발전의 각 단계에서 화폐 관행과 금융 관행은 통치자의 통제하에 발전했다. 엄밀하게 말하면 시장경제는 화폐의 창조물이며, 그 반대가 아니다. 그리고 시장이 치외법권적 민간 영역의 무인도에 존재하는 것이 아니라 국가권력과 법에 의해 그 틀이 만들어진 것처럼 화폐도 국가의 창조물이다.

경제학에 대한 고전파적, 신고전파적 접근방식은 사법(private law)에 기반한 경제를 초월적인 로빈슨 크루소의 섬으로 모델링하는 경향이 있다. 여기서는 공법(public law)이나 국법에 주어진 역할은 없다. 화폐의 상품이론은 경제학에 대한 치외법권적 접근방식의 한 요소이다. 이 이론은 18세기에 귀족 지배의 억압적 상태에 맞서 그 당시 중간계급의 저항이 날로 고조되는 상황에서 등장했다.

17세기부터 19세기까지 절대주의와 국가주의적 중상주의에 대한 모든 비판이 정당화되던 와중에서, 국가가 근대사회에서 수행한 근본적이고 필수불가결한 역할은 부당하게 무시되었다. 그 역할에는 화폐시스템과 경제와 금융의 법적 틀을 구축하는 일이 포함된다. 아기가 목욕물과 함께 밖으로 내던져졌다. 초기에 마르크스와 엥겔스조차 공산주의에서 국가의 쇠퇴를 상상하면서 반국가주의적 태도를 취했다. 반국가주의는 지나고 나서 생각해보면 엄청난 오해였지만, 19세기 전반부에는 무정부주의와 사회주의를 키운 사회 낭만주의적 요소였다. 이와 대조적으로 고전적 자유주의는 낭만주의적이기보다는 합리주의적이었다. 그러나 당시 '계몽된' 정치 철학들은 모두 국가에 대한 원한이라는 측면에서 하나였다.

3.2 국가의 화폐특권과 그에 대한 두 가지의 역사적 도전

화폐 징표(Money tokens)는 그것이 고대로부터 현재까지 국가 통제하에 창조되고 발행되었기 때문에 국가법령에 따른 법적 수단으로서 행정적 명령이나 법률이 인정하는 화폐이다. 오늘날에는 기본적으로 두 종류의 법령화폐(fiat money)가 있다. 하나는 국가당국이 발행하는 주권화폐이다. 여기에는 재무부가 발행하는 주화와 중앙은행이 발행하는 은행권이 있다. 두 번째는 은행화폐인데, 계좌에 기록되어 있거나 모바일 하위계좌의 전자현금의 형태를 띤다.

주권적 명령에 의한 화폐인 주화와 은행권은 법정통화(legal tender)이다. 법정통화는 법의 강제력에 의해서 부채 청산에서 받아들여져야 하는 화폐를 말한다. 이와 대조적으로 은행화폐는 행정명령에 의해서 일반적인 지불수단으로 인정되어 공식 화폐이지만 법정통화는 아니다. 은행화폐를 재무부 주화와 중앙은행권과 대등한 지위에 두는 법은 없다. 그러나 은행화폐는 모든 사람들이 정상적으로 사용하고 받아들인다. 여기에는 공공 기관(중앙은행은 예외이다)도 포함된다. 다양한 규정들이 은행화폐의 존재를 전제한다. 일반적인 관행으로 은행부문의 대용화폐는 매우 깊이 경제 내부에 뿌리내렸기 때문에, 관습법에 따르면 합법적 사안이라고 주장할 수 있을 정도다.[47]

주권화폐는 국민국가나 국민국가들 간 공동체의 화폐 주권을 보장한다. 화폐 주권은 세 가지의 화폐 특권을 포함한다.

1. 한 권역 내 통화(currency)의 결정: 계산의 화폐단위.

---

47 미국의 경우, 화폐의 특수한 역사 때문에, 법정통화(legal tender)와 법화(lawful money) 간에 특별한 구별이 있다. 그러나 정의는 시간에 따라 변했고, 이 문제에 대한 법원 판결은 만장일치가 아니었다. 기본적으로 법화는 재무부 혹은 의회가 발행한 주화와 지폐인 반면에 법정통화는 미연준이 발행한 화폐(은행권과 준비금)를 지칭한다. 어느 것도 은행화폐(요구불 예금과 전자 현금)를 포함하지 않는다. 그러나, 은행화폐는 법령화폐(fiat money)로 간주된다. 그래서 법화와 법정통화를 구별하여 미국 외부를 짜증나게 하지만, 정의에 대한 기본적인 국제적 일치는 있다.

2. 화폐(money)의 창조와 발행: 통화단위로 표시된 지불수단.

3. 시뇨리지(seigniorage)의 편익: 화폐 창조에서 오는 이익.

오늘날 첫 번째의 통화 특권만 온전하다. 국가가 거의 완전히 잃어버린 것은 화폐 창조와 시뇨리지의 주권적 특권이다. 두 특권은 대부분의 지역에서 은행산업에 이양되었다(제4장). 산업자본주의 이전에 화폐는 당연히 주권화폐였다. 국가의 화폐특권은 극히 중요한 사실상의 헌법적 중요성을 가졌다. 이는 1789년부터 미국 헌법에서 공식적으로 인정되었다. 미국의 건국자들은 화폐특권을 새 나라의 주권의 본질적인 것으로 이해했다.

국가의 화폐특권은 18세기와 19세기를 거치면서 의문에 붙여졌다. 처음에는 민간 지폐에 의해서, 그 다음에 등장한 일반적 지불수단인 계좌상 은행화폐에 의해서 그렇게 되었다. 은행권의 민간 발행은 의회나 재무부의 면허가 필요했다. 오늘날 은행화폐의 발행에는 여전히 중앙은행의 은행 면허가 필요하다. 그러나 그러한 면허는 민간 발행 화폐의 화폐적 동학을 통제할 수 없다. 따라서 민간 지폐는 국가의 허가를 받았지만 화폐의 국가 특권과 시뇨리지에 대한 첫 번째 역사적 도전이 되었다. 이는 결국 은행학파(Banking School)와 통화학파(Currency School) 간의 논쟁에 반영되어 1833년과 1844년 영국은행헌장법(British Bank Carter Acts)을 통해 국가가 지폐특권과 이와 관련된 시뇨리지를 되찾게 되었다.

두 번째 큰 도전은 이미 첫 번째에 내재되어 있었지만 충분히 고려되지는 않았다. 도전은 민간 1차 신용창조를 통한 계좌상의 은행화폐였다. 1929년 검은 금요일 이전 수십 년 동안에 요구불예금은 주요한 지불수단으로 도약을 시작했다. 이것은 화폐의 은행신용이론으로 이어졌다.[48] 이와 동시에 근대 경제와 은행자본주의의 화폐화되고 금융화된 속성이 부각되었으

---

48 다음을 참조하라, Macleod(1896), Withers(1909), Hawtrey(1919), Hahn(1920).

며 마찬가지로 화폐와 은행시스템을 개혁하자는 제안도 등장했다.

당시의 상호주의 및 협동조합 운동에서 발전한 새로운 은행 운영 모델이 있었다. 화폐개혁과 관련하여 두 가지 접근 방식이 특히 주목을 받았다. 하나는 실비오 게젤(Silvio Gesell)의 스탬프 스크립(stamp scrip) 운동이고 다른 하나는 C.H. 더글라스(Douglas)의 사회 신용(social credit) 운동이었다.[49] 게젤과 더글라스는 모두 화폐의 완전한 국유화를 목표로 삼았다. 그들을 이어서 100% 지급준비금은행제도에 대한 많은 접근이 있었다: 이 제도에는 대해서는 6.14절에 상세히 설명한다.

이러한 모든 접근방식들은 단점을 지니고 있었다. 게젤과 더글라스의 주장에는 많은 문제가 있는 정리들(theorems)이 포함되어 있었다. 예를 들어 게젤은 상품 공급자에 대한 화폐 보유자의 구조적 이점을 상정하고, 화폐 축장에 수수료를 부가하자고 제안했다. 게젤과 더글라스는 모두 무정부적 조합주의(anarcho-syndicalism)의 맥락에서 이자의 역할에 대한 환원주의적 비판을 옹호했으며, 두 사람 모두 부분지급준비금시스템의 화폐에 대한 이해가 부족했다. 예금에 대한 100% 지급준비금방식의 단점은 지급준비금시스템을 그대로 유지한다는 점이다.

저명한 경제학자들이 100% 지급준비금은행제도를 지지했고, 의회의 두 성원인 상원의원 커팅(Cutting)과 하원의원 패트맨(Patman)이 1934년 상원과 하원에 입법안을 도입했지만, 정치인들은 화폐개혁에 그리 많은 관심이 없었다.[50] 화폐개혁에 가까운 통화정책의 가장 성공적인 방식은 캐나다의 경험이었다. 캐나다의 중앙은행은 1936년부터 1973년까지의 원만한 시

---

49 스탬프 스크립의 경우 다음을 참조하라, Gesell(1919), Fisher and Cohrssen(1934); 사회 신용에 대해서는 다음을 참조하라, Douglas(1920, 1924), Mairet(1934), Munson(1945), Hutchinson and Burkitt(1997).

50 다음을 참조하라, Zarlenga(2002, pp. 664 – 673) and Striner(2015, p. 54).

기에 정부에 사실상 무이자로 신용을 제공했다.[51]

이 관행은 그 당시에 매우 낮은 수준의 공공부채와 제대로 활용되지 않는 생산역량 그리고 캐나다의 막대한 미개발과 성장 잠재력을 배경으로 인상적인 결과를 낳았다. 그 같은 조건에서 이뤄진 화폐 발행을 통한 재정 조달에 힘입어 캐나다는 높은 국가부채 부담 없이 제2차 세계대전으로부터 벗어난 유일한 나라가 된 것 같다. 1935년부터 1948년까지 캐나다 총리였던 WL 맥켄지 킹(Mackenzie King)은 보도에 따르면 1935년에 다음과 같이 말했다:

> 한 나라가 통화와 신용에 대한 통제로부터 손을 떼면 그 나라의 법을 누가 만드는지는 중요하지 않게 된다……정부가 통화와 신용에 대한 통제를 회복하고 그것을 가장 눈에 띄는 성스러운 책임으로 인정할 때까지, 의회와 민주주의의 주권에 대한 모든 이야기는 한가한 쓸데없는 것이다.[52]

미국 정부가 최종적으로 실행한 개혁은 1932-33년의 글래스-스티걸 법(Glass-Steagall Act)에 따른 은행업의 분리였다. 그것은 화폐개혁의 대안이었으며 은행의 관점에서 봤을 때 둘 중 그나마 나은 것이었다. 이 법은 이후 수십 년 동안 희석되었고, 1999년 빌 클린턴 대통령에 의해 폐지되었다.

---

51 캐나다에 있었던 정부지출에 대한 직접적인 중앙은행 자금조달의 시기는 그리 잘 기록되어 있지 않다. 단지 최근에 라이언 콜린스(Ryan-Collins, 2015)가 캐나다의 화폐적 자금조달의 경험을 새롭게 조명하는 데 착수했다. 이 논문 이전에 비공식적이지만 극히 많은 정보를 담은 논문이 있었는데 그것은 다음과 같다, Will Abram, The Canadian Experience, Bank of Canada Act 1934. 다음에서 공식적으로 구할 수 있다. http://occupyourbank.ca/Money-The_Canadian_Experience.php.

52)http://www.michaeljournal.org/plenty24.htm

이 법안은 투자은행을 상업은행과 분리했다. 이 법은 일정정도 실수였다. 왜냐하면 첫째 상업은행이 투자은행, 정부, 부동산 투자자 등에게 무제한적으로 대출을 해주는 것이 허용되는 한, 둘째 계좌상의 화폐와 무현금 지급의 관리가 상업은행 및 투자은행과 분리되지 않는 한, 은행업이 분리되더라도 의미 있는 효과를 낼 수가 없다.

　　개념상의 단점과 보수적 정치로 말미암아, 화폐 특권의 두 번째 도전에 대한 계속된 대답은 1980년경에 시작된 세계적 차원의 금융화가 현재의 금융위기 물결을 불러올 때까지 지연되었다. 금융화는 결국 이전의 잘못된 발전이 필적할 수 없는 신용-부채 과잉을 낳았다. 화폐와 시뇨리지의 특권에 대한 두 번째 도전은 여전히 의미 있는 대응을 기다리고 있다. 그 대답은 화폐적 현대화의 논리에 따라서 은행화폐에서 계좌상의 주권화폐와 주권 디지털 현금으로의 이행이다.

3.3 통화학파 대 은행학파의 논쟁

화폐 특권에 대한 첫 번째 도전—18세기와 19세기 초 민간 은행권의 사용 증가—은 인플레이션과 디플레이션, 통화의 재평가 및 평가절하, 주기적 위기 등을 수반하면서 진행되었다. 이런 경험의 반복은 1820~1840년대에 영국의 통화학파(Currency School)와 은행학파(Banking School) 간의 화폐 논쟁을 촉발시켰다.[53]

　　오늘날 그 논쟁은 현대 화폐체제와 계속 관련을 맺고 있는 통화정책의

---

53 통화학파 대 은행학파의 논쟁에 대한 개요는 다음의 글에 기초하고 있다. O'Brien(1994, 2007, PP. 79-156), Galbraith(1995 [1975], PP. 36-44)를 Poitras(1998), Huerta de Soto(2009, pp. 601 –605, 622 –630, 631, 639 –49) 및 Viner(1937).

준거 틀을 제공하고 있지만 주목을 받지 못하고 있다는 사실은 놀랍다. 그 중심 주제는 화폐 창조가 은행에 맡겨져야 하는가(은행학파), 아니면 적합한 제도체계를 통해서 화폐에 대한 통제를 재확립해야 하는가(통화학파)였다.

통화학파는 중상주의적 중금주의의 초기 신조로부터 나왔다. 즉 나라의 부는 화폐의 수량에 의존한다는 사고를 말한다. 여기서 화폐는 그 나라의 금과 은의 수량을 의미하며, 그것은 해외 유출이 억제되어야 하는 것으로 여겨졌다. 당시 통화학파는 국가 차원의 금본위제의 시행을 지지했다. 이제 화폐의 금속시대는 끝났으므로 통화학파의 주장은 일반적으로 의미 없는 것으로 간주된다. 이것은 오해다. 왜냐하면 금은 그렇게 보이는 것과는 달리 통화학파 신조에서 결정적 요소가 아니었기 때문이다. 200년 전 모든 사람들은 귀금속을 은행권(banknotes)과 은행화폐(bankmoney)의 기초로 여겼다는 점에서 금속주의자(metallist)였다. 그러나 통화학파는, 리카도(Ricardo), 토렌스(Torrens) 쏜튼(Thornton)으로 대변되는 것처럼 금 자체에는 그다지 관심이 없었다. 토렌스는 스스로를 반-중금주의자(anti-bullionist)라고 생각했다. 통화학파의 학자들은 건전하고 안정적이면서도 화폐의 과잉 공급뿐만 아니라 희소성을 회피할 수 있는 현대적 지폐와 신용시스템을 원했다.

통화학파들과 그 당시의 지도적 정치인들은 민간 은행권이 통제를 넘어서 발행되는 것이 반복되는 은행 및 경제 위기의 주된 원인으로 보았다. 분명히 오늘날 통제를 넘어선 은행의 신용과 예금 창조에 비유될 수 있다. 적절한 규제가 없는 상태에서 은행권과 은행화폐의 방임적 창조는 경기의 흐름을 타고 과다해지고 일시적으로 위축되다가 결과적으로 제멋대로 되어버리는 경향이 있다. 이에 따라 화폐 공급은 불안정해지고 궁극적으로 인플레이션, 특히 자산-인플레이션을 유발하며, 결국에는 금융 및 경제 위기를 확산할 뿐만 아니라 은행의 대량예금인출과 파산을 촉발한다. 통화학파는 화폐 수량으로부터 가격 및 금리 수준으로의 인과관계를 가정했다. 이에

반해 은행학파는 반대로 화폐 공급이 금리와 가격에서 기인한다고 가정했다.[54]

결과적으로, 통화학파의 관점에서 보면 일반적인 유통 통화라는 의미의 화폐는 법에 의해서 결정되어야 하며, 법의 통제와 책임하에서 법령화폐(fiat money)가 창조되어야 한다. 통화학파는 은행권의 수량에 대한 통제를 확보하는 기제를 확립하기를 원했다.

이에 반대되는 은행학파는 투크(Tooke)와 풀라톤(Fullarton)을 주요 대표자로 하는데, 대수의 법칙[55], 화폐 환류의 법칙(law of money reflux), 진성어음주의[56](진성어음은 믿을 수 있는 발행자의 부채 어음을 말한다)로 알려진 이론을 소환함으로써 통화학파와 대립했다.[57]

이 신조는 은행가들이 단기 통지의 진성어음을 근거로 신용과 은행권을 발행한다면 돈은 확실히 좋은 용도에 투입된다고 말한다. 이에 따르면 신용의 만기에 돈은 유통에서 빠져나오게(환류) 되며, 이는 돈이 '실제' 수요 이상 늘어나지 않도록 보증한다. 즉 가용한 진성어음의 품질이 신용과 은행권의 수량을 규율한다. 따라서 그들은 은행가들을 흠잡을 데 없는 판단을 내리는 명예로운 상인으로 간주했다.

발행된 은행권에 대한 주화와 금괴의 부분준비에 대해서는, 은행학파 학자들은 대수의 법칙을 근거하여 부분지급준비금은행제도는 완전준비금은행제도에 입각한 대출보다 위험이 더 크지 않다는 주장을 견지했다. 은행

---

54 O'Brien(2007, pp. 5, 117, 152).

55 역자주) 대수의 법칙(law of large numbers)은 큰 모집단에서 무작위로 뽑은 표본의 평균이 전체 모집단의 평균과 가까울 가능성이 높다는 통계와 확률 분야의 기본 개념이다.

56 역자주) 진성어음주의(real bills doctrine)는 실물경제의 흐름을 반영하는 어음을 신용공급의 기준으로 삼으면, 경제도 은행도 안정을 유지할 수 있다는 이론이다. 화폐공급과 실물경제가 강력하게 연결되려면, 생산과 유통과정에서 발행된 어음만 중앙은행이 할인해야 한다는 믿음을 말한다.

57 Poitras(1998).

가들은 얼마나 많은 지급준비금이 필요한지를 경험을 통해 알고 있다. 은행이 진성어음주의 원칙을 지키는 한, 은행권은 신뢰할 수 있으며, 항상 주화로 바뀌지 않아도 문제는 일어나지 않는다.

은행학파들은 일반적인 현상으로서 인플레이션과 디플레이션, 통화의 재평가나 평가절하에 의문을 표했다. 공식적인 통계는 아직 가능하지 않았다. 이런 현상이 존재한다면, 신용과 은행권 이외에 광범위한 경제적 이유가 있어야만 한다. 풀라톤의 환류법칙에 따르면, 인플레이션과 호황-불황 주기가 화폐적 이유로 일어나는 것은 배제할 수 있다.

은행권의 과잉 발행과 같은 일이 징조를 보이면 보유자는 초기에 알아채고, 즉각 은행권을 주화와 교환할 것이다. 그래서 어떤 과잉도 중단된다. 아니나 다를까, 길게 늘어선 사람들이 폐쇄된 은행 앞에서 자신들의 돈을 찾기 위해 허망하게 기다리는 대량인출사태 때에 화폐의 환류가 시도되기는 했지만 그것이 성공을 거두지는 못했다. 은행권을 부분적으로만 뒷받침하는 상황에서, 은행권의 환류가 일어났었다는 기록은 아직까지 없다.

진성어음(real bills)이라는 용어는 더 이상 사용되지 않지만, 진성어음주의는 19세기 초반부터 현재까지 모든 은행 관련 이론들의 대들보다. 이것은 또한 중앙은행이론의 핵심 원리이다(통화정책 운영에 적합한 최우량자산). 오늘날의 은행학파 신조는 200년 전과 거의 다르지 않다. 그 신조는 '은행이 자유롭게 계좌 내에 화폐와 은행권, 오늘날에는 디지털 화폐를 창조하게 하라'고 말한다. 화폐 공급은 스스로를 잘 돌본다. 돈과 자본시장은 지속적으로 재조정하며 균형을 확립하므로, 대칭적 초기자산, 정보, 그리고 경쟁의 조건 아래서는 은행은 최적의 신용(화폐)을 창조하는 데 실패하지 않고, 금융시장은 탈선할 수 없다. 은행산업이 화폐 창조의 권력뿐만 아니라 화폐 공급의 확대에 강한 사욕을 갖고 있는 상황에서, 어떻게 자기-억제적인 시장-균형이 생겨나는가에 대해서는 아무도 질문하지 않는다. 사실 은행산업의 속성과 화폐 창조의 권력은 경제의 생산 잠재력이라는 중력에 도전하는 것처럼, 경제적 산출물에 비례하지 않는 화폐 공급과 금융자산, 신용 및 부채의 자동적인 증가를 주기적으로 불러온다.

은행학파의 가르침을 주창한 근래의 저명한 학자인 프리드리히 폰 하이예크(Friedrich von Hayek)는 화폐의 급진적 탈국유화를 요구했다.[58] 신오스트리아학파의 경제학자들(그들의 다수는 미국인이다)의 공동체는 그 주장을 계속해서 퍼뜨리고 있다. 파마(Fama)의 효율적 시장가설도 근래에 나온 전형적인 은행학파의 접근방식이라고 할 수 있다.[59] 1980년대에서 2000년대 초까지의 워싱턴 컨센서스(Washington Consensus)는 정치적으로 탈규제화된 세계시장뿐만 아니라 은행과 금융을 포함한 효율적인 자기조절적 시장에 대한 일반화된 신념을 유지했다. 금융시장은 관련 정보를 끊임없이 흡수하면서 가격을 책정하는 거의 완벽에 가까운 정보 처리 기계로 간주되었다. 이것은 하이예크가 시장의 효능으로 돌린 월등한 능력의 집단지성과 유사하다. 그는 이것을 무지한 중앙계획당국과 대조하면서도 시장이 빠져들 수 있는 집단적 광기는 무시했다.

은행학파의 이론적 근거는 보이지 않는 손에 대한 고전적인 교조주의적 신념에 기반하고 있다. 그것은 사악한 책략에 의해 왜곡되지 않는다면 한결같이 조화로운 세계(harmonia mundi)를 창조한다는 지혜로운 하나님의 손(manus gubernatoris)에 대한 중세 스콜라 신학적인 믿음의 현대적 변형이다.[60] 신고전파 경제학에서 사악한 책략은 일반적으로 정부 간섭과 동일시된다.

진성어음주의에 대한 통화학파의 대답은 진성어음 오류의 테제였다.

---

58 Hayek(1976) and White(1989).

59 Fama et al.(1969) and Fama(1970). 비판으로는 다음을 참조하라, Turner(2015, pp. 36 – 44).

60 다음을 참조하라, Vogl(2011, 39쪽).

이 테제는 이상적인 세상의 '우량 어음', '믿을 만한 은행가', '완벽한 시장', 그 외의 여러 특성들은 실제 세계의 은행업에 적용될 수 없다고 주장한다. 통화학파의 지도자인 토렌스는 자신이 원래 진성어음주의의 지지자였다. 그러나 그는 '진성' 어음의 실체와 은행가의 실제 관행에 크게 실망했다. 쏜튼은 그 시대의 존경받는 은행가였는데, 그에 따르면 어떤 어음이 '진성'이며 어떤 것이 가공인지를 미리 신뢰할 정도로 아는 것은 불가능하다. 마찬가지로, 은행들은 장기 어음을 단기 어음만큼이나 기꺼이 할인했다. 예기치 않은 사건은 어떤 계산도 엎어버릴 수 있다. 쏜튼의 관찰에 따르면, 영란은행을 포함하여 은행산업은 순전히 영리 추구를 위해서 신용과 은행권을 경향적으로 과잉 발행하며, 그로 인해 다양한 위험에 과다 노출되고 마침내 은행과 금융시장을 곤경에 빠뜨린다. 은행들은 받아들인 은행권을 은화로 상환해야 하기 때문에 더더욱 그렇다.[61]

통화학파의 경우 화폐수량설은 필수적인 이론적 기초였다. 마찬가지로 그들은 전체 경제에서 은행 신용의 중추적인 역할을 알고 있었다. 그들은 '은행의 권한'을 분명하게 비판하지 않았지만, 은행권의 과잉 발행에 관한 한 그 권한이 길들여지기를 원했다.

이와 대조적으로 은행학파식의 사고는 화폐의 권력과 중요성을 부정하거나 경시하는 경향이 있었다. 은행가들에게 은행의 권한은 항상 중요한 주제가 아니었다. 이것은 화폐를 경제의 일시적인 베일(veil)로 간주하는 신고전학파적 견해와 흐름을 같이 한다. 즉 화폐는 사업과 무역을 단순히 중재할 뿐이며 그것들을 구성하지는 않는다고 생각했다. 이는 화폐의 중립성 원리로 알려져 있다. 이 원리에 따르면 화폐 공급의 변화는 가격수준을 바꾸지만 일반적으로 투자, 고용, 생산 및 소비의 구조적 변화를 초래하지 않는다.

은행학파는 화폐수량설을 부정하지 않았고, 은행가들은 지금까지 일

---

61 Poitras(1998, p. 481).

상적으로 안정된 가격, 안정된 통화 등을 선호한다고 말한다. 실제로 은행가들은 이 점에서 위선적인 경향이 있으며, 제약 받지 않는 외환거래를 통해서 통화의 변동성을 조장한다. 왜냐하면 그들은 가능한 한 많은 신용 레버리지를 창조하여 인플레이션과 자산-인플레이션의 촉진을 조장하기 때문이다. 사업과 대차대조표의 확장은 은행의 이해와 관련되어 있다. 이는 여러 은행자산의 명목가치를 높이고, 다른 채무자의 채무와 마찬가지로 은행의 채무를 줄이며, 그리고 일시적으로 높은 이자 마진을 포함한다. 만약 인플레이션과 자산-인플레이션이 극단적으로 질주하지 않으면, 은행은 인플레이션과 자산-인플레이션과의 동거에 행복해한다. 사실 그들은 화폐의 첫 사용자라는 점에서 일정정도 그것에 기반하여 살아간다.

이에 비해 통화학파 학자들은 고전적인 시장 경제학자였다. 그러나 화폐가 다른 어떤 것과 같은 단순한 상품이 아니라는 것을 인식했다. 게다가 돈의 창조와 최초 사용은 법적, 정치적 측면을 가지고 있다고 보았다. 근대 화폐 징표는 재량적으로 창조될 수 있다. 기초 가치의 닻이 없다면—예전에는 금이었고 오늘날에는 경제의 잠재적이고 실제적인 산출물이다—화폐와 자본시장은 균형과 자기-제한(self-limitation)의 단계에 다다르지 못한다.

결과적으로, 화폐 공급이 실물 경제의 성장에 부응하도록 유지하는 기제가 있어야 한다. 이것을 이뤄내는 핵심은, 웨일(Whale)이 언급했듯이, '은행을 통화 통제로부터 분리하는 것'이다.[62] 통화량 통제를 신용을 확대하고 투자 자금을 조달하는 은행업으로부터 분리시키는 제도를 확립하자는 방안은 1824년 리카도의 '국립은행 설립을 위한 계획(Plan for the Establishment of a National bank)'에서 제시되었다. 이 계획은 민간 은행권의 확산 전까지 그랬던 것처럼, 나라의 화폐 공급이 주권적 특권으로 재확립되도록 만들고자 제안되었다.

---

62 Whale(1944, 109쪽).

비슷한 구상이 미국에서 널리 퍼졌다. 미국 건국자 중에서 제퍼슨(Jefferson)은 화폐와 은행업무에 대한 많은 성명을 낸 것으로 알려져 있는데, 일부는 확인되고 다른 일부는 확인되지 않았다. 그러한 성명 중 하나는 통화학파의 가르침을 기반으로 하는 정책을 분명하게 언급하고 있다: 은행지폐는 억제돼야 하고, 유통수단은 그것이 속한 나라에 귀속돼야 한다' [63]

화폐와 신용의 분리는 화폐의 창조자로서 은행가를 부정하고, 단지 그들을 항상 그랬던 것처럼 화폐 교환자, 화폐 대부자, 투자자에 한정한다는 점에서 은행가들의 지위를 위협하는 것 같다. 대부분의 신고전학파, 케인스주의자 그리고 포스트-케인스주의와 마찬가지로, 은행학파 학자들에게, 화폐와 신용을 떼어놓는 통화학파의 원리들은 불가능한 일로 여겨졌던 것 같다. 왜냐하면, 그들은 화폐와 신용이 하나이거나 동일한 것으로 확고히 믿고 있었기 때문이다(4.15절)

통화학파 대 은행학파 간의 논쟁은 1833년과 1844년의 은행헌장법(Bank Charter Acts)으로 해결되었다. 첫 번째의 법은 영란은행이 발행한 은행권만을 법정통화로 만들었다. 그러나, 그 시대의 지방은행(country banks)에 의한 은행권 발행은 여전히 허용했다. 1844년 법은 민간 은행권을 폐지하고 은행권의 중앙은행 독점을 확립하는 과정으로 이어졌다. 그 제도는 현재까지 존속한다.[64] 1844년법은 또한 금본위제도를 새롭게 다시 받아들였다. 은행권의 허용량을 화폐 대 금의 특정 비율에 묶였다. 즉 중앙은행권을 뒷받침하는 국가 보유고로서의 기존 금에 고정시켰다. 두 법안은 19세기의 당시 산업화된 세계에서 유사한 조치의 모델로 기능했다.

여러 나라의 중앙은행들—이들 중 몇몇은 이를 계기로 설립되었다—은 또한 은행권 발행으로부터 이자-시뇨리지의 수익을 계승했다. 중앙은행

---

63 http://www.monticello.org/site/jeffe rson / private-banks-quotation

64 Ryan-Collins et al.(2012, pp. 42-45).

들은 은행들에 대출한 은행권을 위해 재융자(refinance)할 필요가 없다. 화폐적 측면에서 중앙은행은 '무에서' 은행권을 창조한다. 따라서 이와 관련된 이자-시뇨리지는 거의 중앙은행의 대출금리와 거의 같다. 왜 '거의' 같은가 하면 은행권을 생산하고 발행하는 데 상대적으로 적은 비용이 들었기 때문이다.

은행헌장법은 아주 자주 통화학파의 승리로 간주된다. 실제적으로는 그것은 점차 은행들의 승리인 것처럼 보인다. 금본위제는 영란은행의 요청으로 반복적으로 중단되었다. 은행들이 그 시대의 철도 붐을 뒷받침하기 위하여 화폐를 추가적으로 인쇄하라는 압력이 있었기 때문이다. 그것은 1847년과 1857년의 은행 공황과 금융 위기로 귀결되었다. 더욱이 은행에 의한 신용 및 예금 창조의 역할에 대한 통화학파와 은행학파 간의 논의에도 불구하고, 그 요인들의 역할은 고려되지 않았다.[65] 그래서 과다 발행에 따른 호황과 파괴적인 공황의 시기가 계속되었다.

결론적으로 말해서, 통화학파와 은행학파 간의 결정적 차이는 금본위제에 관한 것이 아니었다. 그 차이는 화폐의 전체 수량을 어떻게 통제할 것인가의 문제, 누가 화폐를 발행하고 통제하며 시뇨리지를 누릴 특권을 가질 자격이 있는가에 대한 문제였다: 사적 계약을 기초로 한 은행산업인가(은행학파 입장) 아니면 공법에 기초한 국가당국 혹은 국가통제기관인가(통화학파의 입장).

역사적으로 통화학파는 근대 법령화폐를 가치의 닻이나 상대적 희소성에 묶어 둘 필요성에 대한 인식을 낳았다. 왜냐하면 법령화폐는 얼마든지 자유롭게 창조될 수 있기 때문이다. 이것은 화폐수량설을 기초로 한, 인플레이션, 자산-인플레이션, 거품 형성, 빈발하는 위기에 대한 올바른 대응이었다. 그들은 희소성의 자연적 닻으로서 금본위제의 도입을 지지했다. 그러

---

65 O'Brien(2007, 102쪽).

나 그들은 금과 연관된 화폐의 고정된 수량이 가하는 제약효과 때문에 성장이 정체하거나 적정 수준에 미치지 못하는 문제를 인식하지 못했다. 되돌아보건대, 금본위제는 처음부터 결함을 가진 개념으로 등장했다. 전통적 화폐와 근대 화폐 사이의 회고적이고 열정 없는, 사실상 어중간한 개념이었다. 금본위제는 제1차 세계대전, 1930년대의 대공황, 1944년부터 닉슨 미국 대통령이 최종적으로 금본위제에서 벗어나 달러의 무제한적 확장을 선택해야만 했던 1971년까지의 브레턴우즈체제에 이르기까지 단계적으로 종언을 고했다.

금본위제는 단지 은행권에만 적용되었을 뿐이며 계좌상의 화폐인 은행화폐를 포함시키지는 못했다. 또한 금본위제는 은행권과 지급준비금 간의 관계가 느슨해지거나 반복적으로 중단되면서 애초의 목적을 실현하지 못했다. 금 표준이 유지되는 곳에서도 금본위제는 디플레이션, 침체 그리고 많은 가난한 사람들의 비참함을 유발하였고 안정된 근로소득과 낮은 물가를 통해서 생산성을 향상하고 부를 생성하지는 못했다. 실제 세계의 경제에는 자생적인 원활한 하방탄력성은 존재하지 않는다. 그 대신에 우리들은 실업과 생산성 및 구매력 정체의 시기에도 가격과 임금의 '경직성'을 대면해 왔다.

은행헌장법(Bank Charter Acts)이 그 효력을 유지하는 데 실패한 주된 이유는 계좌상의 은행화폐를 지불수단으로 선호하여 채택하는 경우가 계속해서 늘어난 것이었다. 은행헌장법은 은행부문의 신용과 예금 창조를 규제하지 않고 놔두었기 때문에 이후에는 '수표 시스템(check system)'이라 불리게 되었다. 요구불예금이 19세기 내내 은행권과 병행되어 사용되면서, 어떤 의미에서는 은행권의 그림자가 되어서, 기업, 정부기관, 부유한 가계 및 은행 간에 이뤄지는 은행 관리 청산절차의 정규적인 무현금 결제 수단이 되었다.

통화학파는 이후에 발견한 경로를 통해서 다양한 후속 이론들로 발전했다. 그 이론들에는 인플레이션과 환율이론에 대한 신고전파적, 케인스주의적, 통화주의적 접근뿐만 아니라 증표주의가 포함된다. 물론, 오늘날의 통화학파 이론은 근대적 조건에 맞게 갱신되어야 한다.[66] 많은 차이들이 세부적으로 해결되어야 한다. 예를 들어, 현대화된 통화학파적 관점은 낡은 금본위제를 유지하는 대신에 경제적 생산성, 경제역량의 활용도 및 잠재적 산출과 밀접하게 결합된 주권적 법령화폐의 순수한 체제를 목표로 삼아야 한다.

3.4 완전한 증표주의 대 국가-후원 상업은행화폐

증표주의(Chartalism)와 화폐의 국가이론(state theory of money)이라는 용어는 G. F. 크나프(Knapp)에 의해 1905년에 만들어졌다.[67] 두 용어는 동일한 대상을 가리킨다. 크나프는 1870년경부터 1920년대까지 국가경제학(national economics)의 역사제도학파를 대표했다. 증표(Charta)는 문서, 서류, 또는 법조문을 의미하는 그리스어와 라틴어에서 파생되었다. 크나프에 따르면 '화폐는 법적 명령의 창조물'이다.[68] 이 가르침은 중세 후기의 토마스주의를 거쳐서 아리스토텔레스까지 거슬러 올라간다: '돈은 속성 자체가 아니라 법에 의해 존재한다'.[69]

크나프에 따르면, 통화를 확립하는 데 있어서 가장 중요한 법적, 정치적 전제는 공법(public law)과 이를 강제할 수 있는 믿을 만한 권력의 결합이

---

66 New Currency Theory 다음을 참조하라, http://www.sovereignmoney.eu

67 Knapp(1905, pp. 27, 33 – 39, 394).

68 Knapp(1905, pp. 32 – 33, 145, Engl. 1924, reprint 1973, pp. 92 – 95).

69 Aristotle, Ethics 1133 a 30.

다. 국가가 모든 지불을 수행할 수 있는 법정통화(legal tender)로서 징표로 인정하면, 그것은 공식적으로 승인되지 않은 사적 화폐들보다 그 권역의 통화로서 사용될 수 있는 더 나은 가능성을 갖게 된다. 크나프에 따르면, 국가 통화의 힘은 궁극적으로 각 국가의 정치적, 경제적 안정성과 권력에 달려 있다.[70] 케인스는 크나프의 증표주의를 인정했으며, 1940~1950년대에 케인스주의의 열렬한 추종자였던 러너(Lerner)도 화폐를 '국가의 창조물'로 받아들였다.[71] 그 이후 증표주의는 포스트-케인스주의의 많은 부분에서 받아들여졌다.[72]

한 구절만 보면 케인스가 증표주의에 대해 가진 견해는 다소 절대적으로 들린다. '모든 문명화된 돈은, 논쟁의 가능성을 넘어서, 증표주의'이다.[73] 이것은 증표 화폐와 민간 발행화폐 간의 차이를 사실상 흐리게 하는 특정한 모호성을 배제한다면 진실일 수 있다. 이 모호성은 이미 크나프에게도 있었다. 대부분의 사람들은 '화폐의 국가이론'을 나라의 중앙은행과 같은 국가 당국에서 발행한 국가화폐(주권화폐)로 이뤄진 통화량과 연관시킬 것이다. 그러나 이것은 크나프 이론의 유일한 의미가 아니며, 반드시 경제학자들(신고전학파와 케인스주의자 모두)이 통화와 국민국가의 화폐를 통해 이해하는 방식이 아니다.

크나프의 관점에서 나라의 돈이 국가에서 발행되는지 여부는 그다지 중요하지 않다. 그럴 수도 있지만 필수적이지는 않다. 크나프에게 있어서, 국가의 기본적인 역할은 기본적인 통화단위를 정하는 것이다. 특정한 징표

---

70 Knapp(1905, pp. 101, 265).

71 Lerner(1943, 1947).

72 Lietaer et al.(2012, P. 136)은 포스트-케인스주의를 '신-증표주의'로 인용했다. P. Davidson, N. Kaldor, H. Minsky, St. Rousseas, W. Godley, Ch. Goodhart and Modern Money Theorists, 그 중에서 W. Mosler and R. Wray.

73 Keynes(1930, p. 4).

를 일반적인 지불수단으로 확립하는 데 있어서 결정적인 요인은 국가의 조세징수기관이 세금 납부의 수단으로, 혹은 법원이 형벌적 부담의 지불로서 받아들이는 것이다.[74]

> 국가에 지불할 수 있는 모든 수단은 통화 시스템의 일부를 형성한다. 이에 기초해 볼 때, 결정적인 것은 발행이 아니라 수용이다.[75]—국가의 화폐는 강제적인 수용이 아니라, 공기관의 수납창구의 수용에 의해서 정체성을 획득한다.[76]

이 가르침은 아바 러너(Abba Lerner)에 의해서 계속 진행되었다:

> 근대 국가는 자신이 일반적으로 화폐로서 받아들일 수 있는 것을 만들 수 있으며, 따라서 금이나 어떤 종류의 뒷받침과도 관계없이 그 가치를 확립할 수 있다. 그러한 것이 화폐라는 단순한 선언으로 그렇게 될 수 없다는 것은 사실이다...그러나 국가가 제시된 화폐를 세금 및 기타 의무를 지불로서 기꺼이 받아들이면 속임수가 완성된다...화폐는 국가의 창조물이다. 그것의 가장 중요한 속성인 일반적인 수용성은 국가의 수용성과 운명을 같이 한다.[77]

학자들은 하나의 통화를 확립하는 데 있어서 조세가 하는 역할을 오랫동안 파악하고 있었다. 어떤 이는 엄대를 세액 공제의 한 종류로 회상한다: 또는 루이 14세가 사망한 후 1719년 프랑스에 지폐를 도입하여 왕의 부채를 줄이기 위해 개입했던 존 로(John Law)의 모험적인 삶. 존 로는 늘어난

---

74 Knapp(1905, pp. 86, 99, 101).

75 Knapp(1905, p.86). Engl. Knapp(1973 [1924], p.95).

76 Knapp(1905, Intro, p. VI).

77 Lerner(1947, p.313).

화폐공급이 경제성장을 가져올 것으로 기대하면서, 그 계획의 일환으로 새 지폐를 세금 납부 시에 재무부가 받아들임으로써 일반적으로 인정되도록 하고, 늘어난 세수의 일부를 사용하여 국가부채를 상환하고자 했다.

세금 문제는 확실히 지불수단을 설정하기 위한 중요하지만 유일하게 중요한 요소는 아니다. 더욱이 러너는 국가의 화폐 차입을 언급했다. 어느 쪽이든 정부가 세금이나 차입을 통해 받아들인 돈은 정부 지출에 사용되는 수단이다. 더욱이 주권통화가 존재했지만, 조세가 존재하지 않던 시기도 있었다. 고대의 봉헌, 공물, 통행료 혹은 이와 유사한 형태는 근대적 의미에서 조세와 동일시될 수 없으며, 중세의 절정기에 주화의 가치 절하(재가공을 상기해보라)도 마찬가지이다.[78] 또한, 오늘날에도 석유 부국은 자체적인 통화를 가졌지만 세금은 없다.

현재 증표주의에 대한 지배적인 이해에 따르면―대부분 암묵적으로―화폐적 특권은 통화와 나라의 계산단위를 정하는 것으로 축소되었다. 그 통화로 표기된 화폐의 창조와 관련된 화폐발행이익(시뇨리지)은 점차적으로 민간 은행부문으로 돌아간다. 은행화폐가 거의 모든 화폐를 차지하며 주권화폐는 미미하다. 이러하기에 증표주의의 축소된 개념이 오해를 낳고 있다는 것은 놀랍지 않다. 이것은 불완전한, 오직 부분적인 증표주의의 개념을 나타낸다. 앞서 3.2절에서 소개한 것처럼 화폐적 특권은 결코 은행이나 다른 금융기관과 공유할 수 없는 광범위하며 손상될 수 없는 주권적 권리이다. 이와 대조적으로 오늘날 화폐의 국가이론은 국가-후원 상업은행화폐의 이론으로 변질되었다. 그래서 국가이론은 이제 통화학파가 아닌 은행

---

78 재가공은 주화를 녹여서 이전 액면가치를 가진 주화를 더 많이 주조하는 것을 의미한다. 그렇게 되면 주화의 은 함유량은 줄어든다. 이것은 동방권에서 교회 공동체의 지주에게 내는 십일조를 제외하고 근대적 의미의 세금이 존재하지 않았던 시기에는 일종의 '조세'로 해석될 수 있다. 그러나 교회 공동체의 지주들은 일반적으로 주화로 지불을 받기보다는 현물로 지불을 받았다.

학파의 가르침을 대변하고 있다.[79]

전반적인 증표주의가 민간 은행화폐의 국가-후원체제로 변질된 배경과 이유는 무현금 결제의 일반적 수단으로서 은행화폐가 등장한 데 있다. 1929년 검은 금요일로 이어지는 십여 년 사이에 처음 부상했고, 이어진 대공황과 제2차세계대전 그리고 전후시기 동안 약간의 후퇴가 있었지만, 1960~70년대부터 두 번째로 부상했다. 1960년대와 1970년대에 와서 은행화폐만으로 구성된 화폐공급으로의 길이 열렸다.

무현금 결제는 은행화폐와 중앙은행준비금에 기반한 두 계층의 은행체제(two-tier banking system)의 발전과 함께 진행되었다. 19세기의 전반기 이후 은행권을 국유화했던 상황은 이어지는 기간에는 계좌상 상업은행화폐의 지속과 함께 새로운 종류의 병행화폐시스템으로 발전했다; 즉 주권화폐(주화, 은행권, 중앙은행준비금)와 민간 은행화폐의 병행. 1900년 이후에 이는 분리-화폐순환으로 귀결되었다. 이 순환은 준비금(비현금 중앙은행화폐)을 기반으로 하는 은행 간 유통과 은행화폐(요구불예금)를 기반으로 한 공공유통으로 구성되었다. 나머지 은행권과 주화는 단순히 기술적인 부분이 되었다. 그것들은 두 유통 중 어느 하나에도 더 이상 구성 면에서 의미를 갖지 못한다.

더군다나, 중앙은행준비금뿐만 아니라 계좌상의 은행화폐(예금)는 처음부터 예전의 은행권과 같이 신용-발행 화폐였다. 오늘날 은행권은 각각 준비금 또는 은행화폐와 교환되어 발행되며, 준비금과 은행화폐는 지출이 아닌 대출을 통해서 유통으로 들어간다. 결국 우리는 중앙은행이 특권을 가진 상업은행으로 존재하기 시작했다는 점을 기억해야 한다.

요구불예금의 이체에 의한 무현금 결제 관행의 시작이 갖는 화폐적 중요성은 1890년과 1920년 사이에 완전히 파악되었다. 그 기간 동안 화폐의 은행신용이론이 발전했다. 맥클로드(Macleod), 위더스(Withers), 호틀리

---

79 다음을 참조하라, Bjerg(2014, p.251).

(Hawtrey) 및 한(Hahn)과 슘페터(Schumpeter)와 폰 미제스(von Mises)가 중요한 공헌을 했다. [80]

프랑크푸르트의 은행가인 한(Hahn)은 신용이 사전에 이뤄진 저축과는 독립적으로 확장되는 현상을 강조했다. 그는 경험을 통해서 은행화폐의 증가와 그에 따른 중앙은행권 점유율 감소로 예금사업이 더 이상 신용 확장의 전제조건이 아니라는 것을 알았다. 그와 반대로 예금사업은 은행 대차대조표의 자산 측에 나타나는 신용 확장 사업의 단순한 반영이었다.[81] 오늘날 포스트-케인스주의에서 이것은 '신용이 예금을 만든다'는 공식으로 표현되고 있다. 같은 맥락에서 매클로드는 은행이 예금된 현금을 빌려주는 것이 아니라 당좌계좌에 신용을 기입함으로써 은행화폐를 창조하는 기관이라고 결론지었다.[82]

대규모의 민간 은행권과 은행화폐의 출현으로 은행은 점차적으로 화폐기구가 되었고, 국가의 화폐 권한을 점차적으로 장악해 들어갔다. 이런 상황은 19세기 동안에 도입된 은행권에 대한 중앙은행의 독점에 의해서 국가에 의해 재탈환되었다. 그러나 요구불예금에 의한 무현금 결제의 증가로 인해 은행산업은 화폐특권과 시뇨리지를 이전보다 더 큰 정도로 재탈환했다.

국가통화의 증표적 개념과 화폐의 국가통제는, 그것이 국가발행화폐의 형태이든, 적어도 화폐의 국가통제 발행이든, 고전파, 맑스주의 혹은 신고전파 경제학에 의해서, 더욱이 역사제도주의 경제학에 의해서도 결코 의문시되지 않았고, 케인스주의에 의해서 확실히 의문시 되지 않았다.

신고전파적 표준경제학의 학자들은 대부분의 경우에 이 주제에 민감하지 않지만, 신오스트리아학파는 민감하다. 하지만 이들은 '국가-후원 은

---

80 Schumpeter(1911)의 관련 구절은 p. 110에 있다. 그리고 von Mises(1928, p. 81).

81 Hahn(1930, pp. 41, 25).

82 Macleod(1889, p. 594).

행화폐(state-backed bankmoney)'의 현재적 발전을 국가와 중앙은행을 넘어서 '자유 은행(free banking)'이라는 자신들의 목표로 갈 수 있는 경로로 인식하지 않고, 현 상황을 국가 및 중앙은행의 잘못 안내된 결합으로 오해하는 경향이 있다. 민간 암호화폐의 지지자들은 현재 '자유 화폐 창조'에 대한 믿음에 기여할 수도 있지만, 결국 국가권력을 초월한 '자유 화폐'는 실패할 수밖에 없다는 증거를 제공하게 될 것이다.

안타깝게도 스스로를 증표주의자라고 생각하는 사람들도 대부분 국가-후원 민간 은행화폐체제의 발전에 반대하지 않는다. 그들은 이 체제를 국가의 화폐주권에 대한 심각한 도전으로 인식하지 않고 은행화폐의 국가-후원 체제를 인정하고 방어하는 경향이 있다. 케인스부터 현재의 포스트-케인스주의, 순환주의, 현대화폐이론(Modern Monetary theory)의 학자들이 그런 부류에 속한다.

이는 부분적으로 중앙은행이 지급준비금의 운용과 금리 정책을 통해 은행에 대한 통제권을 행사하고 있다는 믿음 때문이다. 이 믿음은 잘못되었지만 여전히 지배적인 관점이다. 또한 내생적 은행화폐를 잘못 이해한 결과이기도 하다. 내생적 은행화폐는 수요에 따른 은행화폐 창조를 함의한다. 이들은 은행의 영리추구적 의도가 최적의 통화공급으로 귀결된다고 암시함으로써, 사실 은행학파의 진성 어음주의를 재생산하고 있다.

3장 참고문헌

Aglietta, Michel, André Orléan, et al., eds. 1998. La monnaie souveraine. Paris: Odile Jacob.

Aliber, Robert Z., and Charles P. Kindleberger. 2015 [1978]. Manias, Panics, and Crashes. A History of Financial Crises, 7The dn. New York: Basic Books.

Davies, Glyn. 2013 [1994]. A History of Money. Cardiff: University of Wales Press.

Del Mar, Alexander. 1880. The History of Money in Ancient Countries from the Earliest Times to the Present. London: George Bell and Sons.

_____. 1895. The History of Monetary Systems. New York: Cambridge Encyclopedia. Reprinted by A.M. Kelley, New York, 1978.

_____. 1969 [1867]. History of Money and Civilization. New York: Burt Franklin.

Douglas, Clifford Hugh. 1974a [1920]. Economic Democracy. Sudbury, Suffolk: Bloomfield Books. Reprint of the 1920 edition.

_____. 1974b [1924]. Social Credit. Bloomfield Books. Reprint of the revised version of 1934. First edition in 1924.

Fama, Eugene. 1970. Efficient Capital Markets. A Review of Theory and Empirical Work. Journal of Finance 25: 383 – 417.

Fama, Eugene, Lawrence Fisher, Michael C. Jensen, and Richard Roll. 1969. The Adjustment of Stock Prices to New Information. International Economic Review 10(1): 1 – 21.

Fisher, Irving, and Hans R.L. Cohrssen. 1934. Stable Money. A History of the Movement. New York: Adelphi Company.

Friedman, Milton, and Anna J. Schwartz. 1963. A Monetary History of the United States and the United Kingdom. Chicago: University of Chicago Press.

Galbraith, John Kenneth. 1995. Money. Whence It Came, Where It Went. New York: Houghton Mifflin(1st edn. 1975).

Gesell, Silvio. 1919. Die natürliche Wirtschaftsordnung durch Freiland und Frei-
geld. Arnstadt: Verlag Roman Gesell.

Gocht, Rolf. 1975. Kritische Betrachtungen zur nationalen und internationalen
Geldordnung. Berlin: Duncker & Humblot.

Goodhart, Charles A.E. 1998. The Two Concepts of Money—Implications for
the Analysis of Optimal Currency Areas. European Journal of Politi-
cal Economy 14: 407 −432.

Graeber, David. 2012. Debt. The First 5,000 Years. New York: Melville House
Publishing.

Hahn, Albert. 1930[1920]. Volkswirtschaftliche The orie des Bankkredits,3 Aufl.
Tübingen: Mohr Siebeck. zuerst 1920.

Hawtrey, Ralph G. 1919. Currency and Credit. London: Longmans, Green & Co.

Hayek, Friedrich A. von. 1976. Denationalisation of Money. London: Institute of
Economic Affairs.

Henry, John F. 2004. The Social Origins of Money: The Case of Egypt. In Credit
and State The ories of Money,ed. L.R. Wray, 79 −98. Northampton:
Edward Elgar.

Hixson, William F. 1993. Triumph of the Bankers. Money and Banking in the
Eighteenth and Nineteenth Centuries. Westport, CO: Praeger.

Hudson, Michael. 2004. The Archeology of Money. Debt versus Barter—The
ories of Money's Origins. In Credit and State The ories of Money,ed.
L.R. Wray, 99 −127. Cheltenham: Edward Elgar.

Huerta de Soto, Jesús. 2009. Money, Bank Credit, and Economic Cycles,2nd
edn. Auburn, AL: Ludwig von Mises Institute(1st edn. 2006).

Hutchinson, Frances, and Brian Burkitt. 1997. The Political Economy of Social
Credit and Guild Socialism. London: Routledge.

Keynes, John Maynard. 1930. A Treatise on Money. London: Macmillan. Dt.
1931. Vom Gelde. Berlin: Duncker & Humblot.

Kindleberger, Charles P. 1993. A Financial History of Western Europe. New
York: Oxford University Press.

Kindleberger, Charles P., and J.-P. Laffargue, eds. 1982. Financial Crises. Theory, History, and Policy. Cambridge: Cambridge University Press.

Knapp, Georg Friedrich. 1905. Staatliche The orie des Geldes. Leipzig: Duncker & Humblot.—Engl. 1924. The State Theory of Money. London: Macmillan & Co. Republ. 1973. New York: Augustus Kelley.

Le Goff, Jacques. 1956. Marchands et banquiers au Moyen Âge. Paris: Le Seuil.

_____. 1986. La bourse et la vie. Paris: Hachette.

_____. 2010. Le Moyen Âge et l'argent. Paris: Perrin.

Lerner, Abba P. 1943. Functional Finance and the Federal Debt. In Selected Economic Writings of Abba P. Lerner,eds. David C. Colander, 297 – 310. New York: New York University Press 1983. First publ. in Social Research 10: 38 – 51. Available at: http://k.web.umkc.edu/kelton/ Papers/501/functional% 20finance.pdf ———. 1947. Money as a Creature of the State. American Economic Review 37(2): 312 – 317.

Lietaer, Bernard A., Christian Arnsperger, Sally Goerner, and Stefan Brunnhuber. 2012. Money and Sustainability. The Missing Link. Axminster, UK: Triarchy Press.

Macleod, Henry D. 1889. The Theory of Credit. London: Longmans, Green & Co.

Mairet, Philip. 1934. The Douglas Manual. London: Stanley Nott.

Menger, Carl. 1871. Grundsätze der Volkswirtschaftslehre. Wien: Verlag Wilhelm Braumüller.

Munson, Gorham. 1945. Aladdin's Lamp. The Wealth of the American People. New York: Creative Age Press.

North, Michael. 1994. Das Geld und seine Geschichte vom Mittelalter bis zur Gegenwart. München: C.H.Beck.

O'Brien, Denis Patrick. 1994. Foundations of Monetary Economics, Vol. IV— The Currency School, Vol. V—The Banking School. London: William Pickering.

_____. 2007. The Development of Monetary Economics. Cheltenham: Edward Elgar.

Poitras, Geoffrey. 1998. R. Torrens and the Evolution of the Real Bills Doctrine. Journal of the History of Economic Th ought 20(4): 479–498.

Ricardo, David. 1951 [1824]. Plan for the Establishment of a National Bank. In The Works and Correspondence of Ricardo, Vol. IV, Pamphlets and Papers 1815–1823, ed. Sraffa, Piero, and M.H. Dobb, 276–300. Cambridge: Cambridge University Press.

Ridgeway, William. 1892. The Origin of Metallic Currency and Weight Standards.Cambridge, UK: University Press.

Rossi, Sergio. 2007. Money and Payments in Theory and Practice. London: Routledge.

Ryan-Collins, Josh. 2015. Is Monetary Financing Inflationary? A Case Study of the Canadian Economy, 1935–75. Working Paper, No. 848, Levy Economics Institute of Bard College. October 2015.

Ryan-Collins, Josh, Tony Greenham, Richard Werner, and Andrew Jackson. 2012. Where Does Money Come From? A Guide to the UK Monetary and Banking System,2 edn. London: New Economics Foundation.

Schumpeter, Joseph. 1911. The orie der wirtschaftlichen Entwicklung. Berlin: Duncker & Humblot.

Shaw, William Arthur. 1896. The History of Currency 1252–1896. New York: Putnams. Reprinted by A.M. Kelley, 1967.

Striner, Richard. 2015. How America Can Spend Its Way Back to Greatness A Guide to Monetary Reform. Santa Barbara, CA: Praeger.

Swedberg, Richard. 2003. Principles of Economic Sociology. Princeton: Princeton University Press.

Turner, Adair. 2015. Between Debt and the Devil. Money, Credit and Fixing Global Finance. Princeton: Princeton University Press.

Vilar, Pierre. 1976. History of Gold and Money 1450–1920. London: NLB Publishers.

Viner, Jacob. 1937. Studies in the Theory of International Trade. New York:

Harpers.

Vogl, Joseph. 2011. Das Gespenst des Kapitals,5 Aufl. Zürich: Diaphanes.

von Mises, Ludwig. 1928. Geldwertstabilisierung und Konjunkturpolitik. Jena: G. Fischer.

Whale, P. Barrett. 1944. A Retrospective View of the Bank Charter Act of 1844. Economica,New Series, 11(43): 109 – 111.

White, Lawrence H. 1989. Competition and Currency. Essays on Free Banking and Money. New York: New York University Press.

Withers, Hartley. 1909. The Meaning of Money. London: Smith, Elder & Co.

Wray, L. Randall, ed. 2004. Credit and State The ories of Money. The Contributions of A. Mitchell-Innes. Cheltenham: Edward Elgar Publishing.

Zarlenga, Stephen A. 2002. The Lost Science of Money. The Mythology of Money—The Story of Power. Valatie, NY: American Monetary Institute.

• • • •

제4장

오늘날의 화폐와 은행

이 장은 현재의 화폐 및 은행 시스템의 기능을 다룬다: 화폐가 어떻게 창조되어 유통에 들어가며, 어떻게 순환하고 어떻게 일시적으로 비활성화되며 최종적으로 파괴되는지를 보여주는 메커니즘에 대해서 다룬다. 이 문제에 대해서는 학술적으로도 대중적으로도 오해가 있다. 예를 들어, 돼지저금통 모델; 대부자금 모델 또는 은행을 금융중개기관으로 보는 사고, 화폐승수 모델과 지급준비금 원리, 만기전환의 개념 등이다.

위와 같은 오류를 낳는 개념들은 화폐와 은행업 발달의 초기 단계부터 그것들과 함께 역사적 퇴적물을 가져오고 있다. 그런 경향과 대조적으로 이전의 장들은 이미 현행 시스템의 실질적 속성을 일정정도 설명했다. 즉 일차적인 은행 신용에 의해서 창조되는 은행화폐가 현행 시스템에서 규정적이고 지배적이라는 점을 소개했다. 이것이 기본적인 준거이며, 시스템의 모든 다른 요소들은 그것에 종속되고 보조적인 것이며 그것을 받아들이고 있다.

4.1. 두 계층의 분리–순환 구조

현행 시스템은 제도적 측면에서 두 계층의 은행구조, 즉 은행권과 준비금

(즉 중앙은행계좌에 있는 비현금 화폐)의 독점권을 가진 중앙은행과 은행화폐에 대한 독점권을 가진 은행부문으로 구성된 두 계층의 구조에 기반을 두고 있다. 재무부는 주화에 대해서 독점권을 아직 갖고 있지만 화폐 창조의 제도적 구조에서 또 다른 한 계층으로 간주되지는 않는다.

이에 덧붙여 화폐를 사용하는 대중으로서 비은행들이 있다. 그리고 비은행은 공공가계(public households)와 민간가계(private households) 및 기업으로 나눠진다. 여기서 공공가계는 세금이나 그와 유사한 기부금을 통해서 자금을 조달하는 정부 및 공공기관을 의미하며, 기업은 모든 유형의 민간 혹은 공공 소유의 조직을 포함한다.

또 다른 중요한 비은행행위자 집단은 비화폐금융기관(non-monetary financial institutions)이다. 여기에는 투자신탁, 뮤추얼펀드 혹은 보험회사가 포함된다. 은행과 비은행금융기관을 혼동해서는 안 된다. 많은 금융기관들이 지금에 와서는 그림자 은행(shadow banks)으로 불리기도 한다. 예를 들어, 콘듀잇(conduits, 유동화 기구), 헤지 펀드(hedge finds)나 사모펀드 투자자(private equity investors)를 말한다. 이들은 종종 은행기업에 소속되어 있기도 하지만, 별도로 운영되는 비은행법인이다. 비화폐금융기관을 그림자은행으로 부르는 것은 은행이 실제로 무엇인가를 생각해보면 오해의 여지가 있다. 은행은 은행화폐를 창조하고 파괴하며, 일시적으로 은행화폐를 비활성화하고 재활성화하는 화폐기관이다. 종종 거론되는 주장과 달리 그림자은행은 은행화폐를 창조하지 않는다. 하지만, 은행화폐의 순환과 은행의 자금조달을 가속시킨다. 추가적으로 머니마켓펀드(MMF: money market funds)는 지분이 현재 또 다른 지불수단으로 사용되고 있다는 의미에서 새로운 대용화폐의 창조자가 되었다.

두 계층으로 구성된 순환구조에 대한 통상적인 기술은 중앙은행이 화폐창조의 과정을 주도한다고 상정한다. 사실 주도권은 상업은행이 쥐고 있다. 오늘날에 화폐창조의 절차는 은행화폐의 창조와 함께 시작되며, 중앙은행은 상업은행이 이미 은행화폐를 창조한 상황을 중앙은행화폐(현금과 준비금)로써 뒷받침한다. 이것은 아직 이야기의 전부는 아니지만, 화폐창조가 어떻게 시작되고 화폐가 처음에 어디로부터 나오는가에 대한 이야기이다.

이 시스템의 정말로 중요한 핵심구조는 화폐의 순환이 둘로 나눠져 있다는 사실이지만, 두 계층의 구조에 대한 설명은 이 사실을 명시적으로 언급하지 않는다. 이원적 은행구조는 이중순환, 즉 순환이 분리되어 이뤄지는 시스템이다. 두 순환 중 하나는 은행들에 의해 운영되는 은행화폐의 대중적 순환이다. 다른 순환은 단일 통화권 내의 중앙은행이 중앙은행준비금을 기초로 관장하는 상업은행들 간의 순환이다. 후자에는 외국의 중앙은행도 포함된다. 분리된 순환구조를 파악하지 못하면, 화폐 및 은행 시스템의 전체를 제대로 파악할 수 없다.

두 순환은 특정한 방식으로 서로 대응하지만 두 순환이 섞이지는 않는다. 준비금 형태의 중앙은행화폐는 중앙은행의 계정 및 회계시스템을 벗어나지 않는다. 마찬가지로 은행화폐는 은행부문의 계정이나 회계시스템을 벗어나지 않는다. 준비금은 은행 자체의 사용과 은행 간 유통만을 위한 것이며, 대중 유통에서 은행화폐로 전환할 수는 없다. 반대로 은행예금은 은행 간 유통에서 준비금으로 전환될 수 없다. 회계학과 대차대조표는 확실히 준비금과 은행화폐의 지위를 구분한다. 이것이 결코 서로 대체될 수 없는 상이한 종류의 화폐라는 사실은 암묵적으로만 남아 있다. 심지어 꽤 많은 은행가들도 항상 이 차이를 이해하지는 못하고, 준비금이나 예금을 각기 다른 유통의 반구에 속하는 대부자금으로 착각한다.

준비금은행업(reserve banking)의 분리-순환 시스템에서 은행은 비은행 고객을 위한 계좌를 운영하고 중앙은행은 다른 중앙은행을 포함한 은행들의 운용계좌를 관장한다. 두 당사자 간에 현금으로 결제되는 거래와는 대조적으로, 계정을 통한 무현금거래는 화폐적 중개를, 보다 정확하게는 신뢰할 수 있는 제3 자에 의한 이체 및 문서화를 포함한다. 비은행 간의 거래에서 제3자는 은행들이다. 은행들 간에는 중앙은행이다. 이런 측면에서 화폐 중개(monetary intermediation)가 금융 중개(financial intermediation)와 다르다는 점에 유의해야 한다(4.3절).

과거와 달리 오늘날 중앙은행은 은행과 외국 중앙은행만을 상대한다. 비은행은 더 이상 중앙은행에 계좌를 개설하지 못한다. 유일한 예외는 정부 계정이다. 실제로 대부분의 정부 거래는 상업은행에 개설된 당좌계좌를 통해 이뤄진다.[83]

4.2 은행화폐 및 준비금의 비현실적 대부자금모델: 한 번으로 신용과 예금 창조

돼지저금통 모델은 화폐와 은행에 대한 흔한 오해 중의 하나다. 이 오해는 더 널리 퍼져 있는 다른 오류들과 자주 얽힌다. 그 중 하나는 대부자금 모델이며 다른 하나는 은행을 금융중개기관으로 간주하는 이론이다. 이로 인해 나타나는 오해에는 두 가지의 변형이 있다. 하나는 고객의 은행예금이 금융중개기관인 은행의 대출이나 자산 매입에 사용되는 대부자금이라는 것이다. 다른 변형은 은행이 중앙은행 준비금을 고객에게, 즉 고객의 당좌계좌로 보내는 것으로 간주하는 것이다. 이 두 통념은 단지 회계적 이유만으로 기각할 수 있다. 분리-순환 지급준비금시스템에서, 두 비현금 화폐(은행화폐와 준비금)는 서로 전환될 수 없으며 서로를 대체할 수도 없다.

현실을 안일하게 인식하는 돼지저금통 모델에 따르면 돈을 은행에 넣으면 돈이 거기에 그대로 있으며 당신은 그것을 거기서 다시 꺼낼 수 있다. 아니면 은행은 그 와중에, 대부자금 모델과 금융중개 모델이 제시하는 것처

---

83 ECB, Monthly Bulletins, Table 2.1.2.

럼, 사업을 위해 돈을 사용하지만, 고객이 어느 때든 원하면 돈을 돌려준다는 약속을 자신 있게 할 수 있다. 많은 사람들은 마치 은행이 고객의 저축계좌나 심지어 당좌계좌에 있는 은행화폐를 사용하는 것처럼, '은행이 우리의 돈을 일에 투입한다'고 실제로 믿고 있지만, 실제로는 은행화폐를 사용하고 있는 사람은 고객이다. 비은행 경제주체에게서 예금을 빌려서 누군가에게 대출하는 은행, 혹은 다른 은행에서 빌려서 고객에게 대출하는 식의 사업은 실제 은행에는 적용되지 않는다.[84] 그런 행태는 이차신용, 다른 말로 비은행 경제주체가 이미 가지고 있는 은행화폐의 대출에 적용된다.

그러나 '은행이 우리의 돈을 사업에 투여한다'는 표현은 고객들이 현금을 예치했을 때에는 사실이다. 은행은 다른 고객에게 현금을 지불할 때에만 현금을 사용한다. 그러나, 그런 경우가 아니라면 현대경제는 현금이 아닌 신용으로 생성된 계좌상의 화폐에 기반한 무현금 경제이며 작동 방식이 다르다.

사람들은 계좌상의 화폐에 기반한 신용 및 무현금 지급의 관점에서 사고하지만, 자주 앞서 언급한 대부자금과 금융중개 모델로 인해 잘못 형성된 두 번째 오해로 이끌린다. 계좌상의 화폐가 중앙은행이 은행에 제공한 신용이며, 은행이 그것을 고객의 계좌에 입금하는 방식으로 전달된다고 가정한다. 이것은 두 측면에서 잘못되었다. 첫째, 중앙은행 계좌화폐(준비금)는 은행 간 유통 내에서만 움직일 수 있으며, 대중적 유통 과정에 속하는 고객에게 전달되지는 않는다. 둘째, 화폐를 창조하는 주도권은 개별 은행에 있다. 은행들은 적극적으로 주도하며, 중앙은행은 은행들이 먼저 조성한 사실들에 순응한다.[85]

---

84 또한 다음을 참조하라, Kumhof and Jacab(2015), Keen(2014), Lavoie(2014), Werner(2014b).

85 은행들은 화폐 창조에서 적극적인 주도권을 행사하는 반면에 중앙은행은 사후에 부분지급준

현행 시스템에서는 은행 신용을 확장하는 것과 그와 동일한 액수의 예금(은행화폐)을 창조하는 것은 동일한 행위다. 그 모든 것은 고객의 당좌계좌에 예금을 입금하는 것에서 시작된다. 여기에는 간단한 장부 기입이 필요하다. 이것은 믿기 힘들 수 있다. 이는 갈브레이스(JK Galbraith)의 관찰을 상기시킨다. '은행이 돈을 창조하는 과정이 너무 단순해서 반발심이 생긴다. 그토록 중요한 일임에도 심오한 수수께끼가 단순하게 느껴진다.'[86] 맥루한(McLuhan)의 기지 넘치는 발언에 따르면, 돈은 불신 때문에 지켜지는 비밀 중 하나이다.

가장 자주 언급되는 사례는 자신의 고객들에게 대출하는 은행들이다. 이 경우에 그 은행들은 대차대조표의 자산 측에 특정 금액의 신용 청구권(claims)을 입력하고 다른 측에 고객에 대한 채무(liabilities)를 입력한다. 이 채무는 고객의 요구에 따라 해당 액수만큼 현금으로 지불되거나 다른 곳으로 이체된다. 고객의 경우에, 이 과정에서 유동자산으로서 은행화폐를 확보하는 동시에 원금과 이자를 갚아야하는 채무를 지게 된다.

지금까지 이 과정은 대차대조표의 확장을 나타낸다. 이전에 존재하지 않던 청구권(claims)과 채무(liabilities)가 동시에 창조되었다. 신용과 예금은 '무에서' 나왔다. 화폐는 무엇인가에 의해서 뒷받침된다고 여전히 생각하는 사람들은 당혹스러울 수 있다. 그러나 사실 이것은 은행들과 중앙은행이 자

비금에 대한 은행의 수요를 수용한다는 것은 무어(Moore, 1988a, PP. 162-63, 1988b)에 의해 발전되었다. 이는 포스트-케인스주의 수평주의적 혹은 수용주의적 접근이며, 이후 구조주의적 접근에 의해 수정되었다(Palley 2013). 이 입장은 중앙은행 신용이 먼저 나오고, 승수 메커니즘에 따라 은행의 신용 창조를 제어할 수 있다는 수직주의적 견해와 대조를 이룬다. 또한 다음을 참조하라, Rochon(1999 a, pp. 155-201, 1999b), Keen(2011, p. 309), 콘스타치오(Constâncio, ECB 부총재, 2011), 또한 1969년에 뉴욕 연방준비은행의 부총재인 알랜 홀름스(Alan Holmes)도 또한 참조하라.

86 Galbraith(1975, p. 18).

유롭게 창조할 수 있는 근대 징표법령화폐(token fiat money)에게는 '자연스러운' 절차이다. '무에서'의 기능적 화폐 창조와 관련된 많은 전제조건과 규칙이 있지만 사정은 그러하다. 비판적 전문가들은 상업은행 부문의 장부 기입 관행의 관점에서, 이 관행의 정확성에 의문을 제기해왔다. 은행이 아닌 어떤 기업도 이런 방식으로 대차대조표를 확장할 수 없다.[87]

그러나 그림은 지금까지 정확히 이해되지 않았다. 그것은 고객에 의해 신용(은행화폐)이 사용되고, 은행이 그에 해당하는 만큼의 현금이나 준비금을 가지고 있다면, 은행은 고객이 신용을 사용하자마자 자신의 지불 의무를 수행할 수 있다는 점에서 단지 의미를 갖는다. 이것은 고객이 신용을 어떻게 사용하기를 바라는가에 달려있다.

새로 창조된 은행화폐가 단지 신용을 제공한 해당 은행의 고객들 사이에서만 순환한다면, 그 순환은 은행이 매일 밤, 각 고객에 대한 채무를 다시 기입하는 것만으로 이뤄질 수 있다. 다시 말해 현금이나 준비금이 필요하지 않다. 그러나, 고객은 현금을 인출하거나 은행화폐를 다른 은행의 고객들에게 보낼 수 있다. 그 결과 신용 창조는 간단히 무에서 일어나지 않는다. 이것은 개별 대차대조표의 확장이다. 왜냐하면, 은행이 채무를 이행하고 신용을 지급하면, 그에 해당하는 현금이나 준비금이 관련된 채무와 함께 대차대조표에서 삭제되어서 대차대조표가 다시 줄어들기 때문이다. 그러나 남는 것은 은행A의 늘어난 신용 청구권(자산)과 수취 은행B의 늘어난 은행화폐(채무)이며, 은행화폐는 여기서 은행C, D 등으로 옮겨간다. 대차대조표의 확장 과정은 실제로 전체 은행부문에 걸친 상호수용의 협력적 과정이다.

이 지점에서, 적어도 문제가 그렇게 간단하지 않다는 것이 드러나기 시작한다. 은행은 부문별 협력으로 실제로 은행화폐를 '무'에서 창조한다. 그러나 중앙은행이 은행의 계속 이어지는 현금과 준비금에 대한 수요를 수

---

87 Schemmann(2011 b, pp. 16 – 25).

용할 준비가 되어 있지 않다면 그렇게 할 수 없다.

그러나 은행부문이 신용을 당좌계좌로 능동적으로 확장하는 1차 신용을 통해서 은행화폐를 창조함으로써 공공 및 은행 간의 순환에 들어가 있는 전체 화폐의 양을 결정하는 것은 사실이다. 은행화폐의 창조는 준비금뿐만 아니라 주화와 은행권이 그에 반응하여 창조되도록 하기 때문에 은행부문이 통화량을 결정한다. 은행 간 순환에 있는 준비금은 은행화폐와는 다른 차원의 화폐이지만 은행화폐의 양의 일부를 표현한다. 즉 은행화폐와 대조를 이루는 중앙은행화폐(준비금)는 은행 간 지불을 수행하는 부분지급준비금제도의 기초로서 공공순환의 거래를 반영한다.

'은행은 무에서 화폐를 창조한다'는 말은 너무 압축적이고 거의 은유적이라서 문자 그대로 받아들이면 오해의 소지가 있다. 은행은 은행화폐의 일부에 해당하는 현금 및 준비금을 기반으로 은행화폐(요구불예금)를 창조한다. 그리고 중앙은행은 항상 은행의 자금조달 수요를 받아들이기 때문에 은행들은 자신들이 괜찮다고 여기는 만큼의 은행화폐를 창조한다.

몇몇 학자들은 신용과 예금의 창조가 수요에 의해 주도되는지 공급에 의해 주도되는지에 대해 논쟁하기를 좋아한다. 분명히 둘 다 맞다. 은행은 고객 수요에 맞춰서, 보다 일반적으로 말하면, 시장 수요에 따라 은행화폐를 창조한다. 그러나 은행은 고객의 신용도, 기존 담보 및 보다 일반적으로 경기 전망에 따라서 선택적으로 그렇게 한다. 더욱이 은행들은 자체적인 사업 의향을 가지고 있기 때문에 경기순환적인 심리로부터 영향을 받는다. 또한 예를 들어 은행들은 다양한 투자은행부문에서 스스로 주도하는 거래를 통해서 고객 요구에 관계없이 은행화폐를 추가적으로 공급한다.

'신용이 예금을 창조한다'는 것은 의심의 여지가 없고, 이것은 고객을 위한 은행예금(은행화폐)을 창조하는 은행신용과 은행을 위해 중앙은행예금(준비금)을 창조하는 중앙은행신용에 모두 적용된다. 그 반대로 '고객 예금이 은행 신용의 자금을 조달한다'는 현실에 적용되지 않는다. 은행은 중개자로서 고객예금을 지불 서비스로 이체하지만 은행은 고객의 예금을 빌려서 대출할 수 없다. 신용이 당좌계좌에 입력되어 요구불예금이 되거나, 저축계좌로 이체되기만 하면, 이 예금은 어떤 은행의 범위 밖에 있다. 왜? 두 개의 분리된 순환이 존재한다는 단순한 이유 때문이다. 공공순환 속의 은행화폐는 은행 간 순환 속의 준비금으로 교환될 수 없고, 준비금은 은행화폐로 교환될 수 없기 때문이다. 결과적으로 요구불예금이나 저축예금은 은행에게는 활용가능한 대부자금이 아니다. 즉 그것들은 은행의 대출이나 구매에 필요한 자금을 조달을 하는 데 기여하지 않는다. 고객 예금은 은행의 채무 즉 은행이 고객에게 지고 있는 부채로서 중앙은행준비금과 현금과 같은 유동적 자산이 아니며, 고객 예금은 은행 영업의 다른 측면들과 관련되어 있는 모든 지불을 수행하는 데 필요한 것이지만 그 규모는 그리 크지 않다.

그러나 대부자금 모델은 이차자본시장에서 이미 존재하는 은행화폐의 대출 및 투자에 대해서는 유효하다. 이차자본시장은 투자기금과 같은 비은행금융기관이나 저축 및 대부 조합, 브로커와 시장조성자 역할을 하는 은행의 특수부서, 그리고 중앙은행계좌가 아닌 은행 계좌를 사용하는 개별 가계, 기업 그리고 공공가계를 포함한다. 이 같은 모든 비은행 행위자들은 은행화폐를 창조하거나 파괴할 역량 없이 은행화폐 위에서 운영된다.

'고객 예금이 은행 신용의 자금원이다'라는 진술은 물리적 주화와 금괴를 입금하는 것이 예금을 창조하는 정규적인 방식이었던 전근대 및 초기 근대경제에서는 사실이었다. 오늘날에는 현금[의 사용]이 장기적으로 하락하여 화폐공급의 20~5%만을 차지하기 때문에 대부자금 모델은 은행부문과는 관련이 없다. 원천이 되는 화폐는 이제 현금이 아닌 신용에 의해 탄생한 계좌상의 화폐이다. 이와 대조적으로 전통적인 물리적 현금은 더 이상 화폐시스템을 구성하지 않는다. 우리는 예금에 대해서 다음과 같은 점을 마음에 새기면서 말할 수 있다. 우선 여기에 어느 것도 '예금되지' 않았고, 일차적 원천으로서 공공유통 속의 모든 화폐는 신용에 의해 창조된 당좌계좌상의 은행화폐이다. 첫번째, 예금은 계좌에 신용을 입력한 결과이다. 은행은 고객(비은행)에게 이 과정을 통해서 스스로 창조한 예금을 지불할 수 있고 이 예금은 수신 고객에 의해서 계속 사용될 수 있다; 그러나 은행은 영리적인 소유권 거래를 위해 고객 예금을 지불할 수는 없다.

현금은 당좌계좌에 들어가거나 나오는 방식으로 은행화폐와 교환됨으로써 통화량을 구성하는 단순한 기술적인 하위 범주가 되었다. 현금은 은행화폐의 존재를 전제한다. 왜냐하면 현금은 당좌계좌에서 인출되어 유통에 들어가고, 이 과정에서 은행 금고나 ATM의 현금(은행 자산)뿐만 아니라 은행예금(은행 채무)이 장부에서 삭제된다. 그 후에 현금은 언제든지 계좌상의 은행화폐와 다시 교환될 수 있다. 은행은 중앙은행에서 현금을 받는다. 은행권은 중앙은행을 대행하여 인쇄되는 반면에 주화는 중앙은행의 요구에 따라 재무부에서 발행하며[88] 중앙은행정부계좌에 중앙은행이 신용을 입력한 대가로 중앙은행에 판매된다. 겉보기에 현금은 여전히 중요한 역할을 하는 것 같다. 많은 국가에서 소액 거래는 현금 기반이며, 특히 상대적으로 금액이 적은 소매, 요식업 및 유사 영업의 경우가 그러하다. 그러나 전체 거래량에서 가장 큰 비중을 차지하는 거액의 지불은 일반적으로 모두 은행화폐로 이뤄진다.

이런 점에서 화폐 통계는 혼란을 줄 수 있다. 예를 들어 미국에서는 현금이 큰 부분을 차지하며 은행화폐의 비중은 M1의 절반 미만이다. 그러나 미국인은 영국인 및 스칸디나비아 인과 함께 다른 선진국의 행위자보다 비현금지급을 많이 한다. 달러 은행권이 많은 이유는 그것이 지하경제를 포함하여 전 세계에 걸쳐 병행통화로서 사용되기 때문이다. 또 다른 예

---

[88] 역자주) 재무부가 주화를 발행하는 전통은 영국과 미국의 경우에 해당한다. 한국의 경우 주화도 은행권(지폐)와 마찬가지로 중앙은행이 발행한다. 재무부에서 주화를 발행할 경우 주화는 중앙은행의 자산이 되고 중앙은행에서 주화를 발행할 경우 중앙은행의 채무가 된다.

를 보면, 유로존에서 현금 대 은행화폐의 비율은 20 : 80이다. 그러나 현금의 10~20%만이 국내 경제활동에 사용된다. 또 다른 10~20 %는 은행화폐에 대한 신뢰 부족으로 축장되어 있으며, 70%는 국내적으로 등록된 경제의 외부, 즉 지하경제 또는 해외에 있다. 이는 실제로 국내의 활성화된 화폐공급의 약 95%가 은행화폐라는 것을 의미한다.[89]

영국의 중앙은행을 비롯한 다수의 중앙은행들은 분리-순환 지급준비금시스템에서 이뤄지는 은행화폐 창조의 몇 가지 기본요소를 공식적으로 인정하고 있다.[90] 이러한 사실들이 오랫동안 현대의 거시경제학과 교과서에서 거의 자리를 찾지 못하고 있다는 사실은 오히려 충격적이다.

4.3 은행화폐 유통과 준비금 유통 간의 상호작용: 화폐 및 금융 중개

현대 화폐를 이해하기 위해서는 오늘날의 현금 없는 지불시스템(cashless payment system), 특히 준비금에 의한 은행 간 순환과 은행화폐에 의한 공공순환 간의 상호작용을 기본적으로 파악해야 한다.

은행X의 고객계좌A에서 다른 은행Y의 고객B에게 은행화폐를 이체하는 경우에 초점을 맞춰보자. 은행화폐는 송금인의 당좌계좌A에서 수취인의 당좌계좌B로 직접 이체될 수 없다. 그 대신에 해당 송금인의 은행X에서 수취인의 은행Y로 이체되어야 한다. 은행들의 운영계좌는 중앙은행에 개설되어 있으며, 송금을 위해서는 준비금으로 수행되는 은행 간 이체를 거쳐

---

89 Krueger and Seitz(2015, p. 7).

90 McLeay et al.(2014). 1961년부터 1994년까지 시카고의 연방준비제도이사회에 의해 발간된 통합 문서가 있다. 이 문서에서 신용 창조의 기능이 합리적으로 잘 설명되어 있다(Nichols and Gonczy 1961-1994). 이와 동시에 그 문서는 대부자금에 대한 잘못된 이야기를 유지한다.

야 한다.

이체 절차는 다음과 같은 단계를 포함한다: 송금인의 당좌계좌에서 은행화폐의 소거, 같은 액수의 준비금을 송금자 은행에서 수취인 은행으로 이체, 수취인 은행의 당좌계좌로 은행화폐 입금. 달리 말하면, 이 과정에서 두 개의 이체가 나란히 이뤄진다. 하나는 공공순환(한 곳에서 예금을 소거하고, 다른 곳에 재 입금한다)에서 일어났고, 다른 하나는 은행 간 순환(준비금 이체)에서 일어났다.[91] 이 과정에 관련된 준비금의 기술적 용어는 초과준비금(excess reserves), 즉 유동준비금(liquid reserves), 혹은 더 중요하게는 지급준비금(payments reserves)이다.

한 은행의 고객으로부터 다른 은행의 고객에게 예금을 이체하는 간접적인 방법을 종종 '중개(intermediation)'라고 한다. 보다 정확하게는 은행의 지불서비스를 지칭하는 화폐 중개(monetary intermediation), 즉 고객의 무현금지불과정에 따른 은행화폐의 송금이다. 이와 대조적으로 금융 중개(financial intermediation)는 비은행 간 에 이뤄지는 이미 존재하는 은행화폐의 대출/차입 또는 투자를 말한다. 무현금분리-순환시스템의 지불과 금융 중개를 혼동해서는 안 된다.[92] 화폐 중개와 금융 중개의 차이를 인식하지 못하는 것은 오해의 또 다른 중요한 원천이다.

고객의 예금을 대부자금으로 혼동하는 경제학자들은 은행을 화폐와 금융의 중개자로 간주한다. 이것은 올바르지 않다. 금융중개자는 기금과 같은 비은행이다. 그들은 고객으로부터 은행화폐를 가져와서 그 화폐를 2차 자본시장에서 빌려주거나 투자한다. 상업 은행이 브로커나 시장조성자의 역할을 하면서 투자은행업에 종사하기 때문에 그들도 금융중개에 관여한다. 이것이 은행을 은행이게끔 만들면서 그들에게 비은행금융기관과의 경

---

91 은행과 은행 간 지불 과정에서 최종 지급에 대해서는 다음을 참조하라, Rossi(2005, p. 142).

92 이것과 그와 연관된 측면에 대해서는 Rossi(2003, pp. 339, 348) 도 참조하라.

쟁에서 특권적 지위를 누리게 하는 것은 아니다. 은행은 화폐기관으로서 일차적인 신용창조자 그리고 화폐적(금융적이 아니다) 중개기관으로 활동한다. 오늘날 은행업은 중앙은행준비금 및 현금을 기반으로 하여, 은행화폐를 만들고, 일시적으로 은행화폐를 비활성화하고 재활성화하며 궁극적으로 소거한다.

    은행과 관련된 지불 과정에서 놀라운 사실은 모든 은행화폐를 생성하고 유지하며 계속적으로 이체하기 위해서 은행은 오직 전체 금액의 일부에 해당하는 준비금과 현금을 필요로 한다는 점이다. 사실 나라와 은행의 규모에 따라서 다르지만, 그것은 2.5~10%의 작은 부분이며, 국가와 은행의 크기에 따라서 다르다.

    어떻게 그렇게 될 수 있는가? 바로 청산(clearing)의 관행이 많은 액수의 은행화폐가 적은 액수의 준비금을 기반으로 이체될 수 있는가에 대한 첫 번째 설명변수의 역할을 한다. 하루 중에 한 은행은 다른 많은 은행에 대해 x번의 이체를 한다. 같은 날에 다른 많은 은행들은 애초의 한 은행에 y번의 이체를 한다. 지불이 즉시 이뤄지지 않지만, 문서적으로 계산적으로 서로에 대해서 상쇄된다(청산). 하루가 끝날 때 x번의 나가는 이체 금액과 y번의 들어오는 이체의 금액으로 인해 한 은행은 일부의 다른 은행에 작은 액수의 양수 잔액(순 흑자 포지션)을 남기고, 또 다른 은행에 일부의 음수 잔액(순 적자 포지션)을 남긴다. 핵심적인 것은 경험적으로 볼 때 모든 거래가 최종적으로 결제되면, 한 은행이 줘야 하는 준비금과 받아야 하는 준비금의 최종적인 금액은 매우 적다는 사실이다. 예를 들어, 모든 국제지급의 절반을 담당하는 연속-연결-결제시스템(Continuous Linked Settlement System)의 경우 최종 결제액으로 실제로 지출되는 액수는 이체 총액의 2% 혹은 그보다 훨씬 적다.[93]

---

93 The Continuous Linked Settlement(CLS) Foreign Exchange Payment System, Swiss

현재 선진국 은행들은 중앙은행이나 각국 은행업계의 거물들이 합작으로 투자하여 운영하는 전산결제시스템으로 연결되어 있다. 75개국의 지불시스템이 현재 실시간총결제시스템(real time gross settlement: RTGS)을 활용하고 있다.[94] 이 시스템에서는 은행의 나가는 돈과 들어오는 돈이 계속적으로 청산(서로에 대해 상쇄)되고 있어서, 언제든지 실시간 양과 음의 최종결산이 이뤄지지만, 지급준비금의 최종 결제는 하루가 끝날 때 한 번만 이뤄진다. 그렇지 않으면 모든 이체가 지급준비금 지불로 즉시 정산된다는 점에서 실제 최종 정산이 지속적으로 이루어지고 있음을 의미하게 될 것이다. 이 경우에 중간 정산은 없지만, 송금인 은행의 중앙은행 계좌에서 미결제 금액이 즉시 전액 인출되어 수취인 은행의 중앙은행계좌에 입금된다.

한 은행이 어느 시점에서 지급준비금이 부족한 경우에도 이체의 실행이 중단되지 않는다. 그 대신 RTGS지불시스템은(사전에 담보로 제공되는 증권을 바탕으로 하는) 한계대출기구인 자동적인 익일 유동성 초과인출을 포함하고 있다. 중앙은행은 하루에 한번(담보에 대한 새로운 준비금으로서) 환매조건부 계약을 할 수도 있다. 서로 다른 은행들은 지급준비금의 절약을 위해서 자신들의 지급준비금을 공동 활용하는 데 합의할 수도 있다. 또 다른 대안으로, 그리고 적용이 가능한 경우에, 주어진 기간에 최소지급준비금요건의 평균을 충족할 수 있다면, 일시적으로 그 요건을 위반하는 것이 허용될 수도 있다. 따라서 한 은행이 사용가능한 유동 지급준비금을 전혀 갖지 않고

National Bank, Nov. 2009. 5. Ryan-Collins et al.(2012, p.166).

94 이러한 RTGS 시스템의 예로는 미국의 Fedwire와 CHIPS, 영국의 CHAPS, 중국의 CNAPS, 유로 지역의 Target2, 일본의 BoJ -Net 등이 있다. CHIPS = Clearinghouse Interbank Payments System. CHAPS = Clearinghouse Automated Payment System. CNAPS = China National Advanced Payment System. Target2 = Trans-European Automated Real-Time Gross Settlement Express Transfer System, second generation. BoJ-Net = Bank of Japan Funds Transfer Network System.

하루를 시작하더라도 결국에는 잉여액을 확보할 수 있다.

　은행이 하루 이상 추가적으로 지급준비금을 필요로 한다면, 은행은 은행 간 화폐시장에서 지급준비금을 가져올 수 있다. 통상적으로 이는 단일 국가수준에서 분석되든 국제수준에서 분석되든, 시스템의 모든 나가는 지불이 동시에 시스템으로 들어오는 지불이기 때문에 문제를 일으키지 않는다. 은행의 한 부분의 흑자 지불은 은행의 다른 부분의 적자 지불과 일치한다. 그러나, 전체 은행부문이 대차대조표를 확대할 경우에는, 즉 1차 신용과 예금 창조를 통해서 은행화폐를 발행할 경우에는, 지급준비금이 전체적으로 적자가 발생한다. 이 경우에 은행들은 주로 자금조달 과정을 통해서 중앙은행으로부터 추가적인 지급준비금을 가져와야 한다. 예를 들어 일주일 만기로 중앙은행이 은행에 대해 주간 대출을 수행한다.

　RTGS 시스템을 통한 지불은 은행 경영진과 대형금융회사의 CEO 등 상당수 사람들이 은행화폐의 창조와 같은 것은 없다고 생각하게끔 만들어서 부분지급준비금은행제도의 개념을 거부하게 만든다. 은행이 현금을 어떻게 관리하는가를 잠깐 살펴보면 우리의 이해에 도움이 된다. 각 현금 지급은 즉시 전액으로 수행된다. 은행들은 하루 또는 며칠 간 상당한 액수의 현금을 지불해야 한다. 그러나 활용할 수 있는 현금이 그만큼 많을 필요는 없다. 훨씬 작은 현금을 기반으로 지불업무를 할 수 있다. 그 이유는 고객들이 은행에서 현금을 인출하는 동안 다른 고객이 은행에 현금을 입금하기 때문이다. 들어오는 현금이 끊임없이 ATM을 채워서 나가는 현금의 지불을 뒷받침한다. 그 결과로 들어오고 나가는 기본적인 현금 액수는 모든 들어오고 나가는 지불 금액의 합계보다 훨씬 적다.

　작은 규모의 지급준비금을 기반으로 은행화폐를 대규모로 이체할 때의 상황도 한 가지 사실을 제외하면 기본적으로 다르지 않다. 고객이 현금을 인출했을 때, 그들은 그 현금을 실제로 보유하는 데 반해, 고객이 자신들의 당좌계좌에 입금을 받았을 때에는 고객이 아닌 은행이 화폐(지급준비금)

를 소유하게 되고, 고객은 원하면 단지 현금으로 지불하겠다는 약속만을 받는다는 점에서 차이가 있다. 왜냐하면 고강력 준비금으로 지급을 받는 것은 은행 간 유통의 특권이기 때문이다. 현금과 은행 간 대출에 가용한 준비금이 부족하면, 은행위기의 경우처럼 고객은 공허한 약속만을 갖게 된다. 은행화폐는 대부분의 사람들이 가정하는 것처럼, 권리를 가진 고객의 소유물이 아니다. 중앙은행이 관련되어 있는 한에서, 금고 속의 주화와 은행권 그리고 준비금은 모두 은행의 소유물이다. 은행화폐는 고객에 대한 은행의 채무로 남아있다.

4.4 현대 부분지급준비금제도 배후의 운영 원리

현대 부분지급준비금은행제도는 모순된 관점들 때문에 견해가 나눠진 주제이다. 한 가지 논쟁은 시스템이(a) 중앙은행에 의해 주도되는지(b)은행부문에 의해 주도되는지에 관한 것이다. 또 다른 이견은(a') 은행의 신용 및 은행화폐 창조가 사전 설정된 지급준비금 포지션의 양을 배가하는지(b')은행이 잔여 현금과 준비금이 부분적으로 필요하면, 중앙은행이 그것을 제공한다는 점 때문에, 은행이 사전적으로 화폐적 사실을 조성하고 중앙은행이 반응하여 이를 수용하는지 여부에 대한 질문과 관련되어 있다. 앞선 설명들은 분명히(b)와(b')을 지지한다.

은행 주도의 부분지급준비금제도의 원활한 작동을 위한 네 가지의 운영원리가 있다: (1) 은행 간 지급의 상호성(mutuality)(2) 분산된 거래의 조건 (3) 고객 돈의 비–분리 (4) 협력적 은행화폐 창조의 원리.

지급의 상호성이란 지급준비금의 시스템 유출은 곧 시스템 유입이라는 이미 언급한 사실을 의미한다. 은행 A, B, C의 준비금 지불은 다른 은행의 관점에서는 준비금 수령이며, 다른 은행들의 준비금 지급은 은행 A, B,

C의 준비금 수령이다. 만약 은행이 대등하게 설립되어 너무 작지 않다면, 준비금은 나가고 들어오기 때문에 짧은 시간 내에도 대체로 상쇄될 것이다.

두 번째 분산된 거래의 조건은 지급이 행위자, 시간 및 금액 면에서 분산되어야 한다는 것을 의미한다. 모든 은행화폐의 사용이 동시에 일어나지 않는다. 어떤 경우라도 한 번에 일부의 은행화폐만 사용된다. 따라서 은행화폐의 창조와 이체의 모든 행위는 전체 은행이 가진 통화량의 일부분만을 포함하며, 지불은 상이한 시간에 연속적으로 일어나서 분 단위, 초 단위, 그리고 더 작은 시간 단위까지 세분화된다. 이는 들어오고 나가는 준비금의 상당한 정도가 반드시 상계되는 것을 보장한다. 최종 정산 이전에 고객 지급은 일정 정도 내부적인 장부 재작성과 외부적인 은행 간 청산에 의해 수행될 수 있다. 사정이 이러할 수록 최종 정산에 필요한 준비금은 줄어든다. 그리고 준비금의 최종적 정산이 일어나는 한, 은행 내 순환에서 준비금 유통의 속도는 대중순환의 은행화폐 유통보다 훨씬 빠르다. 더 정확히 말하면, 준비금의 사용 빈도는 은행화폐의 사용 빈도보다 몇배 많다.

은행 내 장부 재작성과 은행 간 청산이 많을수록, 은행 간 준비금의 다자간 이체빈도가 클수록, 필요한 준비금 기반은 더 작아진다. 은행이 클수록 고객이 많을수록 거래가 많을수록 어느 시점의 준비금 잔고는 매우 적을 가능성이 높다. 심각한 운영계좌 불균형은 일반적으로 발생하지 않는다. 월 초나 월 말 같이 지급 거래가 많은 때가 있다. 이것은 특별한 차이를 만들지 않는다. 왜냐하면, 이것은 전체 시스템에 걸쳐 거의 모든 고객과 은행들에게 영향을 미치는 일반적인 상황이며 집단적인 리듬을 타기 때문이다. 그래서 은행 간 지급의 정상적인 분포에 교란을 주지 않는다.

하루 중의 예를 들면, 은행의 장단기 자금조달은 어떻게 중앙은행이 은행의 부분적 지급준비금 수요를 받아들이는가를 보여준다. 만약 중앙은행이 그렇게 하기를 거부하면, 지급 흐름은 중단될 것이다.[95] 시간과 규모 면에서 너무 지연되면, 이번에는 금융과 실물 경제의 흐름을 중단시킬 것이다. 누구도 자발적으로 이런 카드를 꺼내지는 않는다.

이 상황은 화폐 창조에서 주도권을 갖는쪽은 은행이지 일반적으로 생각하는 중앙은행이 아니라는 사실의 또 다른 표현이다. 두 계층의 이야기를 중앙은행의 화폐 공급으로 시작하는 두 단계의 절차로서 가르치는 것은 낡은 역사적 침전물의 또 다른 잔재이다. 낡은 모델은 은행 신용이 소위 사전에 존재하는 외생적 지급준비금의 상태에 달려있는 것으로 간주한다. 그렇기보다는 은행은 사전이 아니라 사후에 즉시 부분적으로 지급준비금을 조달 받는다. 확실히 지급준비금 제약은 있다. 하지만, 중앙은행의 후원을 받는 은행들은 자신들이 필요로 하는 것을 확보할 수 있다.

부분지급준비금은행제도의 근간이 되는 세 번째 원리는 고객 돈의 비-분리(non-segregation)이다. 은행들은 기업이나 비은행금융기관과는 대조적으로 자신의 돈과 고객 돈을 별도의 계좌에 보관할 것을 요구하는 규칙의 적용을 받지 않는다.[96] 이 규칙대로라면 은행의 경우에 돈을 별도의 중앙은행 계좌에 보관해야 한다. 하지만 그 대신에 은행의 모든 입출금은 은행이 가진 하나의 똑같은 중앙은행 운영계좌를 통해서 관리된다. 고객과의 지급인지 은행 자체의 지급인지와는 무관하게 하나의 계좌를 사용한다. 은행 간 지급에서 출금은 그 은행의 영리적 금융거래나 자산 매입을 위한 지급을 포함하며, 비은행으로부터의 입금은 매각 수익, 대출 상환, 이자 지급, 배당, 요금, 수수료를 포함한다. 은행과 고객에 대해서 공통의 계좌를 운영하는 원리는 분산된 거래의 조건을 더욱 강화한다. 이는 상당한 정도로 은행의 자산 거래에 혜택을 준다. 왜냐하면, 그렇지 않을 경우에는 더 많고 비

---

95 다음을 참조하라, Keen(2014, p. 280).

96 다음을 참조하라, Werner(2014 b, p. 75).

싼 지급준비금의 기반이 필요하기 때문이다.

네 번째 조건은 은행화폐의 협력적 창조로 불린다.[97] 이 조건의 한 측면은 오래 전부터 알려져 있었다. 부분지급준비금은행제도가 작동하기 위해서는 은행이 수행하는 1차 신용과 예금 창조의 속도와 규모는 질서정연하지 않더라도 단계적이어야 한다.[98] 한 은행이 일방적으로 한꺼번에 너무 많은 은행화폐를 창조한다면 그 은행은 출금에 대비하여 그만큼 많은 지급준비금을 보유하고 있어야 한다. 하지만 다른 은행으로부터 지급준비금이 충분히 유입되지 않기 때문에 비용이 많이 들어서 유동성 부족에 직면하게 된다.

협력적 화폐 창조와 관련된 한 가지 요소는 너무 '자연스러워서' 아주 자주 간과되는데, 그것은 바로 예금의 상호수용이다. 대차대조표의 확장은 은행 자체의 대차대조표에 신용청구(credit claim)와 익일 예금채무(overnight deposit liability)를 쌍으로 추가하는 개별 행위로만 이뤄지지 않는다. 오히려 그것은 대차대조표에 신용청구를 추가하고 다른 한편으로 익일예금이 실제로 수취인 은행의 대차대조표에 추가되는 협력적인 행위를 포함한다; 그 반대도 마찬가지이다. 한 은행이 1차 신용을 통해서 은행화폐를 창조하고, 다른 은행이 그 돈을 입금 받아 예금관리 비용과 이자를 부담하고 최소지급준비금 요건을 맞추고 어떤 경우에는 예금을 현금으로 지급해야 할 수도 있다. 그러한 의무에도 불구하고, 은행들은 선택의 여지가 없다. 은행들은 자신이 발행한 은행화폐가 받아들여지기를 원하면, 자신들도 다른 은행이 발행한 은행화폐를 받아들여야 한다. 그렇지 않으면 은행부문의 신용 및 예금 창조는 이뤄지지 않는다.[99]

---

97 Seiffert(2012, p.44).

98 예를 들면 다음과 같다, Keynes(1930, p. 26) 및 Gocht(1975, p. 29).

99 베르너(Werner, 2014a, 2015)는 은행에 대한 모델을 세 가지로 구분한다:(1) 은행의 금융중개

궁극적으로 부분지급준비금을 가능하게 하는 기초는 준비금의 유통속

이론으로서 이는 대부자금 모델과 연결되며,(2) 부분지급준비금은행제도 혹은 지급준비금 유통이론,(3) 은행의 무에서 신용창조이론.

베르너는(1) 대부자금과 금융중개 모델뿐만 아니라(2) 부분지급준비금은행제도 이론도 거부한다. 반면에(3) 무에서의 신용 창조를 유일하게 올바른 것으로 간주한다. 이 입장은 전적으로 옳지는 않다. 이 분류학은 이 책에 제공한 설명과 중요한 측면에서 겹치지만, 분류학의 세 가지 모델은 부분적으로 부정확하거나 불완전하며 오독으로 인한 오해의 소지가 있다.

대부자금 모델을 거부하는 것은 기본적으로 인정될 수 있지만 그와 관련된 다른 많은 측면들을 놓쳐서는 안 된다. 은행은 대출이나 기타 지불을 위해서 고객의 예금을 사용할 수는 없다. 마찬가지로 은행은 고객에게 준비금을 빌려줄 수도 없다.(그러나 현금은 이와 다르다. 은행들은 자신들이 고객으로부터 받은 현금을 대출할 수 있으며, 중앙은행에서 고객으로 현금을 전달한다). 은행의 1차 신용창조 외에도 고객예금(은행화폐)이 비은행에 대출되거나 투자되는 2차 신용시장이 있다. 2차 신용 또는 자본시장에서는 대부자금 모델이 완전히 맞아떨어진다. 또한 은행간의 준비금 시장에서도 마찬가지로 적용된다. 마지막으로, 상업은행은 금융중개기관이 아니지만 화폐적 중개기관으로서 은행간 청산과 준비금의 최종 정산을 통해서 비은행들 간의 무현금결제를 중개한다.

부분지급준비금순환에 대한 모델(2)는 부분지급준비금은행에 대한 전체 진실을 반영하지 못하고 있다. 이 모델은 부분지급준비금은행업과 대부자금 모델을 결합하고 그 조합을 승수 모델 및 지급준비금 원리와 동일시한다. 이 같은 맥락에서 일관되지 않은 가정이 케인스, 샤무엘슨, 토빈, 민스키 등과 같은 학자들에게 있었을지라도, 그 사실이 부분지급준비금 순환을 이런 뒤죽박죽으로 환원하여 부분지급준비금은행업과 은행의 신용 창조를 '상호 배타적인 관점'으로 제시하는 것을 정당화하지 않는다. 사실 이와 달리, 두 요소―은행 신용창조와 부분지급준비금은행―는 서로 연관되어 있다.

부분지급준비금 이론은 대부자금 모델과 결합하여 화폐승수 모델과 지급준비금 원리를 동일시한다면 그것은 오해를 낳으며 기각되어야 맞다. 그러나, 그러한 뒤죽박죽은 부분지급준비금 이론의 전체 스펙트럼을 표현하지는 못한다. 왜냐하면 사실 은행화폐 순환과 결합된 부분지급준비금 순환의 존재는 부인할 수 없다.

이와 유사하게, 유형(3)―무에서의 신용 창조―은 특정되지 않고 불완전하다. 현대 징표 법령화폐는, 그것이 재무부 주화나 중앙은행권이든, 준비금이든, 은행화폐이든, 모두 어떤 본질적 가치도 가지고 있지 않고 '허공에서' 만들어진다는 점에서 특정되지 않는다. 현대 화폐의 가치인 구매력은 화폐가 살 수 있는 물건의 가격과 연관되어 부여된 가치이며 궁극적으로 실질 경제 산출물에 의해 보장되거나 고정된다. '무에서' 돈을 창조하는 것은 현대 화폐의 본질에 관한 눈에 띄는 은유이다. 그러나 특정 통화로 표기된 화폐를 창조하고 그 화폐의 유효성과 가치를 보장하는 것은 '무로부터' 충족되지 않는 전제조건을 갖는다는 사실을 가려서는 안 된다. 기술적, 정치적 요구 사항 중의 하나는 준비금과 현금의 가용성이며, 신용과 예금의 창조는 여전히 준비금과 현금에 의존한다. 은행화폐 창조도가 예금의 유통속도보다 훨씬 빠르다는 사실이다. 은행 간 의 입출금 과정에 개입하는 준비금은 고객이 은행계좌의 신용(은행화폐)을 사용하는 것보다 더 빈번하게(더 빠르게) 들어가고 나온다. 이것이 바로 무현금 부분지급준비금은행제도의 배후에 있는 '비밀'이다. 통계적인 평균에 따르면, 은행이 모든 지불을 수행하는 데 필요한 준비금의 총계는 영국의 경우에 은행화폐 양의 단지 1.25%이며[100] 미국의 경우도 영국과 거의 같고 유로지역의 경우에는 1.5%보다 약간 많다. 유로지역에서 그 수치가 1.5%보다 약간 많은 것은 초과준비금 0.02~0.04%와 시재금[101] 1.44%~1.65%를 포함하기 때문이다.

더욱이 유로지역은 현재 그 같은 필수요건에 더하여 모든 예금에 대한 1%의 의무적 최소지급준비금 요건이 있다. 여기에는 요구불 예금, 저축 및 정기 예금이 포함된다. 미국의 경우 최소지급준비금은 예금의 10%에서 시재금을 뺀 수치이며, 일본의 경우에는 0.81%, 스위스의 경우에는 2%이다. 캐나다, 영국, 덴마크 등 여러 나라에서는 정당한 사유로 최소지급준비금

와 부분지급준비금 순환은 실제로 서로 결합되어 유지된다. 무로부터의 신용창조의 경험적인 증거로서 활용하기 위하여, 베르너는 내부 고객 계정에 입금하는 경우를 언급한다. 이를 수행하는 데 은행들은 준비금이나 현금을 필요로 하지 않는다. 이 같은 예에서 은행이 매우 크고, 예를 들어, 통화권역 내 모든 고객의 절반을 대표하는 경우에는 모든 무현금 지불의 약 절반은 내부 고객 간의 익일 채무를 내부적으로 재기입하는 방식으로 수행한다. 그 정도면 베르너의 예가 옳을 것이다. 그러나 현실 세계에서 그러한 거대 은행은 존재하지 않는다. 대부분의 무현금 지불은 은행 간 이체를 포함한다. 그리고 고객 예금을 다른 은행의 외부 계좌로 이체할 때 송금 은행은 준비금을 보유하거나 확보해야 한다. 따라서 오늘날의 실시간총결제시스템(Fedwire, CHIPS, CHAPS, Target2)에서는 더욱 그렇게 해야 한다. 이 실시간총결제시스템은 준비금에 기반하고 있다. 신용으로 사용되지 않은 채 신용을 확장하는 것은 말이 되지 않는다. 이런 점에서 '무로부터의 신용창조'가 은유가 아닌 문자 그대로 사용된다면 오해를 낳는다. 왜냐하면 분할-순환 지급준비금 시스템에서 은행화폐의 사용은 여전히 부분적으로 현금과 준비금을 기초로 삼는다.

100 Ryan-Collins et al.(2012, p. 75).

101 역자주) 은행이 금고에 직접 보관하는 현금을 말한다.

요건이 없다.[102]

현재의 화폐시스템은 자주 중앙은행과 중앙은행화폐가 주도하고 민간 은행시스템과 은행화폐가 내재된 두 계층의 주권화폐시스템으로 간주된다. 그러나 실제로는 그 시스템은 은행 간 결제의 상호성, 분산된 거래, 고객 화폐의 비분리, 협력적 은행화폐 창조에 기초하여, 민간 은행화폐의 국가-후원체제(state-backed regime of private bankmoney)로 사실상 변질되었다. 이 시스템에서는 은행들이 적극적으로 화폐 창조를 결정하고, 중앙은행은 이에 대응하여 남은 역할을 후원하며 필요하면 정부가 보증한다.

4.5 최소지급준비금 원칙 및 비현실적 화폐승수 모델

최소지급준비금을 초과하는 지급준비금과 대조적으로 법정 최소지급준비금 요건은 중앙은행에 의해 매달 최근 일정기간의 평균 예금총량에 대한 일정한 비율로 정해진다. 세부적인 절차는 나라에 따라 차이가 있지만 기본적인 방식은 그렇다.

최소지급준비금은 자주 유동성의 안전망으로 간주된다. 앞서 언급한 대로 한 은행의 지급준비금은 일시적으로 정해진 요건 아래로 떨어질 수 있지만, 은행이 전체 기간에 걸쳐서 평균적으로 요건을 충족할 것이라는 인식을 전제로 해서 운영된다. 그것을 넘어서 최소지급준비금을 활용할 수는 없다. 중앙은행의 관점에서 최소지급준비금 요건은 대비책 차원이 아니다. 애초에 화폐승수 모델 때문에, 그 요건들은 은행들의 신용 및 예금 창조를 제

---

102 출처: European Central Bank, Monthly Bulletin, Table 2.3.2. Schweizerische Nationalbank, Statistische Monatshefte, Tab. A1.17−19, B2.2−3 D1. Deutsche Bundesbank, Monatsberichte, Tab. IV.1-2.

한하는 것을 목적으로 하는 통화정책의 수단으로 간주되었다.

이 접근방식은 1920년대에 여러 사람들 중에서도 케인스에 의해 인정되었으나 결국 1970~1980년대에 통화주의적 정책이 확립되던 시기에 작동하지 않는 것으로 밝혀졌다. 실패의 이유는 은행들의 주도권과 중앙은행의 사실상의 수용성에 기인한다. 1980년대 중반 이후, 중앙은행은 더 이상 통화량을 통제하는 척 행세할 수 없었다. 현재 사용하고 있는 기준금리 정책은 더이상 통화공급과 자산-인플레이션은 고려하지 않고 소비자 인플레이션에만 영향을 미치는 것으로 주장된다.[103] 그럼에도 불구하고 많은 중앙은행은 최소지급준비금 요건을 계속 부과하고 있다. 오랜 습관은 쉽게 사라지지 않는다. 지속적인 변화로 인해 쓸모없게 된 경제 패러다임도 이런 관행에 속한다. 이 경우에 낡은 패러다임이란 1920년 필립스(Philipps)가 개발한 화폐승수 혹은 신용승수 모델이다.

승수모델에 대한 일관된 정의는 없다. 대부분의 교과서에서 그 모델은 은행이 활용할 수 있는 일정 금액(M)과 확대된 신용(Cred)의 x%에 해당하는 필요 최소지준율(MinRes)에서 시작한다. 가용한 돈(M)은 일반적으로 저축한 돈과 대출받은 고객의 은행예금에서 나오는 것으로 가정된다. 만약 학자들이 화폐가 어디에서 오는지에 대해서 자신의 생각을 드러내야 한다면, 중앙은행 신용에서 온다고 할 수도 있다.

은행은 이제 화폐를 대출에 사용한다. 그러면 은행은 최소지급준비율(MinRes)이 요구하는 대로 M의 x%를 따로 빼놓아야 한다. 따라서 확대된 신용의 양은 Cred=M*(1-MinRes)이다. 신규 대출은 다음으로 새로운 저축을 통해 다시 한번 신규대출에 활용될 수 있는 예금으로 변한다. 이 과정은

---

103 중앙은행이 그들이 할 수 있는 것보다 성과가 나쁜 이유와 주권화폐가 더 좋은 성과를 낳을 수 있는 이유에 대해서는 다음을 참조하라, Monetary Puzzlement. http://www.sovereignmoney.eu/monetary-puzzlement.

반복된다. 단계적으로 신용승수는 따로 빼놓아야 하는 최소지급준비금 때문에 계속 감소할 것이다. 승수가 0으로 줄어들고 총신용금액은 주어진 돈을 최소지준율로 나눈 값과 같다. 예를 들어, M=1억 파운드이고 MinRes이 확장된 신용의 10%(0.1)이면, Cred는 1억/0.1=10억이 된다. MinRes이 2%(0.02)이면, 확장된 신용의 최대치는 50억이 된다. 만약 MinRes=0이면 승수는 기본적으로 무한대이다.

이렇게 멋지게 계산되지만 이것은 이 세상의 이야기가 아니다. 이 모델은 현실 세계의 은행업무에 대한 기술이 아니다. 오히려 이것은 플라톤주의적 경제모델의 표현이다. 이 모델은, 암묵적으로 그리고 그릇되게, 일종의 순수 현금경제에 기반하고 있다. 고객예금을 대부자금으로 잘못 간주하고 있으며, 은행을 은행화폐와 준비금의 분리 순환으로 설명하기보다는 금융중개기관으로 간주한다. 화폐공급에 추가되는 것도 없고 감축되는 것도 없다. 이 모델은 본원통화가 내생적, 변동적 화폐공급에 기반하기보다는 외생적으로 사전에 존재하는 기본적으로 불변적인 양인 것으로 전제한다.[104] 이 모델은 본원통화를 먼저 투입하고, 은행의 신용창조가 뒤에 일어난다. 그러나 은행-주도 화폐창조시스템에 적용되는 원리는 실제로 그 반대이다.

교과서의 승수 모델은 가장 널리 보급되어 있는 형식을 보더라도 모든 것을 너무 환원주의적으로 기술하고 있으며, 사실상 주어진 통화량의 순환에 대한 상상적 모델이며 결코 신용과 예금 창조에 대한 것이 아니다. 물론 빠르게 순환하는 통화량은 통화량 자체의 증가와 똑같은 효과를 낼 수도 있지만 그것들이 같은 것은 아니다.

기본적으로 준비금과 은행화폐의 분리-순환을 올바르게 표현하여 승수 메커니즘을 구축하는 것이 가능하다. 그러나 이 경우 승수 모델은 여전

---

104 승수모델에 대한 비판은 다음을 참조하라, Goodhart(1984), Keen(2011, pp. 306–312), Ryan-Collins et al.(2012, pp. 16–25), Jackson and Dyson(2012, pp. 75–80).

히 똑같이 잘못된 지급준비금 준비 원칙과 연결되어 있다.[105] 이 원칙은 지급준비금이 최소이든 초과이든 상관없이 미리 설정되어 존재한다고 가정한다. 미리 설정된 기본 지급준비금은 은행들이 창조할 수 있는 최대 배수의 은행화폐를 결정한다. 그러나 실제로 기본 지급준비금은 미리 설정되어 있지 않고 은행이 1차 신용과 예금을 창조할 때 즉각적으로 창조된다. 은행은 적극적으로 주도하고 중앙은행은 수용을 강제 받는다. 결과적으로 은행의 1차 신용 및 예금 창조에 대한 통제권을 행사하는 데 최소지급준비금은 결코 의미를 갖지 못한다.

물론 기존 은행화폐의 수량은 지급준비금의 배수로 표현할 수 있다. 대략적으로 승수는 전체 현금과 기본 지급준비금(최소지준율 요건 포함)의 40배이며, 특히 시재금의 60~70배에 달하며 가용한 초과준비금(무현금 결제를 위한 준비금)의 약 4000배에 달한다.

그러나 이것은 단지 산술적 시도로서 분명히 설명을 위한 것이지 실제 과정을 나타내는 산법은 아니다. 실제 과정은 역순이다. 달리 말해 현실에서는 은행화폐가 사전적으로 창조되고 사후적으로 자금조달이 부분적으로 이뤄진다. 편견없이 바라보면 최소지급준비금 정책은 전혀 사용되지 않는다. 유로존처럼 지급준비금을 한계유동성준비제도로서 이중적으로 사용하는 방식은 일중 유동성(intraday liquidity)을 제공하는 다른 방식에 의해서 쉽게 대체될 수 있다. 이 관행이 함의하고 있는 유일한 요점은 막대한 이자 시뇨리지이다. 그것은 준비금과 현금을 은행들에게 대출해서 올리는 중앙은행 이윤의 일부이다.

---

105 지급준비금 포지션 원리에 대한 비판적 논의와 단기 이자 원리와의 비교에 대해서는 다음을 참조하라, Bindseil(2004) 및 Häring(2013).

4.6 비활성화된 예금으로서 저축

기존의 분리-순환 지급준비금체제에서 예금은 준비금으로 전환될 수 없다. 마치 은행의 중앙은행계좌에 있는 준비금이 고객의 은행계좌로 흘러갈 수 없는 것 같다. 이것은 은행들이 고객 예금을 사용할 수 없음을 의미한다. 은행은 결제를 위해 현금과 준비금을 필요로 한다. 결과적으로 고객이 당좌계좌에 있는 은행화폐의 일부를 저축 또는 정기 예금계좌에 넣으면, 이는 은행에게 유동자산을 제공하지 않는다. 왜냐하면, 이 같은 저축행위는 은행화폐를 통지 예금이나 정해진 만기의 부채로 단순히 교환하는 것이기 때문이다. 이 맞교환은 준비금이나 현금을 필요로 하지 않고 단지 장부의 기록을 바꿀 뿐이다.

반대로, 다른 은행의 고객이 자신의 은행화폐의 일부를 또 다른 은행으로 이체하면, 모든 오가는 결제의 잔고에 준비금의 순유입이 일어날 수 있고 그렇지 않을 수도 있다. 만약 준비금의 유입이 일어난다면, 그 유입은 입금된 예금의 일부에 불과하며, 은행은 예금이자를 지불하고 유입된 예금에 대응하는 최소지급준비금 요건을 갖출 의무가 있다.

2007/2008년에 시작된 은행 및 부채 위기를 계기로 많은 은행가들이 이해하게 된 사실은 기술적 관점에서 볼 때 자신들은 대차대조표에서 저축이나 정기예금의 비용 요소를 반드시 필요로 하지 않는다는 점이다.(최근 은행들은 적은 예금에 대해 더 높은 예금이자를 지불하고 많은 예금에 대해서는 낮은 이자를 지불하고 있다.) 그러나 은행은 고객을 필요로 하며 고객은 물론 예금을 가지고 온다. 고객은 은행들이 당좌계좌의 관리, 결제, 환전 등의 서비스를 제공하기를 원한다. 일부 은행의 경우에 이 업무는 내부적으로 보조금을 지급하는 손실 발생 업무이다. 다른 은행들은 비용을 감당하기 위해서 수수료를 부과하고 당좌계좌에 대해서는 예금이자를 지불하지 않는다. 은행들이 진정으로 고객을 필요로 하고 고객을 두고 경쟁하는 이유는 은행의 대출, 거

래, 자산 관리 및 사업의 투자선과 관련되어 있다.

더욱이 언제든지 이체되거나 인출될 수 있을 뿐만 아니라 은행의 준비금과 현금에 의존하는 익일예금(overnight deposits)과는 대조적으로 저축 및 정기예금은 비활성화된 은행화폐이다. 고객 자금이 저축 및 정기 계좌에 들어있는 한, 은행화폐는 다른 곳으로 이체될 수 없다. 저축 및 정기 예금을 받는 것은 고객 충성도를 높이고 은행 자금이 대량으로 유출되는 것을 방지한다. 자금 유출은 유동성 문제를 야기한다. 왜냐하면 나가는 준비금이 더 이상 들어오는 준비금에 의해서 충분히 상쇄되지 못하기 때문이다. 저축 및 정기 예금 및 유사한 포지션은 은행에 예금이자를 발생시킨다. 이와 동시에 이 예금들은 은행들이 추가적인 1차 신용을 확장하여 훨씬 높은 대출금리로 대출하거나 아니면 다른 이윤 높은 사업에 투자하도록 만들지만 추가적인 유동성 위험을 일으키지는 않는다.

고객들에게 비활성 예금저축은 특정 유형의 단기 자본이다. 선진국의 산업경제는 전통사회에서 근대사회로의 초세속적 이행에서 앞서 나가는 단계에 있다. 평균 실질 성장률은 시간이 지남에 따라 하락하고 있다. 대량의 소비자시장은 어느 정도 포화상태에 이르러 생활스타일 구별과 고급 상품, 그리고 자산, 귀금속, 예술작품으로 대표되는 제품들에 지출되는 소득의 비중이 늘어나고 있다. 경제적 성숙은 고령사회로 수렴하고 있다. 금융투자와 예금 저축을 늘리는 이 모든 기여 요인들은 실물 투자나 소비에 대한 추가적 지출보다 전체적으로 더 큰 비중을 차지해가고 있다.

이 같은 예금저축의 증가는 기본적으로 긍정적인 측면이 있다. 그럼에도 불구하고 여기에 해당하는 각각의 은행화폐는 비활성화됨에 따라, 달리 말해 순환에서 퇴장됨에 따라, 순환주의 경제학자들이 논의한 것처럼 실물경제에서 활성화폐가 줄어든다. 이 현상은 비활성화된 저축이 실물경제수요나 2차 금융시장의 자본공급에 기여하지 않는다는 점에서 케인스가 말한 저축의 역설과도 일정정도 겹친다.

결과적으로 예금저축은 GDP를 반영하지 않는 추가적인 신용과 부채를 유발할 것이다. 그렇지 않으면 자본 지출과 소비자 수요가 부족해질 것이다. 비활성화된 화폐를 상쇄하기 위한 신용 및 예금 창조의 문제가 있다는 것은 아니다. 이것은 쉬운 일이다: 은행은 적어도 대부분의 경우에 그럴 준비가 되어 있다. 지금까지 비활성 예금은 공공지출에 의해 상쇄되었다. 문제는 추가적인 부채 부담이다. 특히 보통 이하의 소득을 누리는 기업이나 가계, 그리고 세수가 보통 이하인 정부에게 추가되는 부채 부담이 문제가 된다.

분명히 모든 학파에 걸쳐서 소수의 경제학자만이 저축 및 정기 예금은 은행화폐의 비활성화를 의미하고 대부자금이론은 들어맞지 않는다는 것을 인식했다. 비록 적은 수의 경제학자들이지만 이 발견으로부터 결론을 이끌어냈다. 예금저축은 비-순환 은행화폐로서 순환에서의 손실, 달리 말하면 총수요의 잠재적 감소를 나타낸다.[106] 이것은 반드시 활성화폐의 공급이나 적극적 구매력을 축소시키지 않는다. 왜냐하면 은행들은 추가적인 신용창조를 통해서 이 같은 격차를 메울 수 있기 때문이다. 그러나, 그것이 보상적인 부채에 제약을 가하는 한 예금저축은 활성화폐의 손실로 이어진다.

4.7 은행의 황금규칙과 만기 전환의 문제

이상의 발견에 따르면 은행에 대한 경제이론의 또 다른 모델인 만기 전환 (maturity transformation)은 쓸모없다. 이 개념에 따르면 은행은 단기적으로

---

106 다음을 참조하라, Graziani(1990, 26쪽). 양자 거시경제학은 이와 대조적으로 M2/M3-예금을 대부자금으로 다루며, 은행을 화폐적, 금융적 중개기관으로 간주한다. 다음을 참조하라, Cencini and Rossi(2015, pp. 53, 143, 165 – 169, 226).

고객으로부터 차입하고 장기적으로 그 돈을 빌려주거나 투자한다. 그러나 이 논리는 은행의 분리-순환 지급준비금제도에서는 적용되지 않는다. 만기 문제의 진짜 중요한 측면은 은행의 황금규칙에 명시된 청구권(claims) 및 채무(liability)의 일정에 관한 것이다. 이 규칙은 다양한 등급의 자산과 부채의 유동성뿐만 아니라 시간 일정이 서로 일치할 것을 요구한다. 만기 불일치, 즉 채권과 채무의 만기 불일치와 유동성 불일치는 은행의 황금규칙에 위배된다.

규칙의 준수는 심지어 파산을 초래할 수도 있는 유동성 부족의 문제를 회피하는 데 도움이 된다. 파산은 장기의 청구권이 동시에 청산될 수 없거나 손실을 보고 청산되어야 하는 데 반해서 많은 단기 채무를 즉시 이행해야 할 때 초래될 수 있다. 이 위험은 일정 정도 감수해야 한다. 왜냐하면 대부분의 행위자들은 유동성 선호에 따라서 청산이 어려운 의무나 장기 의무에 묶이려 하지 않고 단기적으로 쉽게 청산할 수 있는 포지션으로 대출하거나 투자하기를 선호하기 때문이다.

단기 차입과 장기 대출을 통한 만기 '전환'의 개념은 은행의 대부자금 모델만큼이나 사실상 낡았다. 은행은 고객으로부터 예금을 빌리지 않고, 다른 은행이나 중앙은행에서 지급준비금과 그 중 일부를 현금으로 빌린다. 자신의 초과준비금은 다른 은행에 빌려줄 수 있지만 이러한 거래는 어쨌든 대부분 단기적이다. 그러나 준비금은 비은행고객에게 빌려줄 수 없다. 그리고 고객을 대신하여 은행이 관리하는 현금은 정말로 은행의 대차대조표에서 만기와는 관련이 없다.

만약 이로부터 한 가지 권고사항을 도출할 수 있다면, 그것은 가장 오래되고 확실히 증명된 금융적 개념인 황금의 은행규칙(golden bank rule)의 철저한 재검토를 통해서다. 이것은 단순히 은행의 고객 차입을 통한 고객 대출을 지칭하지 않는다. 그 대신 자산과 채무의 전체적인 만기구조를 포함한다. 대차대조표의 양쪽에서 익일, 단기, 중기 및 장기 포지션 또는 청산하기 어려운 포지션 대 쉽게 청산되는 포지션의 수량은 가능한 한 일치해야 한다. 만기 불일치가 많을 수록 그것과 관련된 전반적인 위험은 커진다.

4.8 신용 및 예금 창조에 대한 제약들

가설적으로는 은행이 은행화폐를 창조할 수 있는 역량은 무한하다. 그러나 실제적으로는 단기적인 제약들이 있는데, 일부 제약은 부분지급준비금은행 시스템의 내재적인 것이고, 일부는 시장에 의존하는 것이며 또 다른 일부는 규제적 속성의 것이다.[107]

은행화폐는 대부분 시장 수요에 의해 창조되기 때문에, 은행 사업은 비은행주체들이 부채를 질 준비가 되어있는가에 의존한다. 즉 가계, 기업, 공공기관이 대출을 받을 준비가 되어 있는가에 의존한다; 회사 및 정부기구는 새로운 채권을 발행하고, 상장회사는 새로운 주식을 발행하며, 비은행금융기관과 다른 금융투자기관들은 레버리지를 높여서 현재의 금융 노다지에서 더 많은 이윤을 누리고자 한다. 반면, 금융 및 경기 순환이 위축되는 국면에 있거나 침체상태에 있게 되면, 은행사업에 대한 전망도 어두워진다.

또 다른 제약은 은행 상호 간에 예금이 이체될 때의 상호 수용 등을 비롯한 협력적 은행화폐 창조의 원리에 내재해 있다. 하나의 단일 은행이 대차대조표를 한 번에 너무 많이 확장하면, 많은 비용을 요구하는 유동성 부족을 초래하여 비용 경쟁에서 기반을 잃을 수 있다. 시스템이 원활하게 작동하려면 모든 은행이 어느 정도는 단계적으로 절차를 진행하여, 지급 및 입금의 균형이 거의 유지되어야 한다. 은행화폐를 늘리는 협력적 창조의 계기와 리듬은 경제 및 금융 주기에 대한 각각의 전망에 의존한다.

---

107 After Seiffert (2012, pp.44, 78 – 97).

이와 별개로 단일 은행이 은행화폐를 만들 수 있는 역량은 규모에 달려 있다. 대형 은행은 소규모 은행보다 1차 신용을 창조할 잠재역량이 크다. 이런 점에서 대형이란 말은 투자 은행업, 주택담보대출업, 소매 상업은행업, 환전 등과 같은 특정 분야에 전문화하기보다는 보편적인 은행업을 추구한다는 것을 의미한다. 또한 대형이라는 것은 고객들이 전국적으로 각 부문 또는 여러 지점에 흩어져 있거나 또는 전 세계의 많은 통화 권역의 온라인 고객이 많다는 것을 의미한다. 소형 은행에서는 상대적으로 큰 불균형이 발생할 수 있지만 대형 은행은 그렇지 않다. 또한 대형 은행들은 매우 큰 사업, 예를 들어 국채와 회사채 혹은 기업 지분의 첫 공모를 위해 컨소시엄을 보다 쉽게 구성할 수 있다. 따라서 소형 은행은 경쟁에서 큰 불이익을 받는다. 소형 은행들은 지불의 중앙적 통제를 행하는 은행협회에 가입하여 이러한 점을 만회한다.

대차대조표의 확장과 관련된 제약 중에는 은행의 유동성 및 지급능력에 관한 법적 조항이 있다. 가장 유명한 것은 I, II, III으로 이어지는 바젤 규칙인데, III는 현재 구현되고 있으며 IV는 현재 마련 중이다. 이 규칙은 바젤에 있는 국제결제은행(Bank for International Settlements)의 중앙은행 국제위원회에서 세운다. 이 중에는 자산-지분 비율(assets-to-equity ratio) 또는 대출-지분 비율(loans-to-equity)의 형태를 띠는 자본적정성 규칙이 있다. 이 규칙들은 매우 복잡한 경향이 있으며 세세한 부분에서는 의문의 여지가 있다. 예를 들어, 최근 수십 년 동안 많은 국가부채 문제가 일어났고 애초에 높은 등급이었던 국채가 부도가 나는 사례가 있었지만, 그것과 무관하게 발행 시에 높은 등급이었던 국채는 여전히 제로 위험의 자산으로 취급되고 있다.

유동성 처방에는 유동성 및 준-유동성 자산이 익일 채무(overnight liabilities)보다 크거나 같아야 한다는 규칙도 있다. 이것은 속성상 어렵다. 증권들은 위기 상황에서도 쉽게 청산될 수 있지만 그 시점에서 증권의 가치는 크게 축소될 수 있다. 이는 유동성 완충장치로서 믿을 만하게 기능하기보다는 대차대조표 위기를 초래할 수 있다.

은행의 관점에서 볼 때 이러한 모든 제약들은 사실상 신용 및 예금 창조 역량을 억제한다. 그러나 장애는 장기적이기보다는 단기적이다. 은행산업은 중앙은행에 의해서 준-자동적으로 부분지급준비금을 조달받기 때문에, 협력적 신용 및 예금 창조를 통해서 필요한 것을 자체적으로 창조하며, 지분 형성, 유동성의 적정한 제공, 담보의 충분한 확보를 통해서 한계를 확장하면서 요구조건을 충족한다. '우주의 지배자들'은 6일 동안 필요한 것을 다 창조하지는 못하고 7일째에 쉰다. 그러나, 그들은 7개월 혹은 2년 내에 그것을 할 수 있을 것이다.

결과적으로 은행 부문의 신용 확장 및 은행화폐 창조 능력은 장기적으로 무한한 것으로 보인다. 그러나 반드시 그렇지는 않다. 제5장에서 은행화폐 체제의 기능 이상에 대해서 확인할 수 있듯이, 실질 경제 산출량은 항상 임의적으로 능가할 수 없는 중력적 한계가 된다. 은행과 금융시장은 사실상 한계 표지를 넘어설 수 있으며 실제로 반복적으로 그렇게 한다. 그것은 정기적으로 지속 불가능한 것이 드러나 시장의 폭력적인 자기교정으로 이어지며, 일반적으로 위기를 불러와서 전체 경제와 사람들에게 충격을 준다.

4.9 은행화폐의 창조: 전체 그림

지금까지 은행이 대출과 초과 인출을 통해서 은행화폐를 어떻게 창조하는가에 대해서 논의했다. 아직까지 은행이 자신의 계정으로 자체적인 필요에 따라 금융 및 실물 자산을 매입하면서 은행화폐를 창조하는 것에 대해서는 논의하지 않았다. 은행이 구입하는 금융 및 실물 자산에는 증권, 주식, 사무용 건물과 같은 부동산, IT인프라, 소프트웨어, 회사 자동차, 면허, 그리고 자신의 장부에 실물 혹은 비실물 자산으로 기입되는 모든 항목이 포함된다.[108] 증권은 가치를 얻을 수도 있지만 잃을 수 있으며, 장비 및 기타 내구재는 감가상각의 대상이다.

회계적 측면에서 그러한 거래는 대출이나 초과 인출과 유사하게 대차대조표의 확장을 가져온다. 증권과 다른 모든 것들은 매입한 은행의 자산 측에 추가된다. 만약 지불이 외부의 비은행고객에게 간다면, 그 자산들은 대차대조표의 자산 측에 추가되며, 익일 채무(overnight liabilities)는 부채 측에 추가된다. 이것에 의해서 송금 은행의 준비금 계좌는 줄어들고 수신 은행의 준비금 계좌는 늘어난다. 이는 외부의 비은행고객에게 대출이 행해지는 것과 유사하다.

후자의 과정은 대출을 하든지, 자산을 구입하든지, 또는 비-자산 항목에 대해 지불하든지 실제로 항상 동일하다. 마찬가지로 최종적 결과의 측면에서, 지불이 내부 계좌로 가든지 외부의 당좌계좌로 가든지 차이는 나지 않는다. 왜냐하면 내부 계좌의 은행화폐는 어쨌든 조만간 외부로 송금되기 때문이다. 이런 사정은 은행들이 자신의 계좌로 상호간의 거래를 정산하거나 준비금을 정부의 중앙은행 계좌와 주고받는 경우에도 마찬가지이다. 이것은 필요로 하는 지급준비금의 기반에 의미 있는 영향을 미치지 않는다. 왜냐하면 일반 가계뿐만 아니라 은행들이 준비금의 유통을 빨라지도록 하기 때문이다. 그것들은 다시 지출되기 전에는 거의 들어오지 않는다. 이런 사실은 은행시스템에서 은행들이 필요한 지급준비금의 기반을 최소화하여, 초과 지급준비금을 다른 은행에 빌려주기 때문에 일어난다. 정부 계좌의 경우에 이것은 공공기관들이 그날 벌어서 그날 지출하기 때문이다. 결과적으로 은행의 준비금은 누구에게 이체되든 어느쪽이든 신속하게 이체한 은행들로 돌아오기 때문에 부분적인 지급준비금만을 필요로 한다.

또한 비-자산적인 은행비용을 지불할 때도 은행화폐가 창조된다. 예

---

108 또한 다음을 참조하라: Ryan-Collins et al.(2012, 62쪽).

를 들어 기업으로부터의 지출성 항목의 매입, 외부 서비스 지불, 임금, 고용인 복지, 보너스, 배당, 기부 등이 그러한 예이다. 이러한 경우들은 회계적 측면에서는 상이한 의미를 갖지만 은행화폐의 창조를 포함한다. 해당 금액이 내부적인 당좌계좌로 들어가거나 다른 은행의 외부적인 당좌계좌로 이전됨으로써 은행화폐가 창조된다. 두 경우는 모두 영구적으로 손실된 비용을 대표한다. 이것들은 자산 항목의 입력에 의해서 상쇄되지 않으며, 손익계정에 손실로 들어간다. 최종 결산을 통해서 회사의 자본계정을 늘리거나 줄인다. 그 결과로 이 비용의 범주는 실제적으로 은행의 지분을 잠식한다. 그러한 비용이 마이너스 자본을 초래하지 않으려면, 실현 자본이득(증권, 부동산 등의 더 높은 가치)뿐만 아니라 이자 수령, 수수료 등과 같은 형태로 수익계좌항목에 의해 상쇄돼야 한다.

　일반적인 규칙으로서 은행들이 고객의 내부 당좌계좌에 입금하거나 외부 비은행에 무현금 지불을 할 때마다 은행화폐가 창조된다고 말할 수 있다. 이와 대조적으로, 은행이 다른 은행이나 중앙은행 정부계좌에 무현금으로 지불하는 경우에는 동일한 종류의 은행 간 이체를 포함하지만 은행화폐를 창조하지는 않는다.

4.10 은행화폐의 소거

위의 설명에서는 당좌계좌에서 일종의 저축계좌로 은행화폐를 옮기는 것이—일시적으로나 상당기간에 걸쳐서—비활성화된 은행화폐를 소거하지 않으면서 어떻게 은행화폐를 유통에서 빼내는가에 대해서 서술했다.

　우선 은행화폐는 현금으로 인출해버리면 일시적으로 사라진다. 이로 인해 대차대조표가 줄어든다. 즉 금고 속의 현금(유동자산)과 당좌계좌의 은행화폐(익일 채무)가 나란히 장부에서 지워진다. 그러나 다른 고객이 그 현금을 은행에 입금할 것이기 때문에 그 상황은 오래 지속되지 않는다. 사실 이런 종류의 교환은 단지 일시적이어서, 처음부터 은행화폐를 창조하지도 않고 궁극적으로 없애지도 않는다.

은행화폐를 없애는 거래는 예금을 생성하는 거래와 반대이다. 비은행고객에게 제공하는 대출 또는 초과인출이 은행으로 상환되면 해당 금액만큼 은행화폐가 사라진다. 왜냐하면 비은행고객이 은행에 은행화폐로 상환하기 때문이다. 상환이 내부 고객에 의해 이뤄지는 경우에는 은행의 대차대조표에서 신용 청구권과 대조표의 익일 채무(예: 은행화폐)가 쌍으로 소멸된다. 만약 상환이 외부 고객에 의해 이뤄져도 그 거래의 결과로 인해 유사한 방식에 따라 쌍으로 사라진다. 왜냐하면, 송금은행에서 익일 채무는 삭제되고 수취은행에서는 신용 청구권이 삭제된다. 그리고 동시에 해당 금액의 준비금이 송금은행에서 인출되어 수취은행으로 입금된다.

이와 같은 방식으로 은행화폐는 은행이 금융자산(채권, 주식)이나 실물자산(주택)을 비은행고객에게 팔 때 은행화폐가 소멸된다. 왜냐하면 이것은 비은행고객이 은행화폐로써 지불하기 때문이다. 이는 지불인의 은행에서 은행화폐를 소멸시킨다. 이에 반해 수신자의 은행에서는 준비금 유입과 재무제표상의 이윤 항목이 증가하여 은행의 지분 계좌에 보태어진다.

마지막으로, 은행화폐는 내부 또는 외부 고객이 은행의 서비스에 대해 값을 지불하면 소멸한다. 특히 여기에는 은행에 대한 이자 지급, 요금, 수수료, 배당금 및 이와 유사한 지출이 포함된다. 이런 종류의 거래에 의해서 내부 또는 외부 고객 계정의 은행화폐는 소거되고 해당 수입이 수취인의 수입 및 손실 계정에 입력된다. 은행의 최종적인 이윤과 손실, 지분 계좌의 흑자와 적자는 수익과 지출의 균형에 달려있다. 여기에는 자산 매각의 손실이 포함된다.

화폐적 기법과 관련하여, 은행은 마이너스 자본으로 운영될 수 있다. 은행은 수년에 걸쳐서 높은 수준의 마이너스 자본을 쌓을 수 있으며 은행이 유동적인 한에서는 은행 사업을 계속할 수 있다. 즉 준비금과 현금을 충분히 처리할 수 있는 한 그렇게 할 수 있다. 그러나, 실제적으로는 은행은 이런 상황을 모면할 수 없을 것이다. 중앙은행과 금융감독 기관이 법적 규정에 근거하여 개입하게 된다. 소문이 확산되고 은행의 대차대조표 문제가 기사의 제목을 장식하고, 다른 은행들이 타격을 입은 은행과의 거래에 참여하기를 원하지 않고 고객들이 다른 은행들로 옮겨 가기 시작할 것이다. 그 은행은 대량인출사태에 직면하게 된다.

결론적으로 비은행주체가 은행에 무현금 지불을 할 때마다 은행화폐가 소멸한다고 할 수 있다. 은행화폐의 창조와 소멸을 하나의 규칙으로 연결하면: 은행에서 비은행으로의 모든 무현금 지불은 은행화폐를 창조하여 공공순환에 투입하는 반면, 비은행에서 은행으로의 무현금 지불은 공공순환에서 은행화폐를 소멸시킨다.

준비금과 관련해서도 상황은 유사하다. 중앙은행으로부터 은행으로의 무현금 지불은 은행 간 순환에 준비금을 투입하는 반면, 은행에서 중앙은행으로의 무현금 지불은 은행 간 순환에서 준비금을 소멸시킨다. 은행과 정부 계좌 간의(중앙은행을 통한) 준비금의 지불은 준비금을 창조하지도 소멸시키지도 않지만, 준비금이 은행 간 순환에서 순환하도록 한다. 물리적 현금은 중앙은행에 의해서 은행으로 대출할 때 발행하고 은행이 부채의 일부를 중앙은행에 현금으로 상환할 때 사라진다.

사실 모든 현금은 심지어 화폐 개혁 시에도 그 원천으로 돌아가서 사라지지 않는다. 일부 작은 규모의 현금 축적은 잊혀지고 일부는 기념품으로 보관될 수 있다. 은행화폐도 좋지 않은 이유로, 예를 들어 가치가 조정되어야 하거나, 즉 대손상각되어야 하는 신용 청구권을 거쳐서 보유되기도 한다. 그에 상응하는 은행화폐의 수량은 유통 속 혹은 일부 비활성화된 예금의 형태로 계속 존재한다. 후자는 일종의 '영원히' 유랑하는 네덜란드 유령선 선원의 예금과도 같다. 정상적인 상황에서는 미결제 대출 중의 1~2%를 대손상각해야 한다. 그 결과로 '영원한' 예금은 이자, 수수료와 같이 고객이 은행에 지불해야 하는 것에 의해서 흡수되거나 소멸되지 않는다면 시간이 지나면서 누적된다. 유령선 선원의 예금이 자신의 존재로부터 해방되는 또 다른 경우는 은행의 파산이다. 그러나 국가-후원의 은행화폐가 지배적인 조건에서는 은행의 파산은 대부분의 경우에 중앙은행의 지원, 정부의 구제 금융, 강제적인 고객의 자구책에 의해서 억제된다.

현실에서 통화공급이 과다해지는 현상이 그 반대의 극단을 상상할 수 없게 해서는 안 된다. 경기 침체기에 볼 수 있듯이, 경기 하락에 따른 신용 경색은 화폐 부족을 수반하여 많은 이들이 저축 및 기타 자산을 청산하지 않을 수 없도록 강제한다. 지속적인 불황이나 부채 디플레이션을 동반한 공황은 화폐 공급을 상당한 정도까지 감소시킨다. 이 같은 사실에 의해 일차적인 은행 신용에 의해 창조된 은행화폐는 부채의 제약을 안고 있다는 점이 분명해진다. 예를 들어, 성장 이후의 상황 전개에서, 모든 경제 행위자들이 차입금을 단계적으로 줄인다면, 가용한 화폐의 양은 줄어들어, 아마도 GDP 재생산의 중요한 임계치 아래로 떨어질 수 있다.

4.11 은행화폐 창조의 유사 시뇨리지

이제까지 논의한 사항들에 입각해서 몇몇 비평가들은 은행의 수익과 손실은, 마치 그것이 '실제가 아닌 것'이라는 의미로 단지 '회계적인 것'이라고 결론을 내린다. 그렇지만, 회계는 실제적이다. 그것은 실제적인 자산과 부채, 수익 및 비용을 문서로 기록한 것이다. 고대 초기부터 화폐는 항상 회계에 관한 것이었다. 화폐는 실제로 정보적 속성을 갖는다. 기업과 공공 및 민간 가계의 흑자 또는 적자는 거의 같은 방식으로 '단순한' 회계에서 비롯되며, 단지 은행은 은행화폐를 창조할 수 있고 다른 경제주체들은 그럴 수 없다는 점이 다를 뿐이다.

은행은 화폐를 창조하기 때문에 경제의 다른 모든 참여자들을 압도할 수 있는 특권을 갖는다. 경제 속담에 따르면, '공짜 점심'은 없다. 그러나 하나가 있다. 시뇨리지로 불리는 화폐창조에서 기원하는 특별한 이윤이 있다. 시뇨리지에는 두 가지 유형이 있다: 순수-시뇨리지와 이자-시뇨리지.

첫 번째 순수-시뇨리지는, 시뇨리지라는 용어 자체와 함께, 군주 자신이 보유했던 화폐 주조의 봉건적 특권까지 거슬러 올라간다. 순수-시뇨리지는 지불수단의 생산비용(주화의 경우, 채굴, 용융, 주조의 비용)과 그 화폐의 구매력 간의 차이이다. 예전 시기에 주화의 생산비용은 주화 액면가의 약 40%였다고 한다. 따라서 주화에 의한 순수-시뇨리지는 약 60%였다. 오늘날에는 액면가가 큰 주화의 경우 80% 이상이 될 수도 있지만 1~2센트 주화와 같이 액면가가 작은 것은 비용을 거의 상쇄하지 못한다. 그래서 재무부의 담당자들은 그것을 단계적으로 폐지하기를 원한다.

두 번째의 유형인 이자-시뇨리지는 중앙은행의 은행권 및 준비금에 대한 독점에서 발생한다. 은행권과 준비금은 이자를 낳는 신용을 통해서 발행된다. 상업은행이 대출 이자를 거둬들일 때에는 시뇨리지라는 용어를 사용하지 않는다는 사실에 주목할 필요가 있다. 사실, 은행화폐의 창조가 선제적이고 우선적이다. 따라서 1차 신용 확장을 통해서 발생하는 추가적인 이윤은 이자-시뇨리지라는 독특한 민간 특권이 된다. 주권화폐와 은행화폐 간의 차이가 모호해지지 않도록 하기 위하여, 재무부와 중앙은행의 화폐 창조에 대해서 시뇨리지라는 용어를 유지하는 것이 나을 수 있다. 따라서 은행의 특권은 시뇨리지와 유사한 추가 이윤(seigniorage-like extra profit) 또는 준-시뇨리지라고 지칭할 수 있다.

전통적 시뇨리지는 새로운 화폐의 지출을 통해서 유통에 투입되지만, 근대 재무부는 중앙은행에 주화를 판매한다. 지출이든 매각이든 그 화폐는 이자를 요구하는 신용이 아니라는 의미에서 부채로부터 자유롭다. 이와 대조적으로 은행은 신용을 당좌계좌에 입력함으로써 화폐를 창조한다. 대출을 상환하거나 증권을 매각하면 그와 관련된 은행화폐는 사라진다. 그렇다면 이 시뇨리지는 어디에서 오는 것일까?

은행의 이자-준-시뇨리지는 자금조달 비용을 실제로 부담하지 않는 데서 기인한다. 모든 경제행위자들은 자신들의 비용을 전적으로 부담해야 한다. 자신들이 필요한 화폐를 소득을 통해 얻든, 차입하든, 보조금을 받든, 부의 이전이나 선물이든 그 사실은 마찬가지이다. 예를 들어, 비은행인 주택금융조합은 4%의 예금 금리로 구성원으로부터 은행화폐를 흡수하여 주택건설을 맡은 회원사에 7% 이자로 빌려줄 수 있다. 전체 원금에 대한 이윤마진은 3%이다.

이와 대조적으로 은행들은 그보다 훨씬 적은 현금과 준비금을 기반으로 하여 영업을 할 수 있다. 여기서 현금과 준비금이 원금의 3%에 해당한다고 가정하고, 금리는 저축예금의 금리와 같다고 가정하자. 이 경우 은행의 이윤폭은 6.88%로 비은행인 주택금융조합의 3%보다 훨씬 높다. 이 결과는 7%의 대출금리에서 원금의 3%에 해당하는 현금과 준비금의 차입 비용인 0.12%를 빼면 나온다. 원금의 97%는 조달 비용이 들지 않는다. 이에 따라 은행의 특별이윤, 즉 은행화폐 창조의 준-시뇨리지는 정상적인 3%의 이자폭보다 3.88%나 높다.

은행이 비은행경제주체로부터 자산(유가증권, 부동산 등)을 매입할 때에도 상황은 유사하다. 은행은 은행화폐로써 가격의 100%를 지불하고, 그것의 3%인 자금만을 조달한다. 대차대조표의 대출은 부실의 위험이 있는 반면에 증권은 가치를 잃을 수도 있지만 얻을 수도 있다.

준-시뇨리지와 관련하여 은행가들은 모든 비활성화된 저축 및 정기 예금, 혹은 익일 예치금(overnight deposits)에 대해 지불하는 예금금리를 거론할 것이다. 그러나 이 비용을 은행의 자산 사업에 직접 귀속시키는 것은 적절하지 않다. 예금이자를 지불하더라도 그 예금은 대부자금이 아니다. 그

것으로 은행 사업에 필요한 자금을 조달할 수는 없다. 이따금 한 은행은 다른 은행의 고객을 유혹하여 준비금이 일방적으로 들어오도록 흑자를 올리려고 한다. 그렇게 되면 다른 은행은 준비금의 적자를 빚게 될 것이다. 그래서 전체적으로는 제로-섬 게임이다. 예금을 받아야 하는 것은 은행화폐 창조에 따르는 운영상의 제약이며, 또한 고객과 예금이 일방적으로 빠져나가 유동성 부족이 발생하는 것을 방지하고자 고객 충성도를 유지하려는 수단이다.

더욱이 어떤 이는 은행업 내 경쟁의 압력으로 낮은 자금조달 비용의 편익이 고객들에게 이전된다고 주장한다. 예를 들면, 수수료를 그렇지 않을 때보다 낮추는 식이다. 프리드먼이 그런 입장을 취했다. 이에 대해서는 다른 학자들이 불완전한 경쟁을 이유로 들어 반박했다.[109] 실증적 연구가 방대하게 이뤄졌지만 그것이 사실이라는 것을 밝혀내지 못했다. 글로벌 은행산업의 과점 구조를 감안해 보면 은행이 고객에게 친절하도록 만드는 압력은 일정 범위 내에서 유지될 것이다. 대형 은행기업은 산업 공급망의 중추적인 역할을 하는 기업행위자들과 비슷한 시장 지위를 누린다. 그들은 가격이나 금융조건을 일방적으로 결정할 수 있는 영향력을 갖고 있다. 작은 은행들은 덜 유리한 위치에 있다. 예를 들어 대형 은행기업의 평균 이상의 급여와 소규모 지역소매은행의 상대적으로 낮은 급여를 비교해보면 이것은 분명해진다.

지금까지 은행들은 대출사업에서는 주로 자기들끼리 경쟁했다: 은행들은 증권사업에서 비은행과 경쟁한다. 그 경우에 은행들은 자금을 부분적으로만 조달하는 반면 비은행들은 자신들의 사업에 필요한 자금을 전부 조달해야 한다. 이런 경우에 비은행은 분명히 손해를 본다. 이것은 은행산업이 최근 수십년 동안 카지노부문을 포함하여 글로벌 투자은행업에서 큰 바

---

109 Friedman(1971, p. 846)..

퀴를 돌리는 데 매우 열중하는 반면에 고객 대출사업은 경시하는 경향을 보인 주요한 이유라고 할 수 있다.

시뇨리지와 같은 은행의 추가이윤을 양적으로 측정하기는 어렵다. 은행의 대차대조표에 기재된 이윤은 모든 이야기를 담고 있지 않다. 예를 들어 단체임금협상의 틀 내에서 일정 정도 영향을 받게 되는 급여는 이윤과 상충관계에 있다. 은행의 수입은 이윤을 증가시키거나 모든 혹은 특정 직원 집단의 수입을 증가시킬 수 있다. 은행직원들을 위한 평균 이상의 급여와 추가 혜택은 직원 인건비로 간주된다. 최고경영진이나 거래인에 주어지는 주식이나 옵션은 채무나 유효 비용으로 간주된다. 이것은 대차대조표에 공개된 이윤을 줄인다.

투자은행가들은 가장 많은 보수를 받고 자산 및 재산 관리자가 그 뒤를 잇는다. '따분한 은행' 지점들의 동료들은 최고소득의 1/3에서 1/4 사이에 만족해야 한다. 1970년대에는 투자은행가들과 변호사, 건축가, 엔지니어 등 다른 전문가들은 거의 대등한 위치에 있었다. 오늘날 이 집단들은 여전히 10%의 최고소득자에 속하지만 평균적인 런던 투자은행가들은 이제 이전의 동료들보다 약 2배 더 많이 번다.[110] 월-스트리트의 평균 임금은 많은 일반적인 민간부문의 임금보다 5~6 배나 많다.[111] 미국 전체 금융부문에서, 1980년대의 개인 소득은 실물 경제와 거의 비슷했지만, 2010년에는 40%나 많은데, 이는 1929년 검은 금요일 이전의 10년보다도 더 많다.[112] 독일에서는 은행과 금융부문의 평균 소득이 모든 경제부문의 평균 소득보다 15%나 더 많다. 예를 들어, 의약품 부문의 평균보다 10%, 정밀 화학, 자

---

110 Theurer(2014).

111 뉴욕주 감사원, The Economist, March 15, 2014년, 81.

112 Philippon and Reshef(2009).

동차, 항공기 부문보다 7%, 건물, 교통 및 관광 부문보다 0~7% 많다.[113]

　　많은 논평가들이 관찰한 바와 같이, 대기업의 은행가와 대형투자기금의 경영인들은 사업의 금융적 성과가 저조하거나 손실을 기록했음에도 불구하고, 호화로운 보수와 보너스에 빠져 있다. 성취와 공덕을 근거로 그러한 잘못된 상황전개를 정당화하려는 시도는 노골적인 냉소주의의 대상일 뿐이다. 이 양상은 시장 성과와는 관계가 거의 없고 금융의 한직과 더 관련이 깊다. 마치 은행과 금융의 환경은 사실상 특권적인 신봉건 귀족사회와 같다.

4.12. 금융중개에 의한 2차 신용과 1차 은행 신용과의 경쟁 심화

이 장의 여러 앞 절에서 은행과 비은행 금융중개기관 간의 차이를 다뤘다. 은행은 은행화폐(예금)를 창조하고 파괴할 수 있는 화폐의 창조기관이며, 그렇기 때문에 은행은 기존 예금을 융자하거나 투자하지 않는다. 이와 대조적으로 뮤추얼펀드, 연금, 주택 금융조합 혹은 보험회사와 같은 금융중개기관은 화폐를 창조하지 못하는 금융기관이다. 금융중개기관은 일반 대중과 마찬가지로 은행화폐를 기반으로 운영된다. 비은행 금융중개기관은 금융시장 당국의 감독을 받지만 스스로 은행화폐를 창조할 수는 없다. 왜냐하면 은행 면허가 없기 때문에 능동적으로 은행 간 지불체제에 참가할 수 없으며, 중앙은행의 신용으로 스스로에게 자금을 제공할 수도 없다. 그들은 기존 은행화폐의 금융중개기관이자 투자자로서 기능한다. 그들이 수행하는 대출이나 투자는 2차 신용이며, 은행화폐를 창조하는 은행의 1차 신용과는 대조를 이룬다.

---

113 http://www.gehaltsreporter.de/gehalter nach branchen, 2015년 1월 18일.

화폐적 중개와 금융적 중개 간의 차이를 모호하게 인식하면 안 되듯이, 화폐창조기관인 은행과 비은행 금융기관을 혼동해서는 안 된다. 대출이나 채권이 비은행 신용공여자에게 상환되었을 때에 은행화폐는 사라지지 않고 계속해서 유통된다. 이와 동시에 은행들은 개별적으로 영업 이익이 나면, 은행화폐를 추가로 계속 창조한다. 이것은 시간이 지남에 따라 은행에 문제를 일으킬 수 있는 두 개의 부산물을 낳는다. 하나는 저축 과잉의 문제, 즉 적절한 투자 기회에 비해 과도하게 화폐 자산이 많아지는 문제이다. 자본 과잉은 신흥 산업국에서 기인하지만, 보다 중요하게는 비정상적으로 늘어난 부자들의 손에 있는 수익과 금융자본의 과잉뿐만 아니라, 선진 산업국가의 고용 증가와 이와 관련된 은퇴 대비 저축에서 기인한다.

이와 관련된 다른 부산물은 비은행 금융기관에 의해 야기된 은행과의 경쟁이다. 은행의 1차 신용과 예금 창조는 대출과 비은행 소유 은행화폐의 투자를 거쳐서 이뤄지는 2차 신용의 증가로 귀결된다. 금융중개기관은 제2차대전 이후의 수십년 동안에 등장했는데, 은행과 나란히 늘어나서 1980년경에 비해서 3.5배에 이르렀다.[114]

대부자금 모델은 은행의 1차 신용에는 적용되지 않는다. 하지만 금리가 대출 가능한 자금의 수요와 공급에 의해 결정된다는 신고전파적 견해는 2차 신용에는 확실히 적용된다. 비은행 금융기관이 소유하고 관리하는 은행화폐는 전체 화폐 공급의 일부로서 자본시장에서 공급되어 그 곳에서 은행 자체가 공급하는 은행화폐와 경쟁한다. 비은행이 공급하는 은행화폐와 은행이 공급하는 은행화폐 간의 경쟁 심화는 은행에게 있어서 상실하거나 포기한 사업규모를 나타내며, 이것은 은행이 그렇지 않을 경우에 차지할 수 있는 시장점유율을 그만큼 줄인다. 만약 은행화폐의 2차 공급이 임계 질량에 이르고 수요를 초과한다면, 이것은 은행의 기본 대출 금리에 어떤 압력

---

114 Turner(2012, p. 56).

을 행사할 것이며, 자본시장의 양 영역에서 금리는 하향 조정돼야 할 것이다.

저축 과잉 혹은 자본 과잉의 문제는 각각 서브-프라임 위기와 유럽의 국채 및 은행 위기 이후에 명백하게 되었다. 금융 자산과 부채의 가격 하락이 성장률 저조와 맞물림에 따라 가용한 과잉 자본은 충분할 정도로 이윤성 있는 투자처를 찾지 못했다. 그 결과로 금리는 제로에 가깝게, 심지어 제로 이하로 떨어졌다.[115]

이 현상은 중앙은행의 잘못이기보다는 은행이 자체적으로 낳은 문제이다. 비록 중앙은행이 확장적인 양적완화정책을 통해서 문제를 지속시키고 어느 정도는 악화시켰다 하더라도,[116] 저축 또는 자본의 과잉은 오늘날의 부채 디플레이션 우려와 성장 저조의 상황이 흡수하기에는 정도가 너무 지나치다.

은행은 예금, 특히 저축 및 정기 예금에 대해 이자를 지불해야 한다. 법의 강제나 수세기 동안의 관습 때문이 아니라, 이러한 예금이 결정적일 정도로 다른 곳으로 이동하는 것을 방지하기 위해서이다. 예금 이자는 이익 및 손실 계좌에서 손실을 나타낸다. 경기 하락이나 위기의 순간에, 축적된 예금은 은행 부문의 이자 마진을 줄이는 부담이라는 사실이 드러난다. 이는 예금 금리가 제로에 가까운 경우에도 마찬가지다. 왜냐하면 위기 시에 전형적으로 나타나는 자금 수요의 부족 때문에 대출이자는 더욱 낮아져 실질 금리가 하락하기 때문이다. 단기적으로 이것은 그 자체로 경제적인 문제가 되지는 않지만, 은행의 대차대조표에서 문제를 일으킬 수 있다.

은행들은 금융중개의 경쟁 심화와 예금 금리의 상승을 상쇄하기 위해서 추가적인 사업 기회를 찾아왔다. 특히 은행들은 한편으로 정부 및 소비자 부채를 늘리고, 다른 한편으로 투자은행업으로 대대적인 확장을 꾀함으

---

115 참조, Sobrun and Turner (2015)와 Rachel과 Smith (2015).

116 참조, http://www.sovereignmoney.eu/monetary-puzzlement

로써 기회를 모색했다. 후자의 사업에서 은행은 비은행기관보다 앞서 기술한 구조적 이점을 누렸다. 즉 은행들은 자신들의 투자 활동에 필요한 자금을 단지 부분적으로만 조달해도 되지만, 비은행기관은 100% 모두 조달해야 한다. 더욱이 은행 기업은 더 큰 비은행 투자단위를 운영했다. 이 모든 것이 1980년 이후에 일어났으며, 그때에는 소비자물가 인플레이션이 글로벌 투자은행, 자산-인플레이션, 더욱 확장된 '혁신적인' 금융 계약으로 대체되었다. 이 같은 금융계약은 특히 각종 스왑 및 파생 상품뿐만 아니라 머니마켓펀드(money market funds), 자산-기반 투자수단 등을 지칭한다.

4.13. 그림자 은행(shadow banking)

그림자은행의 의미와 범위는 아직 완전히 명확하지 않다. 그림자은행은 머니마켓펀드(MMFs)[117], 부외증권화수단[118], 신용부도보험[119], 투자신탁[120], 뮤추얼펀드[121]에서 비은행자산관리, 비은행결제서비스 및 외환서비

---

[117]　역자주) 머니마켓펀드(Money Market Funds: MMF)는 우리말로 표현하면 '단기 금융시장에 투자되는 뭉칫돈'이다. 고객이 맡긴 돈을 양도성예금증서, 기업어음 등과 같은 단기 금융상품에 투자하고 돈을 벌면 수익금을 돌려준다.

[118]　역자주) 부외증권화수단(off-balance-sheet securitization vehicles): 증권화(securitization)란 은행이 자산담보부증권(Asset-backed securities)을 발행하는 별도의 특수목적기구에 금융자산을 매각하는 과정을 말한다. 이렇게 되면 기존의 금융자산은 은행의 대차대조표에서 사라지는데, 이를 부외(off-balance)라고 한다. 부외증권화수단이란 이 과정을 거쳐 발행된 자산담보부증권 등을 말한다.

[119]　역자주) 신용부도보험(credit-default insurance)은 차입자나 채권 발행자의 파산에 따른 손실 위험을 완화하기 위한 금융적 합의를 말한다.

[120]　역자주) 투자신탁(investment trusts)은 투자자로부터 자금을 신탁받아 유가증권에 투자하여 그 수익을 투자자에게 분배하는 집합적 투자조직을 말한다.

[121]　역자주) 뮤추얼펀드(mutual funds)는 유가증권 투자를 목적으로 설립된 법인회사로서 주식

스, 비은행신용협회, P2P 대출[122] 및 크라우드펀딩에 이르기까지 다양하다.[123] MMF와 투자펀드뿐만 아니라 부외수단은 은행이 후원한다. 그러나 더 많은 수의 나머지 것들은 은행과는 독립적으로 자체적으로 운영된다.

널리 공유되는 견해에 따르면 그림자은행, 특히 MMF 및 부외수단 (off-balance vehicles)은 새로운 대용화폐(surrogate money)를 창조하는 것으로 간주된다.[124] 자세히 살펴보면 MMF지분은 실제로 새로운 유형의 대용화폐인 반면에 부외수단은 그렇지는 않다. 하지만 부외수단은 화폐와 MMF 지분의 유통을 촉진시킨다.

MMF는 일반적으로 은행의 지원을 받지만 은행 자체가 아니라 실제로 그림자은행이다. 일반인이나 기관 투자자는 자금을 은행계좌에 은행화폐로 보유하지 않고 그 대안으로 MMF지분을 매입한다. MMF 지분은 특히 금융거래에 유사예금지불수단(deposit-like means of payment)으로 사용되어 실제로 새로운 유형의 대용화폐이다. MMF지분은 공식통화와 단위가 같다(하나의 MMF지분은 통화단위 1 또는 10 단위와 같다). 이 지분은 MMF의 고객계좌에서 관리되며 중앙은행은 MMF지분을 유사예금지불수단으로 등록한다. MMF지분은 한 고객에서 다른 고객으로의 채무 스왑(liability swaps)으로 MMF 내에 다시 기입될 수 있다. MMF는 다른 MMF로부터 지분을 받을 수 있고, 다른 MMF에 계좌를 유지할 수 있기 때문에 MMF지분은 상이한 MMF 간에도 서로 청산될 수 있다. MMF 내의 지분 재기입과 심지어 MMF 간의 청산이 실행되는 정도에 따라, 이것은 MMF에 투입된 각각의 화폐량

발행을 통해 투자자를 모집하고 모집된 투자자산을 전문적인 운용회사에 맡겨 그 운용 수익을 투자자에게 배당금의 형태로 되돌려주는 투자회사를 말한다.

122 역자주) P2P 대출(peer-to-peer lending, P2P lending)은 온라인 서비스를 통해 채무자와 채권자를 바로 연결해주는 대출 서비스를 말한다.

123 참조, Fein(2013), Barghini(2015), Pignal(2015).

124 McMillan(2014, pp. 54-79).

을 두 배로 늘리는 효과를 낸다는 것을 의미한다.

부외특수목적수단(off-balance special-purpose vehicles)에 의해서 창조되는 금융항목에 대해서는, 예를 들어 자산담보부증권(asset backed securities, ABS)이나 부채담보부증권(collateralized debt obligations, CDO)은 지불수단으로 역할을 하지 않지만 추가적인 자금조달방법으로서, 더욱이 이어지는 자금조달 운용의 추가 담보로서 역할을 한다. 지금까지 유휴 신용청구권은 그것이 '재포장'되어 증권으로 매각되는 방식으로 동원되었다. 이것들은 두 단계, 심지어 세 단계에 걸쳐 재포장될 수 있다. 이는 금융경제에서 은행화폐나 MMF지분의 사용빈도를 수배로 늘리는 효과를 낸다. 이 과정에서 은행화폐나 MMF가 추가적으로 창조되지는 않지만, 그것들의 유통속도가 가속되기 때문에 똑같은 효과가 난다.

MMF지분, ABS 및 CDO는 은행감독, 중앙은행 지급준비금 요건 및 은행지분요건을 우회하도록 설계되었다. 이를 통해 MMF는 은행이 비용을 절감하고 이윤을 증폭시키는 데 기여했다. 그러나 이러한 '금융적 혁신'은 금융위험을 증폭시키고 동시에 그것을 가렸다. 특히 1등급의 ABS가 독성자산으로 밝혀졌던 서브-프라임 시기에 더욱 그러했다. 새로운 대용화폐인 MMF뿐만 아니라 신용청구권의 증권화는 금융 불안정을 크게 심화했다.

그림자금융의 결과로, 정규적인 화폐 및 은행 시스템이 더욱 부적절해지고, 그래서 정규시스템과 관련된 정책수단들이 그에 대응해서 부적절하게 되어 목표 달성에 실패한다는 추정이 있다.[125] 그러나 당분간 MMF지분과 증권화가 은행화폐와 준비금을 대체한다고 주장하는 것은 시기상조이다. 더욱 중요한 사실은 은행화폐와 준비금이 MMF지분의 전제조건이다. 그럼에도 불구하고 화폐 개혁의 부재 속에서 MMF지분 및 가능한 다른 대용화폐들이 화폐 및 금융시장 정책의 기반을 침식하고 있다는 점은 심각하

---

125 예, McMillan(2014, p. 137).

게 고려돼야 한다.

4.14 내생 및 외생 화폐의 수사학

포스트-케인스주의는 내생 및 외생 화폐의 개념을 발전시켰다. 근대 경제
에서 신용-부채 화폐(credit-and-debt money)는 내생적인 것으로 여겨진
다.[126] 이 개념은 화폐가 경제주체에 의한 경제활동의 금융적 필요에 따라
서 창조된다는 것을 의미한다. 신비스럽지 않게 표현하면, 화폐는 시장 수
요와 은행화폐를 빌려주거나 증권을 매수하려는 은행의 준비 정도에 기반
하여 은행에 의해서 창조된다. 이런 의미에서 보면, 빅셀(Wicksell)까지 거
슬러 올라가는 개념인 근대 화폐의 내생성은 확실히 인정할 수 있다. 그러
나 외생 화폐는 근대의 화폐 및 은행 시스템에 존재하지 않기 때문에, 외생
화폐는 오해를 낳는 개념이다.

　　이 주제는 다소 학술적 성격의 것일 수 있다. 하지만 중앙은행화폐가
'외생적'으로 간주되어 중앙은행에 통화정책 '외부자' 지위를 부여하면, 그
것은 정치적 중요성을 띠게 된다. 마찬가지로, 화폐의 시장-내생적 수요가
스스로 최적의 통화공급을 유도하는 것으로 가정되면 이 주제는 중요해진
다. 혹은 화폐의 내생성이 통화량의 고려를 부적절한 것으로 기각하게 되면
사정은 나빠지며, 더욱이 그것이 최고의 화폐권력으로서 은행산업의 중추
적 역할을 모호하게 한다면 사정은 최악이 된다.

　　포스트-케인스주의는 신고전파적 균형이론과 경향적으로 거리를 두
고 있다. 그러나 내생 화폐라는 기본 착상은 고전적인 은행학파 원칙이며,

---

126 참조, Moore(1988 a, b). Rochon(1999 a, b, pp. 15, 17, 155, 163, 166). Rossi(2007, p. 29) 및 Keen(2011, p. 358).

화폐의 '자생적인', 시장-내생적 창조라는 스미스/멩거의 서사와 완전히 맞아떨어지는 것으로 봐야 한다(3.1절). 스미스와 멩거의 시대에, '경제 내부로부터의 화폐'라는 사고는 소위 경제 외부자, 특히 17~18세기의 절대주의적이고 중상주의적인 정부에 의한 화폐의 외생적 통제에 반대하는 흐름으로 이어졌다.

　　역사와 근대의 사실에 비춰보면, 화폐는 항상 공적인 일이었고 하향식으로 도입되었으며 국가의 통제 아래에 있었다. 그러나 오늘날 미국 의회를 제외하고, 어떤 의회나 내각, 그리고 사기업이나 개인도 자체적으로 화폐를 발행하여 일반적인 순환에 투입할 수 없다. 사실 오직 은행들과 나라의 중앙은행이 화폐기구로서 공식 화폐를 창조할 모든 법적이고 사실적인 전제조건을 갖추고 있다.

　　1920~30년대 신고전학파 및 케인스주의 주류경제학에서 '경제 외부로부터 대 내부로부터의 화폐'라는 서사는 은행화폐를 내생적으로 간주함과 함께 중앙은행 또는 재무부의 법정통화를 '외생적'으로 표현하기 위해서 명시된 것이다. 이것은 두 계층의 은행모델(two-tier model of banking)에 반영되었다. 또한 중앙은행화폐와 은행화폐의 분할은 불완전한 증표주의가 지배하는 상황을 반영한다. 이것은 국민국가의 통화가 있지만, 화폐공급은 은행화폐, 중앙은행권 및 재무부 주화에 의해 병렬적으로 구성되며, 시간이 지남에 따라 은행화폐가 전체 시스템을 지배하게 되었다는 것을 의미한다. 그 이후로 이 상황은 의문시되지 않았다.

　　포스트-케인스주의의 내생 화폐라는 개념은 외생 화폐라는 결함 있는 개념과 함께 제시되는 한해서 사실을 오도한다. 은행들과 중앙은행은 모두 기본적으로 동일한 방식으로 신용과 예금을 창조한다는 것을 알아야 한다. 두 주체 모두 시장 수요에 따라 화폐를 창조한다. 그러나 은행들은 고객 수요와 무관하게 선택적으로 공급정책을 운용하는데, 거기에는 자산 비즈니스(proprietary business)가 포함된다. 이와 대조적으로 중앙은행은 은행들이 요구하는 만큼 준비금과 현금을 제공한다. 현재 중앙은행은 통화량에 대한 통제를 수행할 의사가 없다.[127] 은행화폐가 경제에서 내생적으로 보인다면 중앙은행화폐도 마찬가지이다. 중앙은행화폐가 외생적으로 보이면 은행화폐도 마찬가지여야 한다.

은행화폐의 실상을 내생적으로 간주하고 중앙은행화폐의 실상을 외생적으로 간주하는 것은 매우 자의적이다. 이는 은행들이 경제의 '내부자'인 것처럼 보이게 하는 반면, 중앙은행은 많은 경제학자들이 정부의 역할을 바라보는 방식과 유사하게 외부기관인 것처럼 보이게 하는 이데올로기적 딱지를 붙인다.

'외생' 화폐라는 것은 화폐의 수요와 공급에 따라 역동적으로 변하지 않고, 경제 과정 이전에 어떤 이해하기 어려운 경제 '외부'로부터 통화량이 주어질 때에만 의미가 있다. 이런 의미에서 외생 화폐는 근대 경제에 존재하지 않는다. 외생적인 화폐 공급에 가까운 무엇인가가 존재했다면, 그것은 전통적인 주화통화나, 과거 산업자본주의 시대에 현실이 아니라 개념상 존재했던 금본위제하의 금 보유고일 것이다. 이와 대조적으로 현재의 법령화폐는 항상 내생적이다. 결과적으로, 외생 화폐와 내생 화폐의 구분은 불필요한 편견이며 혼란을 가져다준다.

내생 대 외생 화폐와 유사한 의미를 갖는 구분은 (중앙은행이나 재무부에서 발행하는) 외부 화폐와 (은행들이 발행하는) 내부 화폐 간의 구분이다.[128] 두 표현의 차이는 '외부 화폐'가 은행화폐에 비해서 신뢰성이 더 높은 등급의 자산으로 간주되는 데 있는 것 같다. 왜냐하면 '외부 화폐'는 고성능 화폐(high-powered money)라고도 불리는데 화폐의 궁극적 원천인 중앙은행에서 기원할 뿐만 아니라 정부에 의해서 보증된다. 이에 반해서 은행들이 위

---

127 또한 Ryan-Collins et al.(2012, p.103).

128 Lagos(2006) 및 Roche(2012).

기에 처하면 중앙은행과 정부를 제외하고는 아무도 지원하지 않는다. 어떤 이는 은행화폐와 중앙은행화폐는 모두 법령화폐이며, 은행예금은 '은행의 약한 명령'에 기반하고 있고, 그 명령은 다시 '강력한' 중앙은행과 국가에 의해 뒷받침된다고 말할 수도 있다. 이러한 설명이 정확하다고 하더라도, 내부 대 외부라는 용어는 이데올로기적 언술을 재생산한다. 그 표현에 따르면, 은행산업은 시장 내부로 간주되고, 중앙은행은 화폐 및 자본 시장의 외부라는 비현실적이며 실재하지 않는 지위로 떨어진다.

4.15. 화폐와 신용의 동일화 오류

신용과 화폐를 분별없이 동일시하는 사고는 신고전학파이든 케인스 계통이든 간에, 근대 경제학의 또 다른 착각이다. 고전경제학의 시대부터 19세기 중엽까지—여기에는 통화학파 대 은행학파 간의 논쟁도 포함된다—학자들은 화폐 창조와 신용 확장이 서로 상이한 두 개의 기능이라는 것을 분명히 알고 있었다. 이와 동시에 그들은 주화의 예금 외에도, 신용이 은행예금을 창조하는 또 다른 방법이라는 사실도 알고 있었다. 그들 중의 몇몇은 결국 은행가들이었다.

    1900년경에 화폐의 은행신용이론(bank credit theory)의 창시자들은 자신들이 기술한 내용을 여전히 은행의 운영방식으로 이해했다. 그러나 이론이 채택하는 과정에서 일상적 관행에 대한 통찰이 화폐의 신용-부채의 일반이론으로 지나치게 확장되어 화폐이론과 통화정책의 규범적 요소가 되었다. 예를 들어, 미첼-이네스(Mitchell-Innes)는 자신의 1913년 논문에서 '신용'이 태고적부터 시작해서 영원히 화폐의 진정한 본질의 발현이라고 인식했다.

신용, 신용만이 화폐이다…신용은 자명하게도 부채와 연관되어 있다. A가 B에게 빚을 졌을 때에 B에 대한 A의 빚은 A에 대한 B의 신용이다…'신용'과 '부채'라는 용어는 두 당사자 간의 법적 관계를 표현한다…. 그러므로 돈은 단지 신용일 뿐이다… 이것이 화폐의 전체 이론이다.[129]

화폐가 신용이면서 부채라고 확신하게 된 사람은 미첼-이네스만이 아니었다. 또한 사디(Soddy, 1934)에게서도 '화폐는 신용-부채 관계'라는 주장을 읽을 수 있다.[130] 케인스도 초기 시카고 학파와 피셔처럼 화폐의 신용이론을 받아들였다. 그렇지만, 이 저자들은 모두 화폐의 국가이론의 지지자였으며, 이 우산 아래에 은행화폐를 포함시킴으로써 다른 마음을 먹지는 않았다. 크나프(Knapp)는 이 문제에 대해 그다지 솔직하지 않았다. 그는 은행화폐를 아무런 생각 없이 다루었고, 분명히 그것의 의미를 파악하지 못했다. 케인스도 그랬지만, 그는 충분한 정도로 은행의 신용 및 예금 창조에 대한 중앙은행 통제를 가정했다. 그는 실제로 자신의 1923년의 화폐개혁론(Tract on Monetary Reform)에 나오는 통화정책 제언을 통해서 그러한 통제에 기여했다고 스스로 믿었는데, 그 제언은 지급준비금 포지션과 중앙은행금리 설정에 기초를 두고 있었다.

그리하여 화폐의 국가이론은 화폐의 은행신용이론과 혼인을 맺었다. 당시의 화폐시스템은 중앙은행 주도의 주권통화체제로 간주되었고, 민간은행화폐도 인정을 받거나 유용한 것으로 여겨지는 한에서 그 체제에 포함되었다. 그러나 실제로는 이 시스템은 중앙은행과 정부에 의해 뒷받침되는 민간 은행화폐의 체제로 변질되었는데, 패러다임의 측면에서는 완전한 은

---

129 Mitchell-Innes(1913, pp. 392 | 30, 394 | 31). Mitchell-Innes(2014)의 유사한 진술.

130 Soddy(1934, p. 25).

행학파의 신조에 기반하여 구축된 것이었다. 통화학파 대 은행학파의 논쟁이 주는 교훈에 비춰보면, 이 혼인은 심각한 문제가 있는 역사적인 강제 결혼이었다.

오늘날의 정통학자들에게 은행화폐와 부분지급준비금제도에 기반한 분할-순환 시스템은 흔들릴 수 없는 사실의 문제인 것 같다. 또한 많은 포스트-케인스주의자에게도 반쪽의 증표주의(Chartalism)와 은행화폐는 흔들림 없는 신념의 문제가 된 것 같다. '현대화폐이론(MMT)'의 이론가들은 자신의 신용주의적 접근과 증표주의(국가화폐)적 접근을 통합한 조상으로서 미첼-이네스를 발견해냈다.[131] 그는 이제 '화폐는 신용이며 부채'라는 주문이 마치 본질적이고 필연적인 영원한 진리인 것처럼 주장하는 주된 증인의 역할을 하고 있다. 이것은 은행이 비은행 주체에게 은행 대출, 구매 및 기타 지불을 행함으로써 은행권과 은행화폐를 발행하는 운영상의 관행을 단순히 서술한 것을 넘어선다.

'돈은 신용이다' 혹은 '돈은 부채(빚)이다'는 편안한 의자에 앉아서 나누는 대화에서 나올 수 있는 재치 있는 발언이기는 하다. 하지만 그 말을 곧이곧대로 받아들이면 그건 말이 안 된다. 신용과 부채가 화폐가 역사적으로 등장하기 오래 전에 있었다는 사실이 왜 화폐가 실제로 신용과 부채라는 것을 '증거'하는가? 오히려, 그것은 화폐(지불수단)가 경제적 거래와 금융적 신용-부채의 거래를 돕는 사회적 혁신으로 등장했다는 증거가 될 수도 있다.

화폐와 신용은 주화가 통용된 2500년 동안 분명하게도 별개의 것으로 존재했다. 그 기간 동안 화폐는 이자를 대가로 대출되어 유통에 투입되는 방식을 따르지 않았고, 특정 영역의 통치자의 지출을 통해서 유통에 투입되었으며 이자를 부담하거나 상환할 필요가 없었다. 오늘날에도 각 나라의 재무부는 주화를 그 나라의 중앙은행에 대출하지 않고 판매한다. 주화의 창조

---

131 Wray(ed.)(2004, pp. 11, 255, 259, 269).

와 그것의 순수한 시뇨리지는 신용-부채 관계와는 결코 연관되어 있지 않다. 그와 반대로 화폐는 부채를 청산하고 신용 계약을 완결하는 수단이다.

지불수단으로서의 화폐는 실제로 계산의 화폐단위인 통화와 다르고, 화폐를 투자하거나, 빌려주거나 빌림으로써 형성되는 자본과도 다르다. 엄격히 말하면 후자는 신용-부채 관계를 나타낸다. 그러나 판매에 따른 지불은 신용 및 부채를 포함하지 않으며 거래를 청산한다. 이것은 화폐의 제공이 금융적 신용채무를 청산하고, 원리금 상환이 금융부채를 청산하는 것과 이치가 똑같다. 마찬가지로, 국가 보조금 및 이전 지출은 특별한 목적이나 자격과 연결될 수 있지만 화폐적이거나 금융적인 신용-부채와 관련이 없다. 기부는 오직 선물일 뿐이다. 이것이 사회적 책임 및 의존을 포함할 수 있지만, 화폐적 또는 금융적 신용-부채 관계를 포함하지는 않는다.

월쉬(Walsh)와 자렌가(Zarlenga)는 화폐에 대한 신용/부채의 신조에 대해서 다음과 같이 결론을 내렸다.

> 화폐는 빚진 것이거나 어떤 의무일 필요가 없다. 화폐는 빚진 것을 갚고 어떤 의무를 다하기 위해 우리가 사용하는 것이다……화폐와 부채는 두 개의 서로 다른 것이다. 이것이 우리가 그것들에 대해 서로 다른 단어를 사용하는 이유이다. 우리는 화폐로써 빚을 청산한다.[132]

크나프와 러너도 비슷하게 말했다. 크나프: '돈은 부채가 아니다…그

---

[132] Walsh and Zarlenga(2012, p. 2). 다음을 참조하라, 자렌가(Zarlenga)가 2002b에 작성한 이네스의 '화폐의 신용이론'에 대한 비판. 돈과 신용/부채의 구분은 순환주의자들이 화폐를 부채의 최종 정산을 위한 지불수단으로 이해하는 방식을 포괄한다. 이것은 놀라운데, 왜냐하면 순환주의도 분명히 신용 기반의 내생화폐이론을 대변하기 때문이다. 기본적으로 굿하트(Goodhart)의 저술에서도 동일한 입장을 공유하고 있다.

것은 우리를 부채, 특히 국가에 대한 조세 부채로부터 자유롭게 해준다.' [133] 러너: '화폐는 우리가 물건의 값을 지불하는 데 사용하는 것이다.' [134]

순환주의(Circuitism)의 중요한 대표적 인물인 그라지아니(Graziani)도 화폐는 상품도 신용도 아니라고 결론을 내린다. 그러나, '정규적인 상품과는 다른 어떤 것이며, 단순한 지불약속 이상의 것이다…. 화폐는 거래의 최종적 정산수단으로서 받아들여져야 한다. 그렇지 않으면 그것은 신용이며 화폐가 아니다.' [135]

화폐와 신용 간의 차이와 필수적인 구별은 순환주의에서 항상 유지되지는 않았지만, 양자이론에서는 핵심적인 특징이 되었다. [136] 그것의 화폐개혁 프로그램은 (a) 화폐 창조, (b) 지불 관리 및 (c) 대출과 투자를 의미하는 자본 형성 간의 분리에 기반해 있으며, 이 분리는 은행 회계의 측면에서 실행되는 것으로 간주된다. [137]

요약하면, 신용으로서 돈을 주면(빌려주는 것이다) 상호 지불의무, 청구권 및 채무(부채)를 낳는 반면에, 돈을 이전해주면 지불 의무 자체를 없앤다. 전혀 골치 아플 사안이 아니다. 신용과 화폐를 동일시하는 오류를 견지할 것인가(은행학파의 지침대로), 아니면, 그것은 차이가 있음을 주장하면서, 화폐와 신용 즉 화폐권력과 금융권력의 명확한 구분을 엄격히 할 것인가(통화

---

133 Knapp(1905, 42쪽); 저자 자신의 번역.

134 Lerner(1947, p. 313). 그런데 크나프와 러너는 모두 현대화폐이론가들에 의해서 미첼 이네스(Mitchell-Innes)와 함께 증표주의의 선조로 간주된다. 그러나 위의 인용은 돈=신용=부채로 바라보는 현대화폐이론의 절대주의적 일원화와 모순된다.

135 Graziani(1990, pp. 11 - 12, 2003 pp. 61 - 62). 또한 Bjerg(2014, pp. 105, 121)를 참조하라.

136 Cencini and Rossi(2015, pp. 30 - 37) 및 Rossi(2005, p. 144).

137 Cencini and Rossi(2015, pp. 226 - 240) 및 Rossi(2001, pp. 169 - 184, 2007, pp. 126 - 132).

학파의 가르침대로)는 화폐의 기본적 규정에 관한 것이다. 이 문제와 연결된 마찬가지로 근본적인 질문이 있다; 화폐는 반드시 그에 대응하는 부채를 수반하는가, 아니면, 유통되는 화폐는 부채를 수반하지 않는가?

심지어 신용-기반 화폐(credit-issued money)를 두고 봐도, 신용과 화폐는 하나가 아니며, 상이한 두 기능을 계속해서 대변하며, 사실상 두 개의 분리된 실체이다. 은행의 대차대조표상의 은행화폐와 고객 계좌상의 은행화폐를 생각해보라. 은행의 대차대조표에서, 요구불예금은 고객에 지고 있는 은행의 채무, 즉 부채이며, 요구가 있으면 언제든 부채를 청산하겠다는 약속과 결부되어 있다. 약속 이행을 위해 현금으로 지불하거나 준비금 이체를 통해 예금을 이체한다. 고객에게는 은행화폐는 각 은행이 따라야 하는 은행화폐 이체나 현금에 대한 청구권이다.

이와 대조적으로 고객의 은행계좌에서 은행화폐는 오직 화폐로서 유동적인 지불수단이다. 대부분의 사람들은 은행화폐를 봉급이나 매출을 통해서 확보한다. 즉 부채를 유발하지 않으며, 은행화폐를 은행권이나 주화, 전자현금과 차별없이 지출에 사용한다. 은행화폐의 지불은 상업적인 환어음과 달리 신용-부채 증서의 이전이 아니다. 그것은 단순히 화폐의 이전이다. 은행화폐가 은행으로부터 아직 받지 않은 현금이라는 사실과 무관하며, 은행의 신용청구권과 그 은행화폐의 출처인 그에 대응하는 고객의 부채와도 무관하다. 상업적 환어음을 받는 것은 개인적이고 개별적인 일이지만, 은행화폐는 공식적이고 정규적인 무현금 지급수단으로 유통된다.

엄격히 말하면 '부채 화폐(debt money)'나 '신용 화폐(credit money)'라는 것은 없다. 일단 예금이 은행계좌에 입력되고 유통되기 시작하기만 하면, 실제로 존재하는 것은 한쪽의 신용-부채 관계와 다른 한쪽의 화폐(단지 돈)이다. 화폐는 은행화폐의 원천인 채권자-은행과 채무자-고객 간의 관계와 상관없이 계속 유통된다. 오직 채무자가 해당 금액(원금+이자)을 채권자(은행)에 상환하는 경우에만 그 금액이 소거된다.

실용적으로 '신용 기반 화폐'를 '신용 화폐(credit money)' 또는 '부채-생성 화폐(debt-borne money)'의 준말로 '부채 화폐(debt money)'라고 할 수 있다. 화폐는 오직 화폐이며 거래의 정산 수단이며, 신용과 부채, 청구권과 채무의 사회경제적 관계와는 다르다는 것이 이해되는 한, 아무런 문제가 없다. 신용과 부채의 사회경제적 관계는 화폐를 지불함으로써 정산된다. 신용과 부채는 자본 형성의 속성이다.

'신용'이라는 단어의 의미론을 간단히 살펴보면 유용하다. 이 단어는 이중의 의미를 갖는다. 한편으로는 일종의 계정에 대한 항목 기입을 나타낸다. 학생들은 시험을 잘 치면 학점(credit)을 받는다. 복식 부기의 양측은 대변(credit)과 차변(debit)이며, 대변은 입금과 같은 긍정적인 증가를 의미하고, 차변은 음수로 표시되며 출금을 의미한다. 그러나, 이를 넘어서 신용을 주는 것은 대출해주거나 채권이나 주식을 사는 것이다. 은행계좌에 양수의 기입은 계좌에 보태어지는 것이지만 반드시 신용(대출)의 지급이 아니다. 종종 그것은 근로소득(매출 수입, 급여) 혹은 이전(예, 연금, 기부금)일 수 있다.

위의 논의로부터, 상업은행신용으로 은행권과 은행화폐를 발행하는 근대적 관행은 자명하지도 않고 기능적으로 필수적이지도 않다는 것을 알 수 있다. 지난 200~300년 동안의 관행이었지만, 신용에 의한 은행화폐가 관습적인 일반 관행으로 자신을 확립한 것은 제2차 세계대전 이후였다. 경제적 기능 장애와 의문시되는 정당성에 근거해볼 때 은행화폐 체제는 영원히 지속될 수 없다.

4장 참고문헌

Barghini, Tiziana. 2015. Shadow Banking—the Future of Banking? Global Finance, April 2015. https://www.gfmag.com/magazine/april-2015/shadow-banking-are-nonbanks-future-banking-cover-story?page=1.

Bindseil, Ulrich. 2004. The Operational Target of Monetary Policy and the Rise and Fall of Reserve Position Doctrine. ECB Working Paper Series, No. 372, 2004.

Bjerg, Ole. 2014b. Making Money. The Philosophy of Crisis Capitalism, London.

Cencini, Alvaro, and Sergio Rossi. 2015. Economic and Financial Crises. A New Macroeconomic Analysis. London: Palgrave Macmillan. [CrossRef] Constâncio, Vítor. 2011. Challenges to monetary policy in 2012. Speech at the 26th International Conference on Interest Rates. Frankfurt: European Central Bank.

Fein, Melanie L. 2013. The Shadow Banking Charade. Fein Law Offices Working Paper, 15 February 2013. Available at: http://papers.ssrn.com/sol3/papers.cfm?abstract_id=2218812

Friedman, Milton. 1971. The Revenue from Inflation. Journal of Political Economy 79: 846–856. [CrossRef]

Galbraith, John Kenneth. 1995. Money. Whence It Came, Where It Went. New York: Houghton Mifflin(1st edn. 1975).

Gocht, Rolf. 1975. Kritische Betrachtungen zur nationalen und internationalen Geldordnung. Berlin: Duncker & Humblot.

Goodhart, Charles A.E. 1984. Monetary Policy in Theory and Practice. London: Macmillan.

Graziani, Augusto. 1990. The Theory of the Monetary Circuit. Économies et Sociétés 7: 7–36.

_____. 2003. The Monetary Theory of Production. Cambridge: Cambridge University Press. [CrossRef]

Häring, Norbert.2013. The Veil of Deception Over Money: How Central Bankers and Textbooks Distort the Nature of Banking and Central Banking. Real-World Economics Review 63: 2-18.

Jackson, Andrew, and Ben Dyson. 2012a. Modernising Money. Why Our Monetary System is Broken and How It Can Be Fixed. London: Positive Money.

Keen, Steve. 2014. Endogenous Money and Effective Demand. Review of Keynesian Economics 2(3): 271-291. Autumn 2014.

_____. 2011. Debunking Economics. London: Zed Books. Keynes, John Maynard.1923. A Tract on Monetary Reform. London: Macmillan.

_____. 1930. A Treatise on Money. London: Macmillan. Dt. 1931. Vom Gelde. Berlin: Duncker & Humblot.

Knapp, Georg Friedrich. 1905. Staatliche Theorie des Geldes. Leipzig: Duncker & Humblot.—Engl. 1924. The State Theory of Money. London: Macmillan & Co. Republ. 1973. New York: Augustus Kelley.

Krüger, Malte, and Franz Seitz. 2014. The Importance of Cash and Cashless Payments in Germany. Proceedings of the International Cash Conference 2014: The Usage, Costs and Benefits of Cash, Deutsche Bundesbank, Frankfurt.

_____. 1914. The Credit Theory of Money. The Banking Law Journal 31: 151-168. Reprinted in: L.R.Wray(ed) 2004, 50-78.

Kumhof, ichael, and Zoltan Jacab. 2015. Banks Are Not Intermediaries of Loanable Funds—And Why This Matters. Bank of England Working Paper, No. 529, May 2015.

Lagos, Ricardo. 2006. Inside and Outside Money. Research Department Staff Report, No. 374. Federal Reserve Bank of Minneapolis, May 2006.

Lavoie, Marc. 2014. A Comment on 'Endogenous Money and Effective Demand' by Steve Keen. Review of Keynesian Economics 2(3): 321-332. Autumn 2014.

Lerner, Abba P. 1947. Money as a Creature of the State. American Economic Review 37(2): 312-317.

McLeay, Michael, Amar Radia, and Ryland Thomas.2014. Money Creation in the
    Modern Economy. Bank of England Quarterly Bulletin Q1: 14 – 27.

McMillan, Jonathan. 2014. The End of Banking. Money, Credit, and the Digital
    Revolution. Zurich: Zero/One Economics.

Mitchell-Innes, Alfred. 1913. What is money? The Banking Law Journal 30(5):
    377 – 408. Reprinted in: L.R.Wray(ed) 2004, 14 – 49.

Moore, Basil J. 1988a. Horizontalists and Verticalists: The Macroeconomics of
    Credit Money. Cambridge: Cambridge University Press.

_____. 1988b. The Endogenous Money Supply. Journal of Post Keynes-
    ian Economics 10(3): 372 – 385.

Nichols, Dorothy M. 1961 – 1982, and Anne Marie L. Gonczy. 1992 – 1994. Mod-
    ern Money Mechanics. A Workbook on Bank Reserves and Deposit
    Expansion. Chicago: Federal Reserve Bank of Chicago.

Palley, Thomas I. 2013. Horizontalists, Verticalists, and Structuralists: The The-
    ory of Endogenous Money Reassessed. Review of Keynesian Eco-
    nomics 1(4): 406 – 424.

Philippon, Thomas, and Ariell Reshef. 2009. Wages and Human Capital in the
    US Financial Industry 1909 – 2006. NBER Working Paper, No. 14644.

Philipps, Chester Arthur.1920. Bank Credit. New York: The Macmillan Compa-
    ny.

Pignal, Stanley. 2015. Slings and arrows. Financial technology will make banks
    more vulnerable and less profitable. The Economist Special Report
    on International Banking, May 9 2015.

Rachel, Lukasz, and Thomas Smith. 2015. Drivers of long-term global interest
    rates—Can weaker growThe xplain the fall? Bank Underground,
    July 27. http://bankunderground.co.uk/2015/07/27/drivers-of-long-
    term-global-interest-rates-can-weaker-growth-explain-the-fall

Roche, Cullen. 2012. Understanding Inside Money and Outside Money. Prag-
    matic Capitalism. http://www.pragcap.com/understanding-in-

side-money-and-outside-money

Rochon, Louis-Philippe. 1999a. Credit, Money and Production. An Alternative Post-Keynesian Approach. Cheltenham: Edward Elgar.

_____. 1999b. The Creation and Circulation of Endogenous Money. Journal of Economic Issues 33(1): 1-21. [CrossRef] Rossi, Sergio.2001. Money and Inflation A New Macroeconomic Analysis. Cheltenham: Edward Elgar.

_____. 2003. Money and Banking in a Monetary Theory of Production. In Modern Theories of Money, eds. Louis-Philippe Rochon, and Sergio Rossi, 339-359. Cheltenham: Edward Elgar.

_____. 2005. Central Banking in a Monetary Theory of Production. In The Monetary Theory of Production, eds. Giuseppe Fontana, and Riccardo Realfonzo, 139-151. Heidelberg: Springer. [CrossRef]

_____. 2007. Money and Payments in Theory and Practice. London: Routledge. [CrossRef] Ryan-Collins, Josh, Tony Greenham, Richard Werner, and Andrew Jackson.2012. Where Does Money Come From? A Guide to the UK Monetary and Banking System, 2 edn. London: New Economics Foundation.

Schemmann, Michael. 2011b. The Euro ist Still the Strongest Currency Around. Analyses and Solutions for the Money and Sovereign Debt Crisis of the 2010s. IICPA Publications.

Seiffert, Horst. 2012. Geldschöpfung. Die verborgene Macht der Banken. Nauen: Verlag H. Seiffert.

Sobrun, Jhuvesh, and Philip Turner. 2015. Bond Markets and Monetary Policy Dilemmas for the Emerging Markets. BIS Working Papers, No.508. Basel: Bank for International Settlements.

Soddy, Frederick.1934. The Role of Money. What it should be, contrasted with what it has become. London: George Routledge and Sons Ltd..

Theurer, Marcus. 2014. Wie die Investmentbanker reich wurden. Frankfurter Allgemeine126, June 2, 22.

Turner, Adair. 2012. Monetary and Financial Stability. Speech at South African Reserve Bank, 2 November 2012. Available at: http://www.fsa.gov. uk/static/pubs/ speeches/1102-at.pdf

Walsh, Steven, and Stephen Zarlenga. 2012. Evaluation of Modern Monetary Theory. American Monetary Institute Research Paper. http://www. monetary.org/mmtevaluation.

Werner, Richard A. 2014a. Can Banks Individually Create Money Out Of Nothing? The Theories and the Empirical Evidence. International Review of Financial Analysis 36: 1 – 19.

_____. 2014b. How Do Banks Create Money, and Why Can Other Firms Not Do the Same? An Explanation for the Coexistence of Lending and Deposit-Taking. International Review of Financial Analysis 36: 71 – 77.

_____. 2015. A Lost Century in Economics—Three Theories of Banking and the Conclusive Evidence. International Review of Financial Analysis. Preliminarily published at: http://www.sciencedirect.com/science/article/pii/ S1057521915001477

Wray, L. Randall, ed.2004. Credit and State Theories of Money. The Contributions of A. Mitchell-Innes. Cheltenham: Edward Elgar Publishing.

• • • •

은행화폐 체제의 기능이상

5.1. 화폐 시스템: 잘못 이해되고 있는 금융위기의 근본 원인

제5장은 '분리-순환 부분지급준비금시스템(split-circuit fractional reserve system)'의 고질적인 기능이상을 다룬다. 그 기능이상은 화폐공급의 GDP-불비례적 증가와 금융자산 및 부채의 높은 수준, 은행화폐의 불안전성, 의심스러운 은행의 특권, 근로소득의 희생을 통한 비정상적 금융소득의 증가 등으로 말미암아 인플레이션이나 자산-인플레이션 그리고 은행 및 금융 위기의 경향이 높아진다는 점 등을 말한다. 기존의 은행화폐 체제는 기능적, 정치적 측면에서 잘못 설계된 것임을 반복적으로 드러내는 복잡한 제도적 복합체다.

자주 인용되는 IMF의 한 연구에 따르면, 금융위기가 1970년부터 2007년까지 전 세계에 걸쳐 전환기적 활력을 보이던 곳에서 425건이 발생했으며, 발생 빈도나 정도 면에서 점차 심화되었다. 이 중에서 은행부문 전반의 위기가 145건, 통화 위기 208건, 국가부채 위기가 72건이었다.[138] 그러나 이러한 문제들이 은행화폐 체제에 뿌리를 두고 있다는 점이 자명하게

---

[138] Laeven and Valencia(2008), Reinhart and Rogoff(2009).

드러나지는 않은 것 같다. 단지 몇몇 학자들이 금융 불안정과 위기의 원인을 은행의 부분지급준비금제도에서 찾았다. 은행 및 금융에서 화폐시스템의 근본적인 역할은 오늘날 거의 무시되고 있는데, 이는 근대경제 발전의 앞선 단계와는 대조적이다. 은행 및 금융의 비중이 증가하고 있다는 점에서 볼 때 이것은 매우 역설적이다.

은행의 부분지급준비금제도를 금융위기의 근본 원인으로 바라보는 것은 그것이 주된 동력이라는 것을 의미하지 않는다. 원동력은 경제와 금융시장의 다양한 행위자 집단들이며 거기에는 은행 자체뿐만 아니라 비은행기관투자자까지 포함된다. 금융위기는 뒤따르는 다양한 제약들에 의해서 촉발될 수 있는데, 그 제약으로는 소득과 부가 계속 늘어날 것이라는 일반화된 기대의 지속을 들 수 있다. 그러나 금융과 경제 거래의 자금이 화폐의 활용이 가능한가의 여부와 어떤 조건에서 어떻게 가능한가에 달려있다는 점에서 화폐시스템은 그 모든 것의 기저에 자리잡고 있다. 이런 의미에서, 은행과 중앙은행의 화폐시스템은 통제기능, 선택적, 제약적 기능을 수행하기도 하고 그것에 실패하기도 한다. 화폐시스템은 화폐의 일차적 창조, 발행 및 할당을 결정하며, 그것을 통해서 순조로운 발전뿐만 아니라 유해한 발전을 가능하게 하거나 억제한다.

신-오스트리아파의 학자들은 이 책에서 설명한 바와 같은 새로운 통화학파의 관점과 여러 측면에서 겹치는 은행화폐 체제에 대한 비판을 발전시킨 몇 안 되는 사람들에 속한다. 신-오스트리아파는 부분지급준비금은행제도의 기능이상을 중앙은행의 정책과 정부의 간섭으로 돌리며, 따라서 운동의 방향도 중앙은행과 국가를 넘어 '자유 은행'을 추구하며, 아마도 그 기초를 금본위제의 재건에 두고 있는 것 같다.[139] 이와 대조적으로 이 책에 표

---

139 Hayek(1976) and Huerta de Soto(2009), Mises Institute, Austin, Texas : mises.org/about-mises .

시된 방안은 완전한 증표주의(Chartalism)와 함께 화폐적 책임과 재정적 책임, 그리고 그것을 넘어 금융시장기능을 분리시키는 것을 조건으로 제시한다.

또 다른 사례는 포스트-케인스주의이다. 정통 경제학자와 비교할 때 포스트-케인스주의자들은 신용 창조에 대해 한층 진전된 최신 설명을 내놓고 있지만 은행화폐에 대해서는 문제점을 느끼지 않는다. 일부는 스스로를 금융시장 자본주의에 대한 비평가로 규정하지만 민간 은행화폐의 국가 후원 규칙을 자신들이 비판하는 현상의 근본 원인으로 인식하지 않는다.[140]

오늘날 전체 학계에 걸쳐서, 간명하고 근본적인 질문은 더 이상 제기되지 않고 있다; 상대적으로 짧은 기간에 많은 신용과 부채를 형성하는 데 요구되는 모든 추가적인 화폐가 어디에서 왔는가? 대답은 간단하다: 화폐는 은행으로부터 오고, 은행은 처음에는 화폐를 가지고 있지 않지만, 자신의 재량으로 화폐를 창조한다.

5.2 금융위기에 대한 불철저한 분석

환대서양 금융위기를 종식시키는 과정에서, 구조적 문제를 파악하는 데 몇 년이 걸렸다. 쉽게 찾을 수 있는 원인이 먼저 검토되었다. 첫 번째는 거래자를 무책임한 위험 감수로 유혹하는 보너스와 결합된 탐욕과 같은 것이었다. 이런 측면에서 제안된 개혁 조치의 하나는 최고 보수 및 상여금을 제한하는 것이다.

이어지는 사고는 증권화, 파생상품에 대한 유사-헤지 도박(pseudo-hedge gambling), 위험 관리 및 회계 등의 문제적인 관행에 의한 위험의

---

140 예를 들어, Pettifor(2014), Dow et al.(2015), van Dixhoorn(2013).

위장에 관한 것이었다. 다수의 범인들이 확정되었다. 그 중에는 균형을 잃은 정보, 협조적 등급 판정, 역외 금융시장을 통한 은행업 등이었다.

이에 따라 제시된 개혁 조치는 장외거래의 등록거래 전환, 역외 금융센터의 폐쇄, 우량-부실대출을 결합한 자산담보부증권 등 구조화상품과 같은 특수유형의 증권 금지, 무차입 공매도(naked short selling)나 기존 신용을 초과하는 신용부도스왑(credit default swaps) 배제 등을 포함한다. 더욱이 신용평가기관에 대한 엄격한 법률조항과 보다 투명한 회계, 특히 은행 회계에서 위험이 높은 부외항목(off-balance items)의 배제도 주창되었다.[141]

위험 분석의 또 다른 노선은 완충적인 자기자본의 손실 흡수능력에 초점을 맞추었다. 19세기에 장부 자산의 비율로서 은행 지분은 미국의 경우 40~50%, 유럽의 경우에는 약 30%로 높았다 (이것은 파산과 위기를 예방하지 못했다). 최근 수십년 동안 자기자본은 계산 방법에 따라 3~12%까지 떨어졌다.

자기자본 및 유동성 요건을 늘리는 것은 중앙은행 책임자, 감독자뿐만 아니라 은행가들이 선호하는 접근방식이며, 어쨌든 그들은 추가적인 제약에 직면했다. 그들은 유동성과 재무건전성에 대한 규칙들에 친숙했으며, 과거에 그것들이 제대로 작동하지 않았지만 그런 사고는 계속되어서 약을 더 많이 복용하면 미래에 도움이 될 수도 있다고 믿었다. 은행 지분과 유동성에 대한 바젤 규칙 I과 II는 바젤 규칙 III으로 개선되었는데, 그것에는 최소 유동성 지속기간 30일과 레버리지 비율에 대한 조항이 포함되었다. 레버리지 비율은 다른 말로 하면, 은행의 핵심 자기자본에 대한 거래장부상의 융자 잔고 및 항목의 비율로써 신용창조에 상한을 두자는 것이다.

위기에 대한 분석은 국제 은행업 및 자본이동에 대한 규제완화가 수

---

141 위기에 대한 확장된 분석으로는 Turner(2015, part I-III), Wolf(2014), Blinder(2013), Peukert(2012), Liikanen Report(2012), Financial Crisis Inquiry Committee(2011), Reinhart and Rogoff(2009) 등을 들 수 있다.

행한 역할을 지적함으로써 더욱 구조화되었다. 규제완화는 모든 참여자에게 수혜를 주는 것으로 가정된 자유무역의 이름으로 이뤄졌다. 자유무역은 구조적 변화의 수혜자들에게는 이득이 되지만 경쟁력을 잃는 사람들에게는 그렇지 않았다. 이러한 특별한 상황에서 산업의 세계화와는 오히려 독립적으로 금융시장의 규제완화는 실물 경제와 상당한 정도로 분리된 채 전세계적 금융 카지노에서 모든 종류의 무제약적 도박과 자산구성의 운용이 이뤄지도록 길을 열었다. 그 결과로 재규제에 대한 요구가 있었다. 규제 내용에는(경기 진정 효과가 있을 것으로 여겨지는) 금융거래세의 도입, 초단기 거래에 대한 금융 포지션 유지의 최소시간 제한 등이 포함된다.

　　세계적 맥락에서 그리고 국가적 차원과의 관련 속에서, 엄청난 규모의 최대 종합금융회사와 금융시장은 이목을 끌었고, '파산하기에는 너무 비대하다'거나 혹은 '파산하기에는 지나치게 연결되어 있다'는 제목하에서 그에 대한 논의가 이뤄졌다. 시스템적으로 중요성이 높은 은행들의 목록이 공식적으로 만들어졌다. 이 목록들은 여전히 화폐화되고 금융화된 경제에서 시스템적으로 중요성이 높은 것은 은행부문이라는 사실을 감추고 있다. 은행부문이 시스템적으로 중요하다는 것은 확실히 새로운 통찰은 아니지만 반세기 이상 무시되어왔다. 은행들이 무너져가자 이제 이러한 사실이 상기되었고, 그 속에는 경제 붕괴로 일어날 금융 및 지급 거래의 와해를 방지하기 위해서는 정부 지원과 구제가 필요하다는 은행산업의 협박도 포함되어 있었다.

　　이런 류의 분석으로부터 도출되는 개혁 조치는 대형 종합금융회사의 해체를 포함한다. 정부의 구제금융을 고려하기 전에 어려움을 겪고 있는 은행들은 이제 먼저 자력 구제에 의존해야 한다. 이는 납세자의 부담을 요청하기 전에 은행 고객이 책임지는 것(채권자 손실 분담)으로 귀결되었다. 사실 이는 고객 예금에 마이너스 금리의 경우보다 한층 더 노골적인 재산권에 대한 무분별한 침해이자 전면적 몰수를 의미한다. 고객 예금은 그것들이 은행에 의해서 대부자금으로 사용될 수 없고 은행 소유주의 영업보다는 안전한 보관을 위해 은행에 맡겨졌다는 점에서 외부 자본과 매우 상이하다. 은행과 은행가들 자체는 여전히 책임 추궁을 받지 않는다.

더욱이 은행은 어쩔 수 없이 존엄사를 바라는 유언을 준비해야 한다. 이것은 가능한 한 제3자에게 영향을 주지 않는 것을 목표로 하는 채무불이행 상황의 결의안이다. 이 후자의 수단은 은행 내의 상이한 사업부문 간의 방화벽 개념과 겹친다. 이것은 은행업을 분리시키는, 달리 말해 서로를 떼어놓는 접근방식을 포함한다. 즉 (a) 통화교환, 계좌 관리, 무현금 지급과 같은 기본적인 화폐 서비스 (b) 대출 사업 그리고 (c) 투자은행업 등을 분리시킨다. 오늘날 1930년대처럼 (a)의 중요성을 일반적으로 오판하고 있으며, (b)를 (c)와 분리하는 것은 (b)가 (c)에 레버리지를 제공하는 것이 금지되지 않는 한에서는 대체로 효과가 없다. 관련된 접근방식은 볼커 규칙(Volcker rule)인데, 이는 은행의 자기계좌거래(proprietary trading[142])의 금지나 제한, 혹은 고객 영업과 은행의 자기자본투자의 분리를 요구한다.[143]

여기에 언급된 모든 위기 조장 요인들은 각각의 핵심이 있다. 그래서 각 조치들은 특수한 적용 범위 내에서는 어느 정도 효과가 있을 수 있다. 그러나 상처 핥기와 부분적인 구조조정의 시기가 지난 후에는 그 조치들의 효과는 지속되지 않는다. 그 이유는 은행산업이 계속해서 결정적인 화폐권력으로서 화폐공급을 창조하고, 그 제도 위에서 운영되는 한, 상황이 기본적으로 바뀌지 않기 때문이다. 이 분석에서 규정된 모든 원인들은 공통의 기

---

142 역자주) 금융회사가 수익 창출을 위해 고객의 돈이 아닌 자신의 돈으로 주식이나 파생상품 등 금융상품을 거래하는 것을 뜻한다. '자기계정거래', '자기계좌거래', '고유계정거래', '고유계좌거래' 등으로 번역해서 쓴다. 엄격한 규제와 감독을 받는 고객자산에 비해 상대적으로 자금운용 방식에 특별한 제약이 없다 보니 단기적이고 투기적인 거래를 지향할 수 있다.

143 다음을 참조하라, Independent Commission on Banking(2011)(Vickers Report) and Liikanen Report(2012).

초를 갖는다. 즉 원인들의 원인, 다시 말해, 은행 및 국가부채 위기의 금융적, 정치적 원인들의 화폐적 원인이다. 그것은 은행 주도의 부분지급준비금 제도에서 계속되는 은행화폐, 금융자산 그리고 부채의 과잉 창조이다.

5.3. 화폐수량방정식

화폐와 경제의 관계를 분석할 경우에 화폐수량설은 선택할 수 있는 한 가지 수단이다. 경제학에서 가장 오래되고 잘 입증된 요소다. 화폐공급을 품목들의 가격수준과 연결한다. 가장 널리 인용되는 이 공식의 요약은 '너무 많은 돈이 너무 적은 재화를 쫓는다면 인플레이션이 일어난다'는 것이다. 이는 수량 인플레이션 이론이 정립되었던 16세기 스페인 식민지의 은화 인플레이션을 연상시킨다. 근대적 관점에서 보면 이 같은 서술은 다소 단순하다; 이 공식은 여전히 대체적으로 사실이지만 진리 전체를 대변하지는 않는다.

    18세기 이후, 경제학자들은 화폐공급을 추가하더라도 그것이 유휴 노동력의 활성화와 생산능력의 개발에 지출되면, 그 결과로 생산 증가와 소득수준 향상을 기대할 수 있다는 것을 알았다. 인플레이션은 그러한 생산 잠재력이 남아있지 않거나 즉시 실현될 수 없는 경우에만 발생한다. 따라서 화폐공급의 의도적인 확대는 양자경제학이 이름을 지은대로 '무가치한 화폐(empty money)'를 나타낸다. 즉 실제 가치를 대변하지 않는 화폐이다. 이런 주장은 이 지점에서 오스트리아 및 신오스트리아 학파의 관점으로 수렴한다. 지불된 가격, 즉 경제의 산출량과 유통화폐 간의 연관은 피셔(Fisher)가 도입한 유명한 거래 형태의 교환방정식에 의해서 표현된다. $M \times V = T \times P$. 여기서 M은 돈의 양, V는 유통속도(돈의 사용 빈도), T는 수행된 거래,

P는 이러한 거래의 가격이다.[144]

　　이 방정식은 현재의 가장 널리 알려진 공식으로 약 100년 전에 정립되었는데, 그 이전에 자체적인 역사를 가지고 있다.[145] 이후 더 많은 변형이 이뤄졌다. 이 방정식은 비판을 종종 받았지만 견고하게 살아 남았다. 어떤 이는 단지 과잉 집계 모델 구축의 또 다른 사례로 간주한다. 그럼에도 불구하고 그것은 부인할 수 없는 진실을 담고 있다. 만약 M이 증가하고 V가 일정하게 유지된다면 이것은 거래 증대(경제적 생산) 또는 가격 상승, 아니면 둘 모두를 초래한다. 이 방정식은 반대로 읽을 수도 있다. 더 많은 거래 또는 더 높은 가격은 내생적으로 통화공급을 확대한다.

　　방정식의 중요한 부분은 화폐의 사용 빈도인 V이다. V는 돈의 유통과 비유통의 모든 과정을 포함하는 블랙박스이며, 사실 돈의 사용을 포함한다면 전반적인 경제과정이다. V를 상수로 가정하는 것은 타당하지 않다. V가 안정된 추세를 따라간다고 가정하면 현실에 보다 가까울 것이다. 실시간 전자지불방식으로 인해 현금이 점차 없어지는 화폐시스템에서 은행화폐의 전반적인 유통속도가 장기적으로 높아지는 경향이 있다고 가정하는 것은 합당하다. 화폐의 금융적 순환에서 이 경향은 더욱 뚜렷할 것이다. 예를 들어, 반세기 전에 투자자들은 포트폴리오 가운데 주식을 평균 5년 동안 보유했지만 오늘날에는 1분 동안 보유하고 있다.[146]

　　현대적 관점에서 보면, 이 방정식은 두 가지의 중요한 측면을 놓치고 있다. 하나는 활성 화폐와 비활성 화폐의 구분이고, 다른 하나는 GDP 기여 거래와 비GDP 거래의 차이이다. 4장 6절에서 설명했듯이, 오늘날 화폐공

144　Fisher(1911, p. 195).

145　Humphrey(1984). 심층 분석 및 비판적 논의에 대해서는 Rossi(2001, pp. 63–88)를 참조하라.

146　Chesney(2014, p. 50).

급을 대변하고 있다고 여겨지는 것의 일정 부분은 비활성화된 예금저축이다. 공적인 화폐공급의 유동적 부분은 현금 및 요구불 예금으로 구성되며, 따라서 현금이나 요구불예금조차 그 일정 비율은, 특히 극도의 저금리 시기에는 적극적으로 활용되기보다는 단순히 보유('축장')된다. 활성화된 돈의 추가적인 구성분은 금융거래에서 지급수단으로 사용되는 MMF[147]지분이다. 위의 방정식에서 M은 화폐공급에서 활성화된 부분만을 지칭해야 한다. 그렇지 않으면 결과는 오해를 낳는다.

    교환방정식은 화폐는 '교환수단'이고 경제는 상품이 '교환되는' 거대한 물물교환체제라는 전통적 이해방식에 근거해 있다. 이 방정식은 화폐가 금융수단이라는 보다 근본적인 역할을 명시적으로 포함하지 않는다. 즉 금융경제가 독특한 특성을 갖는다는 점을 고려하지 않는다. 금융경제는 실물경제와 완전히 분리되지는 않지만 그래도 분리되어 있다. 이러한 특성을 고려해야, 통화량 방정식을 한층 포괄적인 의미로 활용하는 것이 선호될 수 있다. 방정식은 실물경제와 금융적 측면으로 나눠져야 한다. 왜냐하면 통화량의 활성화된 부분은 부분적으로 실물경제와 GDP 관련 금융거래(실제 경제활동의 자금)를 위해 사용되며, 또한 부분적으로 GDP와 무관한 자산경제를 위해 사용되기 때문이다.[148] 화폐 유통과 관련하여 실증적으로 관련된 하위 흐름을 특정하기 위해서 이에 대해 더 많은 것을 찾아내는 것이 대단히 필요한 연구이다.

---

147 MMF는 미국의 단기투자신탁의 하나. 소액 자금을 모아서 양도성 예금증서, 재무부 증권 등에 투자한다.

148 그러한 분할은 베르너(Werner, 2005, p. 185)와 후버(Huber, 1998, p. 224)에 의해서 순환방정식을 금융적 반구와 실물경제적 반구로 구분하는 방식으로 제안되었다. 또한 다음을 참조하라, Ryan-Collins et al.(2012, p. 109). 허드슨(Hudson, 2006, 2012, pp. 55, 297, 333)은 기본적으로 같은 생각을 추구하는데, 그는 거시경제모델과 포스트-케인스주의의 공공-민간 부문 균형에 별도의 FIRE부문(금융, 보험, 부동산)을 도입할 것을 제안했다.

학자들은 화폐의 유통속도(V)가 감소하는 수수께끼에 대해 궁금해왔다. M1(현금 및 요구불예금)에 대한 명목 GDP의 비율로 계산하면, V는 위기로 치닫는 과정에서 상당히 감소했던 것 같다. 예를 들어 영국의 경우 1980년 6.14에서 2008년 1.93으로 독일에서는 7.71에서 2.43으로 감소했다. 이 숫자는 대부분의 전통적인 산업국가에서는 유사한데, 미국만이 예외였다. 미국의 경우 계수가 7.32에서 9.02로 증가했다.[149]

그러나, 이런 식으로 계산된 화폐의 유통속도는, 실물과 금융경제로 분리된 화폐의 실제적인 많은 사용빈도를 밝히기보다는 오히려 가린다. V의 전반적인 감소는 산술적인 인공물이다. 일반적인 감속은 특히 컴퓨터화, 온라인 뱅킹 및 고빈도 거래의 관점에서 보면 직관에 반한다. 많은 통화량을 흡수하는 금융경제의 많은 거래를 포함할 때 수수께끼로 상정한 문제가 풀린다. 화폐의 세분화된 용도는 다음을 포함한다:

1a. 상품 및 서비스 구매나 개인에 대한 지불과 같은 실물적인 경제 거래의 수단으로 사용되는 경우.

1b. 실질적인 자본 지출을 위한 신용 공여, 국채 및 회사채의 최초 발행, 기부 및 기타 개인 이전과 같은 GDP 기여 지출의 자금을 조달하기 위해 금융적으로 화폐를 사용하는 경우.

2. 외환 및 파생 상품의 거래 또는 주식, 채권 및 기타 증권의 유통시장 거래에 화폐를 사용하는 경우.

---

149 영란은행(Bank of England)의 데이터에 기반한, M4(영국 EMU 집계 추정치)와 M1의 분기별 미결제금액이다. 영국 통계청, http://www.ons.gov.uk/ons/datasets-and-ables/index.html; 분기별 국가통계, 시계열—Bundesbank, Monatsberichte, Tables I.2, II.2, VIII.1, X.1.—https://research.stlouisfed.org/fred2/series/M1, series/M2, series/GDP, series/GDPCA.

이와 관련하여 구분의 문제들이 있다. 사람들은 다음과 같이 생각할 수 있다.

- (1b)가 (1a)의 일부인지 여부; 그러나 이 문제는 새로운 부채가 부분적으로 공공 용도만큼이나 기업의 누적된 부채를 감당하는 데 사용된다는 점을 감안하면 그리 간단하지 않다.

- 부동산, 주식, 채권 등의 매각이 이득이나 손실로 귀결되는 한, 오늘날의 회계 관행을 따르면 (1b)는 GDP에 영향을 주지만, 각각의 경우에 거래된 통화량은 아니다. 사람들은 실물적 이익이나 손실을 금융적 이익 및 손실과 분리하여 기록하는 것을 생각할 수도 있다; 이것은 경제적 투명성을 향상시킬 수 있다.

- 산업 기업들이 자본을 확충하면, 각 기업 공개로부터 나오는 수익은 대부분의 경우에 실물경제적 지출의 결과로 귀결될 것으로 기대할 수 있다; 은행과 비은행금융기관이 그렇게 할 경우에 그것은 대부분 비GDP 거래로 귀결될 것이다.

- 주택 건설은 GDP를 증가시킨다; 임대료 및 자본 이득을 얻기 위한 부동산 인수는 그렇지 않다.

- 외환 보유자는 보유 자산의 평가절하를 피하기 위해 외환 거래에 대한 정당한 이해 관계를 가질 수 있다. 그러나 가치 방어 거래는 직접적으로 공격적이고 종종 레버리지 외환 투기로 전환된다. 비유하자면 이것은 일반적으로 자산 관리에 적용된다.

- 파생상품은 기존의 기초자산의 양을 초과하는 정도만큼 순전한 투기적 비즈니스다.

GDP 거래가 자동으로 '좋은' 것은 아니기 때문에 비GDP 거래가 일반적으로 '나쁜'것이 아니다. 현대 경제에서, 사람들은 자신들의 삶 동안에 저축을 필요로 한다. 이는 기업이 기초 자본과 사업 지급준비금이 필요한 것과 마찬가지다. 저축과 자본이 많을 수록, 자산구성 거래 등 자산관리의 필요성이 커진다. 금융자산의 형태로 있는 부와 자산은 두 가지의 불편한 문제가 아니라면 바람직하다. 그 하나는 능력주의 사회에서 부는 금융적 무위도식이 아니라 성과에 기반해야 한다. 또 다른 문제는 GDP에 비하여 금융자산 총량의 한계, 즉 금융의 수행역량의 한계가 있다는 점이다(5.7 및 5.8).

화폐수량방정식은 어느 것의 증거도 제시하지 않는다. 그것은 단지 그럴듯해 보이는 가능한 민감성의 연관성일 뿐이다. 이는 경제역량에 의해 흡수되는 것보다 돈이 더 많아지는 것을 의미하는 과도한 통화공급은 인플레이션이나 자산-인플레이션 과정에서 관찰될 것이라고 설명한다. 혹은 그와 반대로 인플레이션과 자산-인플레이션은, 다른 요인에 의해서 유발될지라도, 화폐순환(사용 빈도) 또는 대안적인 지불수단이 없다면 화폐공급의 추가를 유도한다는 것이다.

전체적으로 보면, 화폐공급의 추가는 실물경제의 성장에 기여할 수도 있고, 인플레이션이나 비활성화된 화폐 자산의 성장에 기여할 수 있으며, 주가나 실물부동산의 가격 상승이라는 좁은 의미에서 금융자산의 성장과 자산가격 인플레이션에 기여할 수도 있다. 이러한 요인의 기여도는 순환의 특정한 구역과 영역에서 화폐의 지배적인 사용빈도에 달려있다.

5.4 화폐의 과잉 공급

화폐의 과잉 공급(monetary overshooting)을 감지하는 데 있어서 통상적인 화폐수량방정식은 오해를 낳을 수 있다. 그 방정식이 활성과 비활성 화폐 간의 차이와 활성 화폐가 GDP 기여하는 방식으로 사용되는 경우와 GDP 관련 없이 사용되는 경우 간의 차이를 고려하지 않는다면 그러하다. 이 점에서 현재의 통화 통계는 도움이 되지 않는다. 그것들은 통화권역 별로 서로 다른 분류법에 기초해 있으며, M2/3/4와 같은 통화량 총계는 활성과 비활성의 상태를 구분하지 않는다.

비활성 화폐자산은 인플레이션이나 자산-인플레이션 및 거품 형성을 유발하지 않는다. 단지 활성 화폐와 대용화폐만이 그런 결과를 유발한다. 결과적으로 예금 저축(deposit savings)은 추가적인 신용과 부채를 유도한다는 점에서 단지 간접적으로 화폐의 과잉 공급과 관련이 있다.

통화량의 활성화된 부분에 대해서는, 먼저 협의의 화폐인 M1으로 불리는 유동적인 은행화폐와 현금을 고려해보자. 연간 경제산출(명목GDP)을 생성하려면 해당 GDP의 약 1/12에 해당하는 활성 화폐량 M1이 필요하다고 가정할 수 있다. 분수 1/12은 관련 규모에 대한 감을 잡기 위한 대략적인 추정이다. 경제에서 대부분의 지급이 분기, 년, 혹은 비정기적 단속적 지출보다는 매달 이뤄진다고 전제했다. 봉급, 연금, 대부분의 납세, 보조금, 월세, 요금, 원리금 상환, 그리고 규칙적인 가계 및 회사 지출이 일반적으로 그렇기 때문이다. 현금 사용에 대한 판단은 4.2에서 언급했듯이, GDP의 약 1/12 규모의 통화공급이 전체 GDP 관련 산출량을 유지하는 데 필요하다는 가정을 뒷받침한다: 현금의 총량의 10~20%만이 국내 거래에 적극적으로 사용된다.

— 미국 서브-프라임 위기가 완전히 닥친 2008년 영국의 GDP는 1조 5,500억 파운드였다. 이 시기 M1은 가정한 대로 GDP의 1/12에 해당하는 1,270억 파운드가 아니라, 그보다 8.10배인 1조 290억 파운드였다.[150]

---

150 Bank of England, Quarterly amounts outstanding of M4, of M1(UK estimate of EMU aggregate) http://www.bank 의 전자 ngland.co.uk/boeapps/iadb, Office for National Sta-

– 같은 시기에 유로지역의 명목 GDP는 9조2,500억 유로였다. 이것의 1/12는 7,700억 유로가 될 것이다. 사실 2008년 당시 M1은 3조9,740억 유로로 가정된 것보다도 5.15 배나 많았다. 1997년에 그 비율은 단지 3.55였다.[151]

– 독일에서 GDP는 2조 4,960억 유로였는데, M1은 1조280억 유로였다. 따라서 M1은 예상한 금액의 4.97배였다. 1980년에는 그 비율이 1.56에 불과했다.[152]

– 미국에서 명목 GDP는 14조3,690억 달러였다. 가정대로 이것의 1/12은 1조1,930억 달러이다. 이에 반해 M1은 실제로 1조616덜러였다. 가정된 것보다 1.36배 많았다. 이 차이는 유럽에 비해 덜 두드러진다. 그 이유는 머니마켓펀드(MMF) 지분이 보다 일찍 광범위하게 사용됐기 때문이다.[153]

인플레이션에 기여한 부문은 명목과 실질 GDP의 차이에 대응한다. 활성 화폐의 다른 부분은 금융자산의 규모와 가격을 부풀리는 데로 들어갔고, 그 사실은 위에서 제시한 숫자들이 가리킨다. 왜냐하면 명목 GDP는 인플레이션을 포함하며, 명목 GDP를 초과하는 부분은 자산 경제와 자산-인플레이션에 해당한다.

위의 발견들은 19세기 경제학자 알프레드 마샬(Alfred Marshall)의 이름을 딴, 마샬리언 k에서 유사하게 관찰된다. 'k'의 값은 본원통화 M0의 경

tistics, HTTP://www.ons.gov.uk/ ons/ datasets-and-tables/index.html; Quarterly National Accounts, Time Series Data.

151 European Central Bank, Monthly Bulletin, Tables 2.3, 2.4, 5.2.1.

152 Bundesbank, Monatsberichte, 표 II.1, XI.1.

153 https://www.federalreserve.gov/Releases/H6/hist/h6hist1.txt—FRED Economic Data St. Louis Federal Reserve, https://research.stlouisfed.org/fred2/···series / M1, series / GDP.

제산출에 대한 비율을 지칭한다. 오늘날에는(단순한 현금 및 중앙은행 준비금이 아닌) 은행화폐가 관련된 준거이며, 산출량 측정치인 명목 GDP를 활용할 수 있기 때문에, GDP 대비 M1이 더 바람직할 수 있다.

- 1995년부터 2008년까지의 짧은 기간 동안에 유로지역에서 GDP 대비 M1 은 0.25에서 0.5 이상으로 증가하여, 실질적으로 GDP에 비해 불균형적인 매우 강력한 증가가 있었다.[154]
- 전후 독일에서 GDP 대비 M1은 0.16을 중심으로 변동했지만, 1980년부터 2008년까지, 대완화(Great Immoderation)의 시기에, GDP 대비 M1은 0.45로 3배 증가했다.[155]
- 1986년부터 2008년까지 영국에서는 GDP 대비 M1은 0.16에서 0.52로 더욱 강력하게 불균형적으로 증가했다.[156]
- M1의 이러한 증가는 미국에서 발생하지 않았다. 1980년부터 2008년까지 GDP 대M1은 실제로 0.14에서 0.13으로 횡보했다.[157] 그 대신에 더 특별한 변화가 있었다; 바로 MMF 지분의 전례 없는 도

154 http://epp.eurostat.ec.europa.eu/portal/page/portal/national_accounts/data/database의 데이터

155 www.bundesbank.de/statistik/statistik_wirtschaftsdaten_tabellen.php# wirtschaftsentwicklung의 데이터—www.bundesbank.de/statistik/zeitreihen—Bundesbank, Monthly Bulletins, tables II.2.

156 http://www.ons.gov.uk/ons/rel/naa2/second-estimate-of-gdp/q3-2015/tsd-gdp-q3-2015.html—http://www.ons.gov.uk/ons/datasets-and-tables/index.html—Bank of England, Quarterly amounts outstanding of M4, of M1(UK estimate of EMU aggregate) http://www.bankofengland.co.uk/boeapps/iadb.

157 FRED Economic Data St. Louis Federal Reserve, https://research.stlouisfed.org/fred2/series/ , add / GDP for Nominal Gross Domestic Product, add /graph/?id=GDPCA, GDPC96 for Real Gross Domestic Product.—Bureau of Economic Analysis, https://www.bea.gov/national/index.htm#gdp

약이었다.

1980년과 2008년 사이에 미국 달러로 표시된 MMF지분은 약 900억 달러에서 38,000억 달러로 42배 증가했는데, 이 기간 동안에 GDP 증가가 5배에 미치지 못한다는 점과 대조적이다. 유럽에서 유사한 도약은 단지 2000년에 시작되었는데, 2008년에 13,000억 달러의 가치에 도달했다. 이는 GDP 성장률을 몇 배 이상 초과한 수치이다.[158] 미국에서 MMF지분은 38,000억 달러로 M1(요구불예금 및 현금의 총량)의 2.4배였는 데 반해서, 유로 지역에서는 MMF 지분이 13,000억 달러로서 M1의 1/3에 불과했다.[159]

새로운 대용화폐인 MMF지분은 실제로 MMF에 투자된 은행화폐의 배가를 의미한다. 왜냐하면 지분을 발행하는 MMF(채무자)는 단기 화폐시장 증권에 투자된 은행화폐를 확보하는 반면에, MMF 지분의 매입자(채권자)는 자신들이 매입한 지분을 은행화폐를 대신하여 사용할 수 있다.

5.5 은행화폐 발행의 경로들

은행의 대차대조표 확장이 화폐의 초과 공급을 야기하는 주된 경로는 세 가지이다. 부동산과 주택담보대출, 투기적인 차입(speculative leverage), 정부 부채가 그에 해당한다. 은행 신용의 72~80%는 이러한 목적에 할애되며, 단지 그 나머지가 기업과 가계에 주어지는 다른 용도의 대출이다.[160]

---

158 Baba et al.(2009, p. 68) 및 Hilton(2004, p. 180).

159 Mai(2015). www.federalreserve.gov/Releases/H6/hist/h6hist1.txt. ECB, Monthly Bulletin 표 2.3.1.

160 Liikanen Report(2012), Financial Crisis Inquiry Committee(2011), Turner(2015, p.

많은 나라에서 은행 신용의 가장 큰 몫이 건축 자금과 주택담보대출로 흘러간다. 이 중의 일정 부분은 민간의 가계부채에 반영되지만 공공부채에도 반영된다(예를 들어 미국의 패니 매(Fannie Mae)와 프레디 맥(Freddie Mac)과 같은 정부후원기관의 경우가 그러하다). 개인의 주택담보대출은 쉽게 가구의 연간 소득의 몇 배에 이를 수 있다. 부동산은 양면적인 금융적 속성이 있다. 그것은 사용가치가 있을 뿐만 아니라 건설이 진행되거나 유지보수가 이뤄지는 한 실물적인 경제 지출이다. 그래서 GDP에 기여한다. 이와 동시에 부동산은 전문화된 금융산업의 매매에 종속되어 있으며, 마치 증권처럼 초기 생산 이후에 2차 거래의 대상이 된다. 즉 금, 석유, 목재 등에 돈을 투자하는 것과 유사한 자산 투자의 대상이다. 판매금액은 GDP에 영향을 미치는 수익이나 손실로 귀결된다. 관련된 수수료와 커미션 또한 GDP에 보태어진다. 그러나, 각 재산의 가격은 금융적인 비-GDP 품목이며 대개 상당한 금액이다. 판매금액의 가장 큰 비중은 실물적인 경제 지출로 이어지기보다는 금융투자에 재활용된다.

투기적 차입(speculative leverage)은 금융 투자의 용도로 빚을 지는 것을 의미한다. 금융투자는 부채를 갚고도 돈을 남길 수 있을 정도로 충분한 수익을 가져올 것으로 기대되기 때문에 이뤄진다. 새로 창조된 은행화폐는 부동산, 증권, 파생상품, 외환 혹은 민간 주식에 투입된다. 여기에는 차입에 의한 적대적인 기업인수도 포함되는데 이 경우에 전적으로 신용에 의해 자금이 조달된다.

금융시장 거래는 많은 양의 유동적인 화폐를 흡수한다. 예를 들어 외환거래의 규모는 상품과 서비스의 실물적인 거래규모를 몇 백배 상회한다.[161] 파생상품의 명목가치는 세계 GDP의 10배이다. 그러나 선물계약의

61).

161 Bjerg(2014, p.25).

2%만이 최종적으로 인도된다. 즉, 선물거래의 98%는 완전히 투기적인 사업이다.[162] 금융자산의 가격과 규모는 매우 크며, 사실 GDP의 몇배이다. 다시 말해 화폐공급의 대부분이 금융시장에서 사용된다.

화폐의 과잉 공급을 초래하는 세 번째의 주된 경로는 공공 금융, 즉 국채, 재무부 증권, 공공기관에 대한 신용의 형태로 되어 있는 부채이다. 대형 은행기업의 컨소시엄은 채권 인수자 역할을 한다. 그들은 자신의 장부에 국채의 많은 부분을 올려놓고 있으며, 나머지를 공개시장에서 매각한다. 예를 들어 유로존은 재정 위기 이전에 공공부채의 많은 부분을 국내외 은행이 보유하고 있었으며, 1/3을 기금과 보험회사가 보유하고 있었고, 단지 그 나머지만을 개인과 중앙은행이 보유하고 있었다. 이 숫자는 나라마다 약간의 차이가 있다.[163] 공공기관에 대한 신용은 모든 유형의 은행에 의해서 자금이 자유롭게 조달된다. 그 결과 공공 부채의 절반 이상이 새로 창조된 은행화폐로 충당되고 나머지는 기존 은행화폐의 2차 대출로 충당된다.

5.6. 인플레이션

프리드먼이 확언한 것과 달리 인플레이션은 반드시 '항상 어디서나 화폐적 현상'이 아닐 수 있다.[164] 그러나 매우 자주 인플레이션은 화폐적 현상이며, 그것을 유발하는 다른 요인들이 있는 한에서도, 인플레이션은 정부, 기업 및 민간 행위자에 의한 추가적인 신용 및 부채를 통한 화폐 공급의 추가를 수반한다.

---

162 Chesney(2014, pp. 33, 50). Also cf. Financial Crisis Inquiry Committee(2011).

163 Arslanalp and Tsuda(2012, p. 12). ECB, Monthly Bulletins, Table 6.2.1.

164 Friedman(1991, p. 16, 1992, p. 198).

예를 들어, 1980년부터 2008년까지 미국에서 명목GDP(현재 가격, 즉 인플레이션을 포함)는 386%, 실질GDP(인플레이션 감안하여 조정)는 129% 증가했다.[165] 영국의 경우에는 각각 392%와 121%였다.[166] 독일의 경우에는 더 짧은 기간인 1992년부터 2008년 사이에 명목GDP는 51% 늘었고 실질GDP는 23% 늘었다.[167]

이 수치에 따르면 명목GDP 성장의 1/2~1/3만 실질이고, 1/2~2/3는 인플레이션이었다. 이 수치는 GDP에 기여하는 거래에 지출된 유통화폐의 절반 이상이 소비자 물가 인플레이션에 추가된 반면, 절반 이하만이 실질 생산량과 실질 소득의 증가에 보태어졌다는 것을 의미한다. 이 사실은 당연하다고 할 수 있는데, 공식 통계가 인플레이션을 과대평가하기보다는 과소평가할 수 있다는 점을 고려하면 더더욱 그러하다.[168]

여기서 어려운 점은 GDP에 기여하지 않고 비GDP 자산 거래에 의해 흡수된 유통화폐의 비중을 추정하는 일이다. 위에서 제시된 화폐의 초과공급에 대한 수치를 고려하여 보수적인 입장을 취하면, 최근 수십 년 동안 전체 유통화폐 공급의 2/3가 자산 경제로 흘러 들어갔다고 결론을 내릴 수 있다. 그러면 대략적으로 말해서 유통화폐 공급의 약 20 % 이하가 실질GDP로, 또 다른 20 % 이하가 인플레이션으로 이어졌고, 약 60% 이상이 자산 경제에 투입된다고 가정할 수 있다.

---

165   FRED Economic Data, St. Louis Federal Reserve, https://research.stlouisfed.org/fred2/series/GDP, series/GDPCA..

166   Office of National Statistics, www.ons.gov.uk/ons/rel/elmr/explaining-economic-statistics/long-termprofile-of-gdp-in-the-uk/sty-long-term-profile-of-gdp.html

167   )www.bundesbank.de/Navigation/DE/Statistiken/Zeitreihen_Datenbanken/ESZB_Zeitreihen/eszb_zeitreihen_node.html; http://epp.eurostat.ec.europa.eu/ portal /page / portal / national_accounts / data / database; Bundesbank, Monthly Bulletins , Tables II.2.

168   다음을 참조하라, Häring and Douglas(2012, p.32).

화폐 구매력이 꾸준히 하락세를 보이고 있는 것은 분명하다. 많은 경우 해당 화폐의 평가절하를 포함한다.(화폐) 증가의 절반 이상이 가격 상승(인플레이션)으로 이어지고 절반 이하만이 실물경제로 이어지는 상황에서 '낮은 인플레이션'이 무해하거나 심지어 바람직한 것으로 간주할 수 있다고 말하는 것이 적절한지는 의문이다. 1달러나 1엔은 현재 1950년대의 가치에 비해 5분의 1 또는 6분의 1에 불과하다.

구산업국가에서 인플레이션은 1960~1970년대에 큰 문제였다. 그 시기에 많은 나라에서 인플레이션율은 명목 이자율과 거의 유사하게 두 자릿수였다. 유사한 상황이 신흥산업국에서 지난 30년 동안 현재의 침체가 시작될 때까지 지속되었다. 중국, 인도네시아, 브라질, 남아프리카, 러시아와 같은 나라의 인플레이션율은 6~12% 범위였으며 때로는 15 %였다. 따라서 구산업국가에서 보았던 것과 비슷한 수준이었다. 구산업국가의 인플레이션율은 1980년대에 줄곧 5~3%까지 내려왔다. 정치인들과 중앙은행가들은 인플레이션율을 낮춰서 좋은 평판을 듣는 것을 좋아했다. 현재의 은행화폐 체제에서 통화정책의 효과가 저조해진 조건에서 인플레이션이 낮았다는 것은 지역-특수적인 많은 금융적, 경제적 요인에 기인할 가능성이 높다.

그런 요인들은 일반적으로 낮은 성장률, 무역 및 생산의 재국제화(세계화), 그리고 대량 소비시장의 포화이다. 이로 인해 전 세계적 차원에서 산업 역량을 활용하는 것이 가능했고, 산업입지 간의 국제 경쟁뿐만 아니라 신흥산업국의 대량 생산에 따른 치열한 가격 경쟁이 일어났다. 전 지구적 경쟁 심화의 부산물로서 노동조합이 누리던 전국적 단체교섭의 지위가 약화되었다. 이런 경향은 1950~1970년대의 악명 높은 가격-임금 나선형 상승을 종식시켰지만, 많은 고용자들과 자영업자들을 여러 유형의 불안정 고용으로 몰아넣었다. 인플레이션을 2~0%의 낮은 수준으로 떨어뜨린 것은 가장 최근의 소위 저축 과잉과 결합된 금융 및 경제위기였다. 이것은 화폐 수요를 초과하는 활성 및 비활성 화폐의 총량을 대변한다; 다시 말해 매력적인 투자에 대한 수요가 상응하는 기회를 상실했다는 것을 대변한다.

5.7 자산-인플레이션, 거품 및 위기

1980년대 이후 선진국에서 인플레이션보다 훨씬 더 큰 우려는 자산-인플레이션이다. 자산-인플레이션이란 용어는 자산가격의 상승뿐만 아니라 증권 및 파생상품과 같은 금융자산의 불균형적인 양적 팽창을 지칭한다. 위에서 설명했듯이 1980년경부터 2008년까지 투자은행업과 자산시장이 크게 성장하던 시기의 후반으로 갈수록 전체 유통화폐 공급의 1/2에서 2/3가량이 자산 경제를 뒷받침했고 그 이후 큰 변화가 없었다.

일부 경제학자들은 자산-인플레이션이라는 주제를 좋아하지 않고 심지어 그 존재를 부정한다. 특히 효율적 시장에 대한 확고한 신념을 가진 경우에 더더욱 그렇다.[169] 자산 소유자도 그 주제를 좋아하지 않으며, 자신들에게 그런 주장은 잔치를 망치는 것과 같다.

가격이 오르면 승자가 된 듯한 느낌을 받고, 부에 대한 망상, 거품 및 위기에 대해서는 듣고 싶어하지 않는다. 2000년 3월까지 지속된 닷컴 버블(dotcom bubble) 기간 동안에, 신경제(New Economy)는 곧 낡은 것이 될 것이라고 언급했다면, 반응은 측은한 미소에서부터 대화 거절까지 다양했을 것이다.

지난 세기에 일어난 수백 건의 위기에 대한 다양한 연구들은 결정적으로 GDP 대비 대출/차입의 불균형적 확장과 높은 차입구조를 자산-인플레이션, 금융적 시장 거품과 그에 따른 은행 및 부채 위기의 징조로 규정했

---

169 유진 파마(Eugene Fama)는 효율적 시장가설의 주요 창시자로 간주되는데(Fama 1970; Fama et al. 1969), 그는 확고부동하게 자산-인플레이션의 사고를 거부했다.

다.[170] 그런데, 이 연구가 고려하지 못한 것은 1차 및 2차 신용의 차이이다. 마치 자산-인플레이션과 거품이 이미 존재하는 화폐의 대출과 투자를 통해서 자금이 조달되는 것처럼 생각했다. 시간이 지남에 따라 2차 신용의 비율이 아무리 커지더라도 관련된 모든 자금은 은행의 1차 신용에서 발행되는 은행화폐이며, 현재는 은행화폐에 기반한 대용화폐인 MMF지분도 그것에 포함된다.

일반적으로 거품과 위기는 국내외 요인들이 결합된 결과이다. 은행화폐는 특정 국가의 은행에 의해 생성되지만, 해외 수요 또는 해외 투자와 같은 국제적인 맥락에서 자주 발생한다. 일국 단위의 금융적 활황은 외국 포토폴리오 자본의 유입에 의해서 증폭된다.[171] 마지막으로, 그 효과는 은행 및 비은행 금융중개기관들이 금융적 노다지의 조력자에 그치지 않고 그들 스스로가 적극적으로 개입하는 투기적 거래자로서 행동할 정도로 강력하다.

전반적인 자산 가격 인플레이션은 총통화 증가율만큼 일관된 방식으로 측정되지 않았다. 하지만, 그것은 기본적으로 소비자물가 인플레이션이나 GDP를 측정하는 것보다 더 어렵지 않다. 다만 차이점은 소비자 물가수준에 대해서는 통계청이 측정하고 보고할 수 있도록 조정된 기준과 관행이 발전해왔다는 사실이다. 이와 대조적으로 일단의 금융분석가들은 다양한 금융시장 지수를 만들어냈는데, 이것들은 종종 비교하기 어려울 뿐만 아니라 결합하기도 어렵다.

이와는 별개로 주택과 주식 가격이나 파생상품의 거래규모에서 드러나는 단일한 경향은 충분한 것을 말해준다. 최근 수십 년 동안 GDP 대비

---

170 Aliber and Kindleberger(2015, pp. 78-103), Jordà et al.(2010, 2014), Gourinchas and Obstfeld(2012), Borio(2012), Duncan(2012), Schularick and Taylor(2009), Kick et al.(2015), Reinhart and Rogoff(2009), Kindleberger and Laffargue(1982), Minsky(1982a, 1982b, 1986).

171 Brunnermeier 와 Schnabel(2015).

금융자산의 비율은 전반적으로 높아졌다. 예를 들어, 미국의 GDP 대비 금융자산의 가치는 1979~1982까지 전후 수십년 간 GDP의 약 450퍼센트 수준에서 진동했다. 그러나 그 이후 늘어나기 시작해서 2007년에는 1,100퍼센트에 달했고, 이때 서브-프라임 위기가 터졌다.[172] 자산 관리하에 있는 미국의 금융자산은 1946년에 GDP의 약 50%였지만 2014년에는 240%에 달했다.[173] 1980년에서 2014년 사이에 부자 나라 15개국의 채권, 주식 및 주거용 부동산의 종합 가치는 4배나 늘어났지만, 인플레이션을 감안한 명목 GDP는 두 배 또는 세 배 늘어났다.[174]

선진국의 부동산 및 주택 가격은 2007년까지 급등했다. 쉴러(Shiller)에 따르면 미국의 실질 주택가격은 1890년부터 1997년까지 100년 동안 단지 7% 올랐지만, 그 이후로 2006년까지는 85%까지 올랐다.[175] 1970년대 후반부터 현재까지 모든 선진국에서 명목 주택 가격은 독일의 3배에서 호주의 21배까지 평균 14배 상승했다(1990년대 초, 주택 거품이 터진 일본과 2007년에 거품이 터진 미국, 아일랜드, 스페인을 제외하고)[176] 장기 평균 미국 주식의 수익률은 16이다. 쉴러에 따르면 1982년부터 2000년까지는 역사상 가장

172 Federal Reserve Statistical Release Z.1, 2102, Flow of Funds Accounts of the US. Flows and Outstandings. Board of Governors of the Federal Reserve System, Washington, DC. Compiled in J. Rutledge: http://rutledgecapital.com/2009/05/24/total-assets-of-the-us-economy-188-trillion-134xgdp. Thomson Datastream, Federal Reserve cit. The Economist, March 22, 2008. Trader's Narrative, November 7th, 2009. 다른 구분은 일정 정도 더 낮은 수준을 나타내지만, 그 비중은 같았다. 예를 들면 Bhatia(2011 p. 8).

173 Andrew Haldane, Bank of England, in a speech on large institutional investors, rep. in FAZ , April 8, 2014, 25.

174 Deutsche Bank Markets Research(2014, pp. 8 - 33); OECD data, www.data.oecd.org/gdp/grossdomestic- product-gdp.htm.

175 Shiller(2015, p. 20).

176 Jordà et al.(2014). *FAZ*, October 18, 2014, 32.

긴 주식시장 붐 시기인데, 이 닷컴 버블 시기의 최고 정점에서 미국 주식은 수익의 47배에 거래되었다.[177]

위기는 잠재적 충격이 현실화되는 불운한 시기이다. 이전에 좋은 시기로 간주되던 때에 위기로의 길을 연 것은 거의 제약을 받지 않은 은행화폐의 창조이다. 이 은행화폐는 비GDP 금융투자뿐만 아니라 비활성화된 화폐자산에 투입되어 실물 투자 및 지출과 중첩된다. 그 결과는 화폐의 과다 발행, 금융적 과잉 투자와 과잉 부채이다. 거품이 언제 터질지를 정확히 아는 것은 불가능할 수 있다. 그러나 불비례와 불균형을 관측할 수 있게 해주는 분석적 통계와 경험에 의존하면 거품 형성을 인식하는 것은 전적으로 가능하다. 미국의 서브-프라임 거품은 사전에 가장 잘 포착된 거품이었다. 파국 이전의 몇 년 동안 미디어도 계속적인 보도로 그것을 알렸다. '아무도 그것이 오는 것을 보지 못했다'는 서사는 진실이 아니다. 보다 진실에 가까운 것은 직접적으로 관련된 자들은 노다지에서 떠나기를 원하지 않았다는 사실이다. 그들 중에는 은행과 금융분야뿐만 아니라 정부 후원을 받던 서브프라임 대출기관도 포함된다. 한편으로 미연준과 미국 정부는 그것에 대해서 어떤 조치를 취할 의사가 없기도 했고 그것을 수행할 능력이 없기도 했다.[178]

경제학은 금융의 수행역량의 문제, 즉 실질 생산성과 근로소득에 대한 손상 없이 금융적 청구권을 소화할 수 있는 역량의 문제를 시스템적으로 처리한 적이 없다. 이 문제는 경제적 기능장애를 촉발하지 않을 뿐만 아니라 현재 소득과 기존 부를 위협하지 않으면서, 금융자산의 가격 규모와 금융지대적 청구권이 GDP에 비해서 얼마나 크게 늘어날 수 있는가의 문제이다. GDP의 2배, 3배, 4배? 위기가 시작된 미국처럼 10배는 확실히 아니다. 금융자산에 대하여, 경제학은 당신이 그 좋은 것을 너무 많이 가질 수는 없

---

177 Shiller(2015, pp. 3, 6).

178 다음을 참조하라, Mian and Sufi(2014).

다고 주장하는 것 같다. 그것은 잘못된 판단이라고 할 수 있다. 왜냐하면 소득을 낳는 자산(일반적인 의미의 주식)의 청구권은 현재 소득의 흐름에 의해서 충족되어야 하며 그렇지 않으면 청구권과 부채의 추가를 통해서 충족되어야 하기 때문이다. 어느 시점에는 주식이 현재 소득 흐름으로 원활하게 처리되기에는 가격이 너무 높아질 위험이 있다; 소득 흐름은 금융주식의 누적 속도를 따라잡지 못하게 된다.

케인스주의적 사상 세계에 속하는 많은 학자들은 특히 현재에 민스키의 금융 불안정이론을 참조한다. 이것은 상대적 안정성의 상황에서 시작하는 주기적 모델이다. 안정성은 결국 더 많은 행위자들에 의한 위험 감수를 유도하고, 그 결과로 확장이 가속되고 불안정이 심화되어 결국에는 폭발과 수축의 지점에 이르게 된다. 이는 상대적 안정성으로 이어져 게임을 다시 시작할 수 있게 된다. 이 양상은 기대 상승 모델의 한 유형으로 볼 수도 있는데, 이 경우에는 금융시장의 투자 수익률 상승에 대한 기대라 할 수 있다. 쉴러에게는 거품의 되먹임 이론(a feedback theory of bubbles)에 대한 유사한 접근이 있는데, 그것은 자기 추동적인 기대에 기반해 있으며 결국 폰지 과정의 비합리적 열기로 귀결된다.[179]

민스키는 금융적 주기에서 위험 감수를 세 단계로 구분했다.[180] 헷지 금융으로 불리는 첫 번째 단계에서는 투자의 자금이 상대적으로 낮은 부채 수준에서 소유 자산에서 나오는 현재의 수입을 통해서 조달된다. 부채는 만기에 상환되거나 신중한 계산에 따라 연장된다. 두 번째 단계인 투기적 금융에서는 만기 부채가 상환되기보다는 연장되는 반면에 더 많은 부채가 유

---

179 Shiller(2015, pp. 70-97).

180 경기주기와 상당한 정도로 분리되고 독립적인 금융주기에 대한 이론으로는 다음을 참조하라, Debt and the financial cycle: domestic and global, in Bank for International Settlements, 84th Annual Report, Basel 2013/2014, pp. 65-83. Also see Rey(2013).

입된다. 이것은 현재의 투자로부터 매우 높은 미래 수입이 나올 것이라는 기대에 의해서 정당화된다. 세 번째 단계인 폰지 금융은 금융적 주기에 나타나는 극도로 과열된 최종 게임적 상황이다. 행위자들은 점점 더 금융자산을 구하기 위해서 더 많은 차입에 의존하며, 만기 부채는 더 많은 부채에 의해서 상환된다. 이는 전형적인 유지 불가능한 상황으로서 결국 개별 노다지의 붕괴를 낳고 파산이 그 뒤를 따른다.[181]

　　민스키 모델은 반복되는 금융 불안정성을 금융투자 행위의 주기적 양상의 탓으로 돌린다. 그에 따르면 은행들은 직접적인 투기꾼이 아니라 자금 조달자로서 이 과정에 들어오는데, 이것은 적절하지 않다. 민스키는 은행들이 자신들의 금융기능을 금융중개자로서 수행한다고 봤는지 화폐 창조자로서 수행한다고 봤는지에 대해서는 명시적이지 않다. 또한 그는 1차 신용 창조, 은행화폐, 부채 누적의 역할에 대해서 사고하지 않았는데, 부채 누적은 2차 대출과 은행화폐 투자의 기초이다.[182] 부분지급준비금은행에 대한 그의 견해는 여전히 분명하지 않은데, 이는 포스트-통화주의적인 신고전파 경제학뿐만 아니라 케인스주의에서도 전형적으로 나타나는 태도이다.

　　민스키는 금융적 주기의 과정에서 금리의 변동을 언급한다. 그러나 그는 저렴한 즉각적인 은행화폐 차입을 통해 빚어지는 금융 노다지의 과정에서 금리가 왜곡되는 것에 대해서는 사고하지 않았다. 금리가 올라갈 수 있다. 하지만 화폐 창조가 제약되어 있을 때의 자연스러운 수준보다도, 그리고 자기-추동적 되먹임 회로를 질식시키기에 필요한 수준보다 덜 오른다.

　　어느 때인가 1990년대에 은행 분리에 대한 글래스-스티걸 법 (Glass-Steagall Act)의 최종적 폐지와 관련하여, 민스키는 대출 및 투자 업무로부터 계좌 관리 및 지급 서비스를 분리함으로써 은행의 신용 창조 권한

181　Minsky(1986, p. 206).

182　Minsky(1982 b, 1986, pp. 218, 223, 294).

을 제한하는 것에 대해 특별히 생각해보기도 했다.[183] 그러나 민스키는 올바른 방향으로 더 나아가는 것을 고려하지 않았던 것 같다. 그 대신에 그는 '최종 고용자(employer of last resort)'로서의 국가라는 사고를 옹호했다. 이것은 부채로 자금 조달하는 보상적인 정부지출에 대한 케인스주의적 개념의 변형에 다름 아니다. 이 개념에 따르면 정부 지출은 성장과 고용을 낳을 것으로 기대된다. 이 논리는 맞을 수도 있고 그렇지 않을 수도 있지만, 시간이 지나면 공공부문의 과잉 부채를 초래한다.

어느 방법으로 은행 및 금융위기를 검토하든 간에 ─ 화폐 및 은행 시스템을 무시하지 않고 고려한다면 ─ 위기의 거의 모든 금융적 원인들은 공통적으로 화폐적 원인을 포함하고 있다. 즉 1차 은행 신용과 은행화폐의 과잉 창조이다. 은행화폐는 GDP에 비례하지 않는 금융자산을 만들어내는 자금조달의 일차적 원천이다. 그것은 2차 대출과 함께 과잉 투자와 과다 부채로 이어지며 결국에는 위기를 피할 수 없게 된다. IMF 자료에 따르면, 은행 및 금융위기의 타격을 입은 경제는 이후 몇 년 간 경제침체를 겪었다. 평균적으로 위기 시작 이후 7년 간 경제성장의 장기 경로를 10% 하회했다.[184]

5.8 과잉 부채의 부담

은행화폐는 신용을 통해서 탄생하기 때문에 그에 상응하는 부채와 함께 창조되며, 2차 신용도 마찬가지이다. 인플레이션과 자산-인플레이션과 나란히, 실물 경제의 기업들을 제외한 모든 경제주체 집단에서 부채 부담은 최

183　Kregel(2012).

184　IMF 2009: World Economic Outlook은 다음에서 구할 수 있다. http://www.imf.org/external/pubs/ft/weo/2009/01/pdf,

근 수십년 동안 GDP 증가에 비해 큰 폭으로 늘어났다. 예를 들어 미국에서 금융기업들은 1980년대까지 빚을 가장 적게 진 민간부문이었다. 그러나 그 이후에 금융기업들은 비금융 기업과 가계를 추월하기 시작했고, 서브-프라임 위기가 시작되었을 때 가장 큰 채무자가 되었다. GDP의 100%를 초과했다. 보도에 따르면 가계부문이 두 번째로 빚을 많이 진 민간부문이었다.[185]

공공부채가 큰 주목을 받고 있다. 제2차 세계대전 직후에 부채 수준이 매우 높았던 공공부문은 높은 인플레이션과 성장률 덕분에 1970년대까지 (절대적이 아니라 GDP에 비해 상대적으로) 낮은 수준으로 줄어들었다.[186] 부채 비율이 아주 낮은 수준으로 내려왔지만, 1970~1980년대를 거치고, 위기가 초래한 적자와 은행 및 금융 산업의 구제 때문에 최근에 다시 늘어나서 현재 예외적으로 높은 수준에 와있다.

GDP 대비 공공부채는 2014년 현재 일본의 경우 235%, 유럽 95%(나라별 편차가 크다), 미국 90%, 중국 55%이다.[187] 세금과 관련하여, 공공부채 수준은 전체 세입의 약 2~3배이다. 미국에서는 408%, 그리스 475%, 일본은 900%이다.[188]

정부부채 외에도 민간부채를 과소평가하는 것은 오류이다. 민간부채 수준은 마찬가지로 중요하며, 공공부채와 함께 나라의 총부채수준을 결정한다. 총부채에는 국가, 금융부문, 기업, 가계를 포함한다. GDP 대비 나라의 총부채는 현재 네덜란드와 아일랜드에서 690%로 가장 높고 미국과 독

데이터의 출처는 다음과 같다, Bureau of economic Analysis, Federal Reserve Board; Turner(2015, pp. 64 –87).

186 다음을 참조할, Abbas et al.(2014).

187 IMF data, Government finance, General government gross debt as percent of GDP. http://www.imf.org/external/pubs/ft/weo/2014/01/weodata/weoselgr.aspx

188 Dorfman(2014).

주권화폐

일에서 265%로 가장 낮다. 평균적으로 2014년 GDP 대비 총 국가 부채는 선진국의 경우 350 %, 신흥국의 경우 180 %였다.[189]

우리는 제2차 세계대전 이후로 '부채 슈퍼-사이클' 상에 있는 것 같다.[190] 이것이 지금 끝나가고 있는지는 알 수 없지만, 오늘날과 같은 성숙한 산업화 단계에서는 경제가 부진을 극복하고 성장하는 것이 점점 어려워지고 있다는 것을 안다. 동시에, 재정 부양책과 같은 정부의 행동 여지도 축소되고 있다. 왜냐하면 국가부채 수준이 이미 높은 수준의 끝에 있는 데다 금리도 지금은 마이너스이지만 불안하다.

부채가 계속 쌓이면, 공공 채무자의 돈은 은행과 금융산업에 대한 이자 지급에 점점 많은 비중이 쓰일 것이다. OECD 국가에서, 총세수에 대한 전체 공공(모든 수준의 정부)의 이자 부담이 5~25%로 추정된 것은 완전히 잘못된 것은 아닐 것이다.[191] 원금은 의례적으로 상환되기보다는 연장되고 있다. 이것은 소위 말해서 방 안에 부채 코끼리가 있는 꼴이다. 모두가 그 사실을 알고 있지만 없는 것처럼 행동하고 있다. 또 한편으로는 일부가 부채 코끼리의 존재는 문제가 아니라고 하거나 심지어 환영할 일이라고 주장한다.

위기 시에는 부채의 이자 부담은 저금리에 의해서 어느정도 상쇄된다. 그러나 고용, 소득, 세수, 인플레이션도 위기 상황에서 경향적으로 낮아지기 때문에 여전히 경제를 옥죄는 부담으로 남는다. 이따금 시도되는 금융긴축은 지금까지 단명했다. 정실-민주주의국가(clientelistic democracies)에서

---

189 출처는 다음과 같다, McKinsey, Eurostat, cit. FAZ, 6 Feb. 2014, 15. Morgan Stanley, McKinsey, cit. The Economist, May 16, 2015, 20.

190 다음을 참조하라, BCA Research(2014), http://blog.bcaresearch.com/primer-on-the-debt-supercycle

191 Bazot(2014).

는 머지않아 정규적인 부채-디플레이션은 포기될 수밖에 없을 것이다.

과잉 투자와 과잉 부채는 다양한 방식으로 정의될 수 있다. 어떤 경우이든 과잉 투자는 과다한 규모의 금융자산이나 과다한 실물 역량을 동반한다. 여기서 과다하다는 것은 결정적 지점을 넘어섰다는 의미인데, 결국 그것들은 투자에 대한 수익의 저조와 감소를 불러올 것이다.

과도한 채무와 관련하여 채권자의 관점에서 결정적인 측면은 채무자의 지불능력이다. 채무자의 관점에서 보면, 현상유지를 위해 필수적인 지출을 희생시키거나 자산을 팔아야 이자를 지불할 수 있게 되자마자 과잉부채가 문제가 된다. 부채가 많은 경제주체들은 손실, 위축, 생활수준 하락을 겪게 되고 파산할 수도 있다. 금융 자산과 총 부채가 GDP와 괴리될 때, 다시 말해 현재 소득과 분리되면 위기의 가능성은 커진다.

이 설명은 기업과 가계의 경우에 매우 자명하다. 하지만 오늘날 많은 전문가들, 특히 케인스주의적 사고관을 가진 사람들은, 공공가계에 이 설명을 적용하기를 주저한다. 그들의 주장에 따르면 정부 재정은 다르다. '현대화폐이론'에서는 국가 부채는 그리 중요하지 않은 것으로 간주되기도 한다. 그들은 자체 통화와 자국 중앙은행을 가진 나라는 항상 유동성을 확보할 수 있고 자신의 통화로 표기된 부채로 파산하지 않는다고 주장을 근거로 제시한다.[192] 그것은 하나의 가설로서는 그럴 수 있을 듯하다. 그렇지만 현실 세계를 두고 보면, 그것은 경제적 초현실주의 같다. 채권자들은 문제의 통화로 표기된 부채를 보유하기를 꺼릴 것이다. 이 나라는 대외 신용과 교역에서 실패할 것이고, 국내적 신용도 일정 정도 상실할 것이다. 그 나라는 통화 절하와 국내적인 인플레이션을 겪게 되고, 그로 인해 국내 경제가 침체에 빠질 것이다. 로쉬(Roche)는 다음과 같이 결론을 내렸다: 주권통화의 발행자는 법적 파산이 강제되지 않을 수 있다. 그러나 이것이 자신의 채무가 항

---

192 문제가 되는 MMT의 입장에 대한 요약과 논의는 다음을 참조하라, Huber(2014b).

상 신뢰할 만한 것으로 간주된다는 것을 의미하지 않는다.[193]

공공 부채이든 민간 부채이든 과잉 부채가 문제가 되는 기계적인 임계치는 없다. 애초에 부채를 얻는 것은 그렇게 하지 않을 때 가능하지 않던 선택을 할 수 있다. 다른 한편으로 현금 흐름에 비해 부채가 점점 많아지면 채무자의 자유로운 선택과 행동의 여지를 제약한다.

IMF의 연구에 따르면, 애초의 GDP-대비 비율이 10퍼센트 포인트 오르면, 연간 1인당 실질GDP 성장률이 0.2 퍼센트 포인트로 낮아진다. 애초 부채 수준보다 더 높아질수록 이후 성장에 비례적으로 더 큰 부정적 영향을 미친다.[194]

1960년대에 추가적으로 1달러 늘어나면, 미국 GDP에 80센트 추가했고, 1990 년대에 그 효과는 30센트 아래로 떨어졌으며, 2000년대에 10 센트[195] 이런 식으로 보아도 거의 모든 오래된 산업국가들은 이제 과도한 부채를 지고 있다. 이와 동시에 단기적으로 경제와 그 나라의 부에 손상을 주지 않고 지출과 부채를 크게 줄일 수 없다. 공공 지출이 GDP의 절반 정도라면 공공 지출이 1% 감소하면 GDP가 0.5% 감소한다.[196] 시간이 지나면 기업과 가계의 늘어난 민간 지출도 그런 단계에 접어들 수 있다. 그러나 이것은 장기적으로만 일어날 것이며, 어떤 정실-민주주의국가(clientelistic democracies)도 그 사이에 일어날 가혹한 재적응기간을 견뎌낼 수 없다.

국채의 방대한 수량은 그저 또 다른 거품일 뿐이며 사실상 가장 큰 거품이다.[197] 모든 거품이 그러하듯이 평온한 탈출구는 없다. 이미 공공부채

---

193 Cullen Roche 2014: Can a sovereign currency issuer default? http://www.pragcap.com/can-a-sovereigncurrency-issuer-default.

194 Kumar and Woo(2010).

195 Stelter(2015).

196 또한 IMF(2012, p. 42)의 분석을 참조하라.

197 또한 Deutsche Bank Markets Research(2014, pp. 6 –33)를 참조하라.

의 수준이 높은 상황에서, 적자 지출로 말미암은 부채의 누적은 근대 경제의 문제적 요소이다.

오늘날 대부분의 정부는 '돈 찍기'에 대한 의존을 자체적으로 금지하고 있다. 은행은 정부를 위해 무모하고도 기본적으로 제약 없이 이 일을 행하고 있다. 그들은 집단적으로 정부의 상환 능력과 의지를 믿는 한에서는 그것을 한다. 그들이 상황을 어느 날 다시 평가하게 된다면, 공공 금융과 전체 경제는 붕괴할 것이다. 은행들과 채권시장이 유럽의 구제로 인해 공공 부채가 또 한 번 치솟을 것이라는 사실을 알아채면서 유로 부채 위기가 촉발되었을 때, 그것은 임박한 일이 되었고 가장 취약한 채무자 정부들은 파산의 위협을 받았다.

뒤늦게 공공 부채의 임계치에 대해 자세히 알아보려는 시도가 있었다. 유로존 회원국에 대해 설정되어 있는 GDP 대비 60%의 부채 상한은 그 당시의 상황을 감안한 단지 임의적인 통념이었을 뿐이다. 최근에 라인하트/로고프(Reinhart/Rogoff)는 선진경제에 대해서 그 임계치로 90%, 개도국에 대해서 60%라고 규정했다.[198]

일반적인 양상은 매우 분명하다. 부채로 가는 길은―그것이 기업이든, 가계이든, 정부이든―낮은 부채 수준에서 활용되지 않은 생산역량과 다른 개척되지 않은 잠재능력에 화폐를 투여한다면 도약의 발판이 된다. 그러나 결정적인 수준에 다다르면, 부채가 유익하기를 그치고 생산적 지출을 줄이는 부담이 되었을 때, 금융의 수행역량의 임계치가 드러난다. 금융적 용어로 표현하면, 아무리 늦어도 잠재적 채무자가 추가적인 부채를 위해 남겨둘 수 있는 이윤을 만들어내지 못하면 게임은 끝난다. 실물적 경제용어로 표현하면, 임계지점은 추가적인 부채가 그에 상응하는 산출의 추가를 낳지

---

[198] Reinhart and Rogoff(2010, 2009, pp. 21, 224). 또한 IMF(2012, p.102)를 참조하라, 여기서는 100% 임계치를 검토했다.

못해서 부채가 산출을 초과하여 그것과 분리되는 지점이다. 이것은 인플레이션이나 자산-인플레이션, 혹은 그 둘을 모두 초래한다. 특히 자산-인플레이션은 해당 산출량에 대한 비근로소득을 가져오고 부채로 부채를 상환하는 폰지 수렁의 형성을 촉진한다.

은행화폐 시스템은 과잉 투자와 과잉 부채를 이전의 어떤 화폐 시스템보다 더 무모하게 양산한다. 그러나 금융의 수행역량의 임계치 문제, 신용과 부채에 대한 결정적 한계의 존재는 은행-주도 부분지급준비금시스템에 한정되지 않는다. 허용가능한 시스템적 한계를 넘어서면 항상 위기로 귀결된다. 국가부채의 무관함을 가르치는 것이 우둔한 것처럼, '장기적으로 우리는 모두 죽는다'는 표어에 따라 부채를 처리하는 것은 오히려 냉소적이다. 우리의 수단을 뛰어넘어 빚으로 살아가는 것은 항상 빚 좋은 개살구다.

5.9 금융시장의 실패

실물 상품시장에서 공급곡선과 수요곡선이 반대 방향으로 움직인다는 것은 자명한 가정이다. 이와 대조적으로 쉴러(Shiller)가 강조했듯이 자산가격 상승과 수익 및 자본이득의 증가에 대한 기대는 고가 자산의 추가 수요를 억제하기보다는 유도한다.[199] 이 사실이 대부분의 경우에 금융자산의 규모와 가격이 함께 오르거나 정체하는 경향을 보이는 이유다. 음의 되먹임 순환(negative feedback loop)을 저지하는 양의 되먹임 순환(positive feedback loop)이 있고, 음의 순환은 시장 참가자들이 분명히 자산가격이 지나치게 높은 것을 우려한다는 점에서 작동은 하지만, 마치 '음악이 멈추지 않는 한' 춤은 추도록 강제를 받는 것 같다. 이것은 사회적 함정 또는 죄수의 딜레마

---

199 Shiller(2015, 특히 Chaps. 5 및 11).

의 또 다른 예이다. 합리적으로 선택한 결정이 비합리적 행동으로 이어지고 시장의 집단지식이 집단적 우둔함으로 변한다.

불에 기름을 붓듯이, 현대 화폐는 희소성의 자연적 닻이 없고, 생산성이나 구조적 역량의 잠재 산출량과 같은 실물적 가치 기반과 연계가 없다. 은행화폐 체제는 양의 금융적 되먹임 순환을 확대하기 때문에 사실상 계속되는 시장 실패의 내재적 기제가 그 안에 존재한다. 은행화폐의 창조에 대한 단기적 제약은 있지만, 시간이 지나면 사라진다(4.8). 결과적으로 자기 제약적인 균형점에 이르기보다는 화폐와 자본 시장은 과잉 팽창하는 경향이 있다. 체스니(Chesney)가 결론을 내렸듯이 '금융적 시장은 본성상 만족할 줄 모른다'.[200] 기본적으로 은행화폐가 제약 없이 창조되는 조건에서는 결정적 선을 넘도록 되어 있다. 은행은 화폐 창조에서 즉각적인 이익을 누리기 때문에, 다음 위기가 의도하지 않게 때로는 잔인하게 교정이 가해질 때까지 그렇게 하는 것을 멈추지 않는다.

은행들은 자신들이 필요한 만큼 많은 돈을 자유롭게 창조할 수 있지만, 화폐 가치는 생산성과 실질 산출에서 기원하기 때문에 그들이 직접 화폐에 가치를 부여할 수는 없다. 은행 및 금융 산업이 그 중력에서 멀리 벗어나려고 노력할수록 이어지는 충돌은 더욱 강력하다. 그러나 누군가 추가적으로 화폐를 창조해서 그것의 첫 번째 사용자가 되어 즉각적인 혜택의 첫 수혜자가 되고 불이익이 이후에 모두에게 돌아갈 것으로 기대한다면, 결론은 간단하고 명확하며 종종 자신의 더 나은 판단과 배치된다. 은행이 자신이 굴리는 돈을 창조할 수 있도록 허용하면, 이는 엄청난 이해 충돌을 낳으며, 이 충돌은 당연하게도 은행업계의 이기심 내에서 규칙적으로 해소된다.

신오스트리아학파는 캉티용(Cantillon) 효과의 측면에서 문제를 다뤘다. 1730년 리처드 캉티용(Richard Cantillon)은 화폐의 생산자와 첫 사용자

---

200 Chesney(2014, p. 25).

가 누리는 추가 이익에 대해서 처음으로 글을 남겼다. 그들의 추가적인 지출은 가격 수준을 동심원적으로 증가시키고 마침내 생산의 증대를 낳으며, 시장 연쇄의 맨 마지막에 있는 소외된 사람들을 불이익으로 몰아간다.[201] 이후에, 다른 경제학자, 데이비드 흄과 존 스튜어트 밀도 화폐의 창조와 첫 사용 그리고 그에 뒤따르는 연쇄적인 사용은 특권적 사용에서 불리한 사용으로의 연쇄를 구성한다는 것을 깨달았다. 화폐 창조의 특권과 첫 사용을 공공기관이 아닌 민간에게 맡기는 것은 '체계적 불평등'의 상황을 조성한다.[202]

은행화폐에 대해 독점력을 행사함으로써 화폐 공급은 은행 부문에 의해 결정된다. 그래서 아마도 경기의 바닥에서 은행이 고객을 찾고 그 반대가 아니라는 점에서 구매자 시장이라고 할 수 있다. 이와 대조적으로 경기의 고점에서는 신용 사업은 공급자 시장이 되어 고객이 은행을 찾고 2차 금융중개기관을 찾는다. 어느쪽이든, 시장의 화폐 수요는 은행에 의해 선택적으로 충족되고 중앙은행 현금 및 준비금은 은행화폐의 적극적 공급의 일 부분으로서 반응적으로 공급된다. 따라서 화폐와 1차 신용은 수요자 시장(구매자 시장)이 아니라 공급자 시장(판매자 시장)이다. 일반적으로 차입자는 수세적인 위치에 있다.[203]

또한 이 사실은 1차 신용시장은 균형 가격이나 금리로 청산되지 않는다는 것을 의미한다. 1차 신용시장에서 은행은 신중하게 사실상의 한도를 설정하거나 그러한 한도를 설정하지 않는다. 즉 가격(이 경우에는 금리이다)

---

201 ichard Cantillon, 'Essai sur la Nature du Commerce en Général', 1730, first official publication in 1755; several re-editions, one by H. Higgs, http://oll.libertyfund.org/titles/285 .

202 Köhler(2015, pp. 11, 22 – 31, 37).

203 Werner(2005, pp. 193, 195). Häring and Douglas(2012, p. 48).

은 수요와 공급의 상황, 특히 공급 및 수요 측의 시장력을 반영할 수 있지만, 가격은 옳은 것도 아니고 그른 것도 아니다. 가격은 그 자체로 가격일 뿐이며, 균형 경제학의 용어로 말하면 대부분의 경우에 일종의 '불균형' 혹은 '비대칭'을 반영한다.

5.10 통화정책의 실패

시장이 (경제를) 바르게 작동하도록 하지 못한다면, 중앙은행이 그 임무를 완수하면 되지 않는가? 많은 사람들이 그렇게 생각하고 있고 사태는 응당 그렇게 되어야 함에도 불구하고 공식적으로는 그렇지 않다. 중앙은행은 자산-인플레이션과 부채 수준을 고려하지 않는다. 그들의 공식적 사명은 소비자 가격의 안정이다. 인플레이션이 얼마나 높아야 혹은 얼마나 낮아야 '안정적인 가격'을 반영하는 것인가는 자의적이다. 대부분의 통화권역에서, 중앙은행의 임무는 소비자 물가 안정과 상충되지 않는 한에서 경제성장, 고용 및 정부의 경제 정책을 지원하는 것이다.

중앙은행이 자신의 사명을 수행하기 위해서 활용할 수 있는 경로는 두 가지이다. 하나는 통화량 정책이고 다른 하나는 금리 정책이다. 이상의 발견에 따르면, 통화량 정책이 우선적인 접근이어야 한다. 하지만 사실상 현 은행화폐의 조건하에서는 그 방식은 중단되어 있었다. 반면에 약한 수단으로서 금리정책은 대체로 효과가 없었다.

1960~70년대의 높은 소비자물가 인플레이션과 당시 프리드먼식 통화주의의 영향을 받아 산업국가의 중앙은행들은 1980년대 중반까지 통화량 정책을 추구했다. 그 착상은 은행화폐의 과잉 발행을 억제하고 경제의 성장 잠재력, 또는 경제역량 또는 요소 활용 정도에 비례하여 화폐 공급을 확대하자는 것이었다. 통화량 목표는 지급준비금의 상황에 의해 달성될 것

으로 생각되었다. 당시 지배적이던 승수모델에 따르면, 최소 지급준비금은 은행이 최대 몇 배수의 은행화폐를 창조할지를 결정하는 것으로 가정되었다(섹션 4.5).

통화량 중심의 통화정책은 기본적으로 올바른 구상이었다. 그러나 그것은 잘못된 전제에 기초해 있었기 때문에 완전한 실패로 판명이 나버렸다. 결과적으로 중앙은행은 단기 금리정책에 의존해야만 했는데, 이는 통화량 정책의 취약한 대체물일 뿐이다. 잘못된 전제는 쉽게 식별할 수 있다. 현행 화폐시스템에서 적극적인 주도권은 은행부문에 있다. 중앙은행은 단지 반응적으로 은행에 자금을 조달한다. 은행들은 중앙은행화폐를 몇배로 늘리지는 않지만, 사전에 창조된 은행화폐의 일부를 뒷받침할 자금을 사후적으로 조달한다(4.2~4.4).

오늘날 중앙은행은 은행 신용의 총량과 그에 따른 통화량을 통제하지 못한 채 단순히 은행들의 자금 조달자의 역할만을 수행한다. 은행위기 시에 중앙은행은 위험에 처한 은행들을 살리기 위해 규모가 막대함에도 불구하고 은행들의 자금 조달자 역할을 단순하게 계속 수행한다. 중앙은행이 강제하는 최소지급준비금 요건은 아마도(상대적으로 적은 양의) 이자 시뇨리지를 제외하고는 어떤 차이를 만들어내지 못한다. 이자 시뇨리지는 중앙은행에 의해 재무부로 전달될 뿐이다.

지급준비율 조정의 오류는 공식적으로 인정되지 않았지만, 통화량 정책은 사실상 폐기되었다. 1990년경부터 중앙은행은 통화공급을 통제하는 척하는 것마저 포기했다. 그러나, 통화량의 중요성을 평가절하함으로써 목욕물과 함께 아기를 밖으로 던져버렸다. 물론 공식적으로는 아니지만 사실상 그러했다. 중앙은행은 완전히 단기 기준금리정책으로 전환하였고, 이로써 목표는 통화공급이 아니라 인플레이션율이 되었다. 통화공급과 인플레이션/자산-인플레이션 간의 연결은 각각 '제거되거나' 암시적인 것으로 되었다.

중앙은행의 금리정책은 좋든 나쁘든 간에 단지 보조적인 요인일 뿐이다. 중앙은행이 확실히 통제할 수 있는 금리만이 자신의 것이다. 중앙은행은 대출과 자산시장의 금리를 결정할 수는 없다. 그 금리들은 그 시장 자체의 지배적인 행위자에 의해서 결정된다. 화폐의 가용성이 금리에 영향을 주는 한에서, 시장 금리는 1차 은행신용과 금융중개를 통한 은행화폐의 2차 대출과 연관되어 있을 뿐이며 중앙은행 금리와 연결되어 있지 않다.

핵심적인 중앙은행 금리는 기준금리(base rate), 때로는 주도 금리(lead rate)라고 불린다. 주도 금리는 금리 설정을 선도하지 않는다. 기준금리는 현금과 준비금을 합친 본원통화(base money)의 이름을 딴 것이다. 하지만 기준금리도 마찬가지로 은행화폐의 예금과 대출의 '기초'가 아니다. 기준 혹은 주도 금리는 전체 금리의 구조와 수준을 정하는 근본의 역할을 하지 못한다. 기준 금리는 단지 중앙은행의 대출금리이다.

통화정책을 뒷받침하는 전통적인 지혜는 중앙은행의 자극을 은행으로, 그리고 은행을 거쳐서 금융 및 실물 시장으로 전달하는 기제가 있다는 것이다. 그것은 어떤 식으로 작동하는 것으로 전제되어 있나? 통화량 정책에 관한 한에서는 전달경로는 단절되고 뒤집어져 있었다. 사실 은행부문이 자신들의 자극을 중앙은행으로 전달한다.

금리에 대해서도 상황은 실제로 다르지 않다. 테일러 규칙(Taylor rule)과 같은 기준금리 지침은 기준금리가 인플레이션율을 이끌기보다는 그 뒤를 따른다는 것을 명확하게 보여준다. 이 규칙은 원하는 목표 수준보다 인플레이션율이 1% 증가하면 그에 대응하여 중앙은행은 기준금리를 약 1.5% 올릴 것을 제안한다. 인플레이션율이 목표에 1% 미치지 못하면, 기준금리를 0.5% 낮춰야 한다. 이 방식이 인플레이션율 목표에서 이탈한 각각의 경우를 어떻게 교정하는지는 명확하지 않다. 오히려 그것은 중앙은행이 어찌하였든 간에 무엇을 하고 있는가에 대한 서술이다.

중앙은행이 영향을 가장 잘 미칠 수 있는 금리는 화폐시장 금리이다.

특히 연방기금금리(Fed Funds Rate)나 유로존의 EONIA와 같은 준비금의 익일 은행 간 대출금리이다. 이것은 종종 중앙은행 금리의 변화가 이 은행 간 화폐시장 금리에 영향을 미치는 것으로 상정한다. 하지만 이들 간에 기계적인 연관은 없다. 중앙은행이 은행 간 금리에 영향을 미치는 더 효과적인 방식은 중앙은행이 낮은 수준의 은행 간 금리를 유도하기 위해서 은행에 추가적인 지급준비금을 공급하기를 원한다면 은행으로부터 금융증권(대개 국채)을 사는 것이다. 중앙은행이 더 높은 은행 간 금리를 유도해서 은행으로부터 과다 지급준비금을 흡수하기를 원한다면, 은행에 금융증권을 판다. 이런 측면에서 의심의 여지없이, 중앙은행이 효과적으로 은행 간 금리에 영향을 효과적으로 미칠 수 있다. 주목해야 할 점은 이것은 금리정책이기보다는 통화량 정책의 예이다. 즉 통화량을 조절함으로써 금리에 효과적으로 영향을 미치는 예이다.

은행 간 금리를 은행 및 자본시장 금리로 연결하는 전달기제는 오히려 미덥지 않다. 이를 설명하는 방식은 일반적으로 단기 금리와 장기 금리를 연결하고자 한다. 여기에서 정말 중요한 주제는 부분지급준비금에 대한 이자와 은행화폐의 예금 및 대출 이자 간의 차이이다.

중앙은행 금리로부터 은행산업과 시장으로의 전달효과가 왜 제대로 나타나지 않는지에 대해서는 네 가지의 이유가 있다. 첫째, 중앙은행 금리는 은행의 신용 및 예금 창조에 단기적 효과를 내지 못한다. 왜냐하면, 추가적인 현금과 준비금에 대한 관련된 은행 수요는 가격에 비탄력적이기 때문이다. 은행이 적극적으로 행동해서 만들어낸 사실들이, 비용에 상관없이, 중앙은행에 의해서 단지 부분적일지라도 완성되어야 한다. 장기적으로 일정한 되먹임 효과(feedback)가 있을 수 있지만 어느 정도인지는 분명하지 않다.

기준금리의 효과가 불확실한 두 번째 이유는 기준금리는 준비금과 현금에 영향을 미치지만 그것은 단지 은행화폐의 2.5~3%에 불과하다는 사실이다. 미국에서는 이 비율이 일정 정도 높아서 확실히 주목해야할 사안이지만, 통제의 진정한 지렛대는 되지 못한다. 기준금리는 상대적으로 낮고, 은행들은 준비금에 대해서 기준금리의 절반에 해당하는 금리로 예치이자를 받기 때문에 실제 기준금리는 훨씬 더 낮다. 은행화폐의 단지 약 2.5%에 불과한 준비금의 조달금리가 전체 100%의 은행화폐에 결정적인 전달효과를 갖겠는가?

셋째, 더 높은, 혹은 보다 낮은 기준금리와 은행 간 금리는 단지 일시적으로 은행의 이윤폭을 낮추거나 혹은 높인다. 그러나, 중앙은행 및 은행 간 금리가 무엇이든 간에, 은행이 추가적으로 은행화폐를 창조하는 것을 억제하지는 못한다. 왜냐하면 전체 100%의 은행화폐에 대한 대출 이자와 예상 자본이득이 일반적으로 중앙은행 금리, 은행 간 금리 및 예금 금리보다 훨씬 높기 때문이다.

넷째, 이미 언급했듯이 중앙은행의 금리는 금리의 스펙트럼과 일반적인 이자 수준을 결정하지 않는다. 후자는 금융 및 실물 경제적 자본의 시장에서 결정된다. 이런 이유로 공개시장의 대규모 국채 매입이 약세를 보이는 국채의 시장가치를 뒷받침하는 가장 효과적 방법으로 증명되었다. 그리고 그 방법은 재무부의 국채 판매 금리뿐만 아니라 은행 대차대조표도 안정시켰다. 여기서 주목해야 하는 것은 이것이 결코 금리정책이 아니라 통화량 정책이라는 것이다.

은행들은 중앙은행 금리가 인상되면 어쩔 수 없이 자체 대출 금리를 높여야 하는 척 행동한다. 그러나 부분지급준비금은행제도에서 중앙은행 금리와 은행 금리 사이에는 직접적인 연관성이 없다. 중앙은행의 금리 인상이나 인하가 은행도 그렇게 하도록 즉각적인 압력을 가하지 않으며, 확실히 1:1 관계는 아니다. 부분지급준비금은행제도의 결정적인 점은 은행이 은행화폐의 약 90%(미국)에서 97%(EU)에 대한 자본조달 비용을 회피할 수 있다는 점이다. 중앙은행 금리의 인상은 물론 은행들이 자신들의 대출금리를 올려야 하는 구실이 된다. 그러나 놀라운 점은 중앙은행 금리가 낮아졌을 때 은행들은 자신들의 예금금리를 마찬가지로 즉각 올리거나 대출금리를 즉각 낮추지 않는다는 사실이다.

금리의 즉각적 조정이 일어나지 않는다는 사실은 중앙은행 금리가 많은 은행들에게 자신들의 예대금리를 설정하는 준거의 역할을 한다는, 그리 중요하지는 않지만, 중앙은행 금리와 관련된 한 가지 명제와 모순되는 것 같다. 여기에 어떤 요인이 작동하든지 간에—복잡성과 관행적 요소는 생략할 필요가 있다—이 사안은 관행적 행위와 관련되어 있다. 중앙은행 금리가 은행 금리의 준거가 된다는 것은 겉으로는 시장 메커니즘 같아 보인다. 그러나 사실은 그것은 수요공급에 따른 가격 변화를 반영한 것이 아니라 은행금리와 중앙금리 간에 존재하는 계약적이고 관리된 연관이 있다는 증거일 뿐이다.

유로지역의 많은 은행들은 중앙은행 금리가 준거가 된다는 가정을 뒤쫓아서, 개별적이고 자발적으로 3개월 은행 간 금리(EURIBOR)에 맞춰서 자신들의 당좌대월 금리를 올리거나 낮추는 관행을 선택했다. 이와 유사하게, 주택담보대출에 대한 이자 지급은 종종 계약에 따라서 중앙은행의 정책금리와 연결된다. 이 같은 행위 규칙은 성가진 문제제기를 회피하는 데 도움을 주며, 준비금 금리와 은행화폐 금리 간에 기계적인 1:1 연관이 있다는 믿음을 유지하는 데 기여한다. 이 가격 연관은 시장을 통해서가 아니라 단지 계약적인 가격 관리를 의해서 유지된다.

중앙은행이 정말로 효과적으로 할 수 있는 일은 은행들의 수요에 맞춰서 은행의 자금을 조달할 중앙은행화폐를 창조하는 것이다. 중앙은행을 은행에 대한 최종대부자(lender of last resort)로서 특징짓기보다는 은행들의 상시적인 자금제공자(anytime refinancer)로 부르는 것이 더 정직하다. 좋을 때도 그렇게 하며 위기의 시기에는 더더욱 그렇게 한다. 현재 중앙은행이 일상적으로 양적완화를 실행하는 것이 그 예이다. 양적완화는 은행에 준비금이 흘러 넘치게 하는 것이다. 심지어 금융자산이 위협받을 때에는 최종 중개인(dealer of last resort)으로 행동해서 은행부문에서 일종의 부실채권 전담은행이 되기도 한다.[204]

거품이 터져서 위협받는 자산을 중앙은행이 구제를 위해서 개입하면 문제가 해결되기보다 지연되며, 결국 똑 같은 상황이 더 심화된다. 즉 추가적인 신용과 부채, 특히 중앙은행 장부상의 부채를 늘리고, 추가적으로 공공부채를 GDP와 실제적인 경제생산성에 맞춰서 줄이기보다는 오히려 늘린다. 그래서 위협받는 자산이나 부채를 안정시키고 경제회복을 촉발시킬 것이라는 기대는 불충분하게 충족된다.

확실히, 2007~2009년의 서브프라임 위기와 잇따른 국가부채위기로 수십억 달러의 자산가치가 손실을 입었다. 그러나 정부의 은행구제와 중앙은행에 의해 계속된 은행 보조(양적완화, 긴급 신용, 미정산 중앙은행 간 채무)는 대부분의 과잉까지 구제했다. 즉 유동화폐의 과잉, 비대해진 금융자산, 보다 중요하게는 실물경제 면에서는 공공 민간 채무자들은 경감되지 않은 부채 부담의 강한 압박을 받고 있다.

교훈적인 적절한 사례는 1990년 대초의 일본 부동산 거품의 붕괴 이후의 일본 경제이다. 일본의 거품은 1970~1980년 동안 부분별한 신용과 화폐 확장 이후에 붕괴하여 공공부채를 GDP의 235%로까지 높였다.[205] 그러나 이 수단은 이 목표를 달성하는 데 실패한 반면에 금융자산과 부채를 분명하게 늘렸다. 여기에는 정부가 지고 있는 과잉 국채가 포함된다. 국채들은 양적완화가 없었다면 시장 가치 면에서 큰 손실을 입었을 것이다. 그리고 잇따른 국채금리의 상승으로 위기에 처한 정부들은 자금을 조달하는 것이 불가능했을 것이다. 이것은 이번에는 지금까지 피했던 금융의 와해를

---

204 다음을 참조하라, Mehrling(2011, 132쪽).

205 Iwata(2008, p. 323).

촉발할 수도 있다.

그러나 시간이 지나면서, 제로와 마이너스 금리라는 무지막지한 정책의 의도하지 않은 이면이 분명해지고 있다. 특히 '한가한 은행업'에서조차 마진이 줄어들고 있고, 보험산업의 수익은 턱없이 줄어들고, 저축하는 중하층 계급에게 실질적인 손실을 가져다준다. 중앙은행들은 그래서 스스로 막다른 골목으로 향하고 있다.

5.11 은행화폐는 안전하지 않다

대부분의 사람들은 소문을 통해 은행 예금이 실제로 안전하지 않다는 것을 알고 있다. 그 사실을 잊고 있었던 사람들도 2013년 키프로스 은행의 폐쇄와 임박한 자구책에 의해 다시한번 그 사실을 상기했다. 일반적으로 고객들은 걱정하지 않는다. 왜냐하면, 은행화폐를 이체하거나 현금으로 바꾸는 데 어려움을 전혀 겪지 않기 때문이다. 그러나 은행이 곤경에 처하면 예금도 위태로워진다.

1930년대 검은 금요일과 대공황에 대한 대응으로 은행화폐의 불안전성을 인정하고, 다양한 예금보험 및 정부보증제도가 도입되었다. 미국에서는 국가기관인 연방예금보험공사(Federal Deposit Insurance Corporation)가 최대 25만 달러 예금을 보장하며, 유럽의 정부들은 10만 유로 혹은 7.5만 파운드의 보증을 약속하고 있다. 영국의 경우에는 금융서비스보상 제도(Financial Services Compensation Scheme)에 따라 공동계좌에 대해 15만 파운드의 보증을 약속하고 있다.

이러한 계획은 고객을 안심시키는 데 도움이 된다. 그러나 예금보험기금은 적법한 예금의 0.1%에서 1.7 % 사이를 차지하며, 이는 무화과 잎사귀보다 조금 더 많을 뿐이다. 은행 운영의 현실을 보면, 이러한 보험기금은 대규모 은행이나 다수 은행의 예금을 구제하기에는 부족하다. 결정적인 순간에 은행에는 충분한 지급준비금과 보험이 없다. 그 대신에 예를 들어 신용부도스왑을 발행하는 개인 보험사들도 파산할 것이다.

정부의 보증은 운 좋게도 이제까지는 전반적인 은행 붕괴의 시험을 받지 않았다. 최근의 위기 과정에서 대부분의 사람들은 정부의 재 다짐의 약속을 시험하기보다 그것을 믿고 싶어했다. 이 시험은 공공 비용으로 전체 은행산업을 구제하고 정부 부채를 크게 늘리는 방식으로 회피할 수 있었다.

은행에 있는 고객의 돈은 돈 자체가 은행의 대차대조표와 분리된 독자적인 자산이 아니라 대차대조표에 위치하는 부채인 한에서 안전하지 않다. 안전한 화폐는 호주머니에 가지고 있는 동전이나 지갑 속의 지폐 혹은 은행이 관리하는 분리된 증권계좌 안의 금융자산과 같아야 하며, 그 자체가 은행의 자산이거나 채무여서는 안 된다.

은행화폐가 안전하지 않다는 점은 확실히 가장 중요한 화폐적 문제로 간주되지 않는다. 그럼에도 불구하고 그것은 매우 중요한 문제이다. 예금보험과 정부 보증의 존재 자체는 은행화폐가 안정적이지도 안전하지도 않다는 것을 증명해준다. 화폐 존재 자체를 신뢰할 수 없는데, 어떻게 화폐 시스템이 안정적이고 신뢰할 수 있다고 하겠는가?

화폐에 대한 국가 보증은 완전 증표주의와 대별되는 국가 후원의 은행화폐체제를 대변한다(3.4절). 그 체제에서는 화폐주권을 은행들의 사적인 특권으로 크게 양도해야만 한다. 그 특권에는 이윤뿐만 아니라 시뇨리지와 유사한 이득이 포함된다. 그와 동시에 은행화폐체제는 손실을 사회화하고 정부가 일방적으로 은행과 금융시장에 의존하도록 만든다. 은행과 금융시장은 화폐적, 금융적 규율을 행사하기보다는 대부분의 정부가 감히 그럴 수 없을 만큼 무모할 뿐만 아니라 규율을 받지 않는다.

마지막으로, 돈의 비안전성은 또한 고객 화폐의 미분리(4.4절)와 은행화폐는 고객의 안전하고 포지티브한 자산이 아니라는 사실을 반영하고 있는

데, 은행화폐는 경제적, 법적, 도덕적 기준에서 그러한 것으로 간주되고 있다.

5.12 은행화폐의 분배 편향

선진 산업복지국가에서 불평등은 2008년 금융위기 이전의 수십년 동안 눈에 띄게 심화되었다. 그 경향은 1980년대 이후 현 은행화폐체제에 내재되어 있었다. 실질 근로소득을 희생시켜서 금융소득을 늘리는 것은 실제로 의도한 일은 아닐지라도 은행화폐 기반의 금융이 낳은 결과이다.

여러 사실에 비춰보면, 노동과 자본 간의 소득분배는 1970년대까지의 전전 및 전후 실질적 성장기 동안 근로소득에 우호적인 경향을 보였지만, 1980년대 이후 경향이 바뀌어 자본수입의 몫이 커졌다. '주주가치'는 최근까지 공급측 경제학이 외친 구호였다. 더 구체적으로 말하면, 실제 생산과 소비에 대한 투자보다는 투자은행과 글로벌 카지노 자본주의로 기울어졌다는 것이 입증되었다.

은행화폐의 준(quasi)-시뇨리지에 대해서 살펴본 4.11절에서, 화폐의 특권적 창조와 최초 사용부터 이후 이어지는 불리한 사용까지의 전개 과정을 다뤘다(캉티용 효과, Cantillon effect). 이 효과는 전세계적으로 금융화가 진행되고 투자은행업과 금융업이 GDP에 비해 과도하게 비대해지면서 눈에 띄게 강해졌다. 이 경향은 은행업과 금융산업에는 평균 이상의 보수를 안겨줬다. 여기에는 투자은행업, 금융기업 그리고 다른 계열의 글로벌 최고경영진이 누린 터무니 보수와 보너스가 포함된다. 금융자본의 수익은 일반적으로 증가했고, 중산층은 생활수준을 유지하기 위해 고군분투했으며, 낮은 사회계층의 근로소득과 가계 구매력은 감소했다.[206] 1970년대 말에서

---

[206] 예를 들면 다음과 같다, Atkinson(2015), Piketty(2013), Atkinson et al.(2011), Kaplan

2008년까지 그리고 그 이후 계속된 위기 동안, 금융소득과 근로소득의 분배구조는 1929년 검은 금요일로 이어지는 10년과 1930년대의 대공황 때와 똑같은 극단적 양상을 보여주었다.[207]

　　이러한 전개의 기반이 되는 메커니즘은 확인하기가 어렵지 않다. 일정 기간 동안의 모든 지출은 현재 소득 또는 해당 기간 동안 이뤄진 추가 신용과 부채, 아니면 개별적인 자산 매각을 통해서 자금이 조달되어야 한다. 금융소득과 근로소득의 합은 100%이다. 만약 금융자산이 GDP 성장률보다 더 크게 늘어난다면, 소득의 원천이 어디이든, 더 많은 비중의 소득이 금융소득에 할당되어야 할 것이다. GDP 변화보다 더 빠른 화폐 및 금융자산의 축적은 금융소득에 유리한 방향으로 소득분배의 편중을 가져오고, 결국 근로소득의 비중 감소로 이어진다. 낮은 금리는 그 효과를 제거하지 않고 단지 누그러뜨릴 뿐이다. 금융자산이 GDP 증가율보다 더 빠르게 늘어날수록 GDP와 무관한 비생산적 거래로 가는 비중이 커진다. 그리고 비생산적 거래는 실제 소득뿐만 아니라 추가적인 부채에 의해서 뒷받침된다.

5.13 1980에서 2008년까지: 거대한 무절제의 시기

전문가와 정치인 중에서 자기 만족적인 절반의 사람들은 1980년대부터 2008년 위기 발발까지의 기간을 '대완화(Great Moderation)'의 시기라 부른다. 이는 미국(과 일반적인 선발 산업사회)의 장기적인 성장률 하락에 대한 인식을 보여준다. 이 인식은 경기 주기의 진폭 감소라는 미숙한 사고와 이전 기간에 비해 낮은 인플레이션과 낮은 금리와 결합되었다.

---

and Rauh(2009).

207 Atkinson(2015, pp. 17, 180) and Bakija et al.(2010).

그러한 사고가 고려하지 않은 사안들이 있다. 그것으로는 세계화의 영향(심화된 구조적 변화와 국제적 저가 경쟁의 심화), 부채 증가, 대외적 불균형 심화, 유명한 쌍둥이 적자(이것은 몇몇 징후에 의해서 관련이 없는 것으로 선언되었다), 그리고 인플레이션을 대체한 자산-인플레이션 등이 있다. 이 당시에는 미국과 지구의 다른 곳에서 반복적으로 일어난 금융위기는 고려되지 않은 채 낮은 인플레이션이 근래의 가장 쾌적한 경험으로 간주되었다.[208] 1990년대 말의 닷컴 버블은 단지 대완화의 한 가지 양상일 뿐이었다.

1980년부터 2008년까지의 시기를 대완화의 기간으로 눈가림하는 것은 또 다른 오류이다. 그 기간을 엄청난 무절제(Great Immoderation)의 시기로 보는 것이 더 적절할지 모른다. 이 기간은 수많은 실질적인 적자들을 화폐적, 금융적 과잉을 통해서 벌충한 것으로 특징지어진다. 수많은 경험적인 핵심 지표들은 이 책의 이전 장들에서 논의했다.

- 은행화폐와 그로부터 기인하는 MMF 지분에 의한 증표화폐(주화와 지폐)의 대체.
- GDP에 비해서 과도해진 화폐의 공급.
- GDP 대비 투자은행과 금융산업의 불균형적인 성장 및 GDP 대비 금융자산의 비중 증가.
- GDP 대비 공공 및 민간 부채 비율의 증가.
- 소득과 부의 불평등한 분배의 심화, 여기에는 근로소득의 희생과 금융소득의 증가가 포함된다.
- 1970년대 하반기부터 낮은 실업률의 종료와 그 이후의 경기 침체 및 구조적 실업 증가,
- 악명높은 미국의 쌍둥이 적자, 즉, 공공부문과 대외부문 적자의 동시

---

208 대완화(Great Moderation)에 대한 비판적 논의는 Quiggin(2010, pp. 5 - 34)을 참조하라.

적 진행.

이러한 경향은 모두 대공황과 제2차대전 이후의 부흥에서 시작하여 1980년경의 전격적 이륙을 거쳐서 2008년 위기의 발발까지 강화되고, 그 이후에 정점에서 하락하는 초장기적 S자 곡선 혹은 수십년에 걸친 주기적 경향을 보이는 것 같다. 냉정하게 보면 1980년부터 2008년까지의 기간은 거대한 거품의 형성기였는데, 그 흐름에는 모든 선발 산업국가에서 일어난 주택 거품, 주식시장 거품, 파생상품 거품 및 국가부채 거품이 포함된다.

은행화폐 체제는 생산적 투자를 위한 자금조달이 아니라 금융자산의 형성을 통해서 사적인 특혜와 축재를 조장하는 방향으로 작동했는데, 그 막대한 규모의 금융자산은 반-생산적인 것이었다.

5.14 은행화폐의 합법성 문제

최근 몇 년 동안 은행에 비판적인 변호사들과 운동가들은 은행화폐의 법적 지위에 의문을 제기했다. 한 주장에 따르면 은행화폐는 실제 화폐가 아니다. 다시 말해 법정통화(legal tender)가 아니며 은행이 발행한 법정통화의 대용물인데 그 효력은 임의적이라는 것이다. 이와 관련된 두 번째 주장은 적어도 보유자에게 적극 재산(positive property)[209]을 부여하지 않는다는 의미에서 은행화폐는 공허한 약속이라고 말한다.

일부는 후자의 측면 때문에 은행화폐는 '유(something)'라기보다는 '무(nothing)'라고 말할 수 있다고 결론 내라고 은행의 차입자들은 그 '무'를 갚

---

[209] 역자주) 적극 재산이란 특정인에 속하는 예금, 토지, 가옥 등과 같이 금전적 가치가 있는 재산권의 총체를 지칭한다.

기를 거부하는 '부채 파업'을 주저해서는 안 된다고 주장한다. 그보다 덜 급진적인 결론은 은행화폐가 압류가능한 재산권을 부여하지 않았다면, 은행화폐 자체를 제외하고 어떤 등가의 자산을 돌려줘서는 안 된다고 말한다. 이런 주장이 '부채 파업'을 정당화하지는 않지만, 압류 또는 기타 강제조치에 반대하는 평결이다.

지금까지 이런 류의 주장은 널리 공유되는 법률적 견해는 아니었다. 부분지급준비금은행이 일반적 관행이라는 관점에서, 또한 은행업, 계약, 회계, 지불서비스 등에 대한 수많은 법규정이 존재하는 현 상황에서, 더구나 오늘날 정부기관이 법정통화가 아닌 은행화폐의 지급을 요구한다는 놀라운 사실을 감안할 때, 은행화폐가 불법임을 증명하는 것은 불가능해 보인다.

그럼에도 불구하고 은행화폐의 법적 토대는 불안정하다. 그런 주장을 하는 변호사들과 운동가들은 핵심을 파악하고 있다고 할 수 있다. 은행화폐의 존재를 전제로 하는 많은 법규정이 있다 하더라도 은행화폐에 명시적인 법적 근거를 부여하고 은행들이 일상적인 공공유통을 위해서 화폐를 창조할 수 있도록 권한을 부여한 법은 없다.

전통적으로 모든 나라는 주화를 국가에 귀속시키는 법을 갖고 있다. 오늘날 모든 나라에서는 중앙은행에 은행권을 발행할 권리를 부여하는 또 다른 법이 있다. 주화와 지폐는 법정통화로 선언되어 있다. 그러나 은행화폐의 법적 지위에 관한 법률은 없다. 그것은 법정통화가 아닌 상태로 존재한다. 마찬가지로 중앙은행 준비금의 법적 지위는 일률적이지 않다. 스위스와 같은 일부 나라에서는 중앙은행 준비금이 합법적이지만 유로존과 같은 다른 통화지역에서는 그렇지 않다.

은행화폐에 대한 법적 근거가 없고 중앙은행 준비금에 대한 법적 근거가 거의 없다는 사실은 매우 놀랍다. 그런데 이 화폐들이 은행화폐가 주도권을 갖고 전체 통화공급을 결정하는 현대의 화폐시스템을 구성하고 있다. 이 상황은 불완전한 증표주의, 즉 국가 후원의 민간 은행화폐 지배가 갖는 양면성에 기인한다. 조만간 그 양면성은 극복되어야 한다. 그 방법은 은행부문이 가진 불법적인 화폐 권력을 박탈하거나, 손상 없는 은행의 지배를 위하여 국가로부터 화폐주권을 완전히 박탈하는 것이다.

우리가 상정한 은행화폐의 '공허(nothingness)'에 관련하여, 기존의 모호성을 의도적으로 추가해서는 안 된다. 은행화폐는 모든 현대의 법령화폐(fiat money)와 마찬가지로 물질적 측면에서 '무'이지만 정보 단위로서의 은행화폐는 은행과 모든 후속되는 은행화폐 보유자에게 완전히 유효한 구매력을 분명히 제공한다. 그렇지 않다면, 소디(Soddy)의 격언처럼, '당신이(화폐로써) 어떤 것을 얻기 전까지는, 화폐의 소유는 당신이 대가를 치르고 아무것도 얻지 못한 것과 같다.'[210] 이와 유사하게 '무'에서 만들어진 은행화폐에 대한 부실 청구권이나 부실 대출이 은행에게 '무'를 의미한다고 해석되어서는 안 된다. 왜냐하면 그것은 실제적인 손실이기 때문이다. 만약 자산 측에서 삭제되어야 한다면, 이것은 손익계정과 대차대조표에서도 당연히 손실이다. 은행이 너무 많은 손실을 한 번에 입으면 파산한다.

은행화폐는 구매력을 제공하고 은행 신용의 불이행은 은행을 파산으로 내몰 수 있다는 점은 분명하다. 이에 반해서, 다른 두 가지 법적 문제는 모호한 상태로 남아있다. 즉 은행화폐의 소유권 문제와 은행이 지불할 때 누구에게 무엇이 지불돼야 하는지에 대한 질문은 여전히 모호하다. 요구불예금이나 저축예금을 생각해보자. 표면적으로는 예금은 예금자, 다른 말로 고객의 소유물이다. 그러나 고객은 실제로 무엇을 소유하고 있는가? 그들은 단지 은행이 고객 요구에 따라 현금을 지불하거나 예금을 이체한다는 약속만을 소유하고 있다. 그러나, 지불이 이뤄지지 않을 때 현금은 지급준비금이 관련된 한에는 은행이 소유한다(중앙은행은 이를 통해 중앙은행화폐에 대해서 법적 보호를 유지한다).

---

[210] Soddy(1934, p. 24).

대출기관과 차입자의 의무와 권리와 관련하여, 민법은 대출기관이 자신의 소유권으로부터 각 항목 또는 포지션(금액)을 매각하고 이를 대출자의 소유로 이전해야 한다고 규정하고 있다. 차입자는 대출에 이자를 지급하고 원금을 상환해야 한다. 이것은 회계 측면에서 분명히 대출기관 자산들의 스왑을 포함한다. 즉, (차입자에게 가는)유동적인 화폐 포지션과(차입자로부터 오는) 화폐에 대한 청구권이 교환된다. 그러나 이것은 지급준비금은행제도에서 실제로 일어나는 일이 아니다.

은행들은 실제로 요구되는 금액을 지불하는데, 소량의 현금과 대량의 준비금을 수신은행에 지불한다. 이것이 가장 두드러진 점이다: 현금과는 대조적으로 은행의 중앙은행계좌에 있는 준비금은 고객이 아니라 고객의 은행에게 전달되며, 고객은 오직 지불약속인 신용 기입 항목, 즉 중앙은행화폐 대신에 은행화폐를 얻는다.

따라서 특정 은행은 실제로 자신의 재산목록에서 준비금을 빼내어 각 고객이 아니라 수신은행에게 전달한다. 고객의 청구권과 고객에 대한 채무를 은행화폐로서 창조하지만, 관련된 전체 금액을 고객에게 지급하지 않는 것은 민법이 실제로 명시하고 있는 바가 아닌 것 같다: 1대1의 대출기관에서의 항목 인출과 차입자로의 완전 이체. 이런 각도에서 볼 때, 은행화폐의 회계는 사실 어떤 면에서 '허구적'이다.[211]

은행의 변호사들은 고객이 준비금, 즉 중앙은행화폐(법정통화)를 받을 수 없지만, 그에 해당하는 금액의 은행화폐를 받을 수 있다고 주장할 것이다. 그러나 '외부-내부'의 논문(4.14절)에 따르면 은행화폐는 특히 한 은행이나 전체 영역이 곤경에 처했을 때, 유효성 측면에서 '고강력' 중앙은행화폐와 동일한 지위와 속성을 갖지 못한다. 은행이 자주 곤란에 겪는다는 점과 은행화폐시스템에서는 자산 및 부채 거품과 금융위기의 가능성이 높다는

---

211 다음을 참조하라, Schemmann(2011 b, pp. 16 – 25, 2015).

사실을 전제로 하면, 이것은 설득력이 없지 않다.

5.15. 헌법적 차원을 무시한 화폐 질서

지급준비금은행제도의 기능장애에 대해 논의하면서 제3장에서 자세히 설명한 증표주의(Chartalism)와 연결해서 보면 최종적으로 그림이 완성된다.

통화학파 대 은행학파 간 논쟁의 맥락에서 보면, 현재의 은행화폐 체제는 거의 완결적인 은행 중심의 제도이다. 통화학파가 주는 교훈의 내용은 더욱 뒷전으로 밀려났다. 현실의 증표주의는 100년이 넘도록 부분적이거나 불완전한 증표주의였다. 사실상 이 체제는 국가 및 중앙은행에 의해 뒷받침되는 은행화폐의 지배를 보장했다. 세 가지의 주권적 통화 특권(즉 통화, 공식 지불수단 및 화폐 창조에 의한 시뇨리지)에서 국민국가통화의 원리만이 유일하게 아직 유효하다. 하지만, 세계적으로 양도가능한 민간 통화 및 새로운 대용화폐는 앞으로 늘어나서 미래를 위협하는 또 다른 도전 요소가 될 수 있다. 두 번째 및 세 번째 통화특권, 화폐 창조와 그것의 혜택(시뇨리지)은 전적으로 은행산업에 맡겨져 있다.

이런 현실은 국법이나 헌법의 전통과 정신을 무시하는 우려되는 경향을 대변한다. 미국의 경우, 1787년 미국 헌법의 제8조 1항은 주화를 주조할 권한을 의회에 부여했다. 이후 1861년부터 미국의 남북전쟁의 자금 조달을 위하여 정부는 민간 은행권과 나란히 미국 재무부 지폐(US Treasury notes)를 발행했다. 그러나 1913년부터 재무부 지폐는 민간인 연방준비은행권에 의해 대부분 단계적으로 폐지되었고, 개별 민간은행의 은행권은 더 이상 승인되지 않았다. 연방준비제도이사회(FRB) 자체는 일종의 민관혼합체이다. 주화 주조 권한이 지폐 인쇄를 포함하는지 여부에 대한 질문은 다시 모호하게 되었고, 계좌상의 신용을 창조하는 데 그 권한을 적용할 것인가는 아직까지 논쟁의 주제가 되지 못했다. 그 사안은 반드시 그렇게 되어야 했다.

은행화폐 체제는 국가로부터 주권적 화폐 특권을 빼앗고, 정부가 재정을 은행이나 채권시장에 의존하도록 만들었으며, 이로 인해 정부 재정은 그렇지 않을 때보다 더 큰 정도로 터무니없이 강한 압박을 받게 되었다. 이와 동시에 앞의 문단에서 논의했던 기능장애들의 근본 원인이 통제할 수 없는 은행화폐의 창조이고 그것이 시장이나 중앙은행의 제약을 받지 않는다는 점에서, 은행화폐 체제 자체가 기능장애의 주요 원천이다.

화폐 질서의 헌법적 측면은 극히 중요하다. 주권화폐는 국민국가의 화폐적, 금융적 주권을 보장한다. 화폐적 특권은 입법, 행정, 사법, 조세 및 공권력의 사용만큼이나 국가의 영토적, 기능적 통합에 결정적이다. 근대 국가는 완전한 화폐 특권을 필요로 하며, 그것을 보장하는 것은 완전한 증표주의이다.

초기 경제학자들 중에서 특히 화폐의 존재를 헌법적 중요성을 갖는 주권적 특권으로 이해한 사람은 어빙 피셔였다.[212] 금융산업에 화폐적 특권을 양도하는 것은 민간 로비스트에게 입법을 맡기는 것과 같다: 마치 정부가 관장해야 하는 똑같은 것을 민간 조직체가 관장하도록 하고 개별적 선호를 반영하는 데 따르는 책임을 지우지 않는 것과 같다. 국가의 법적 시스템이 샤리아 법[213]과 같은 다른 것에 의해 대체되도록 하는 것과 같다; 또는 경찰과 군대를 민간 민병대와 용병으로 대체하는 것과 같다. 이 모든 일은 실제로 여러 국가에서 다양한 수준에서 일어나고 있다. 만약 방치한다면, 시민권과 권력 분립에 근거한 자유주의적 법치가 정지될 수밖에 없다.

고대 사회에서 돈은 왕과 군벌들이 무기를 사용해서 방어하던 특권이

---

212 Fisher(1935, p. 241).

213 역자주) 샤리아 법(Sharia law)은 이슬람법을 의미한다.

었다. 중세에 주화는 높은 위치의 세속과 교회적 공국의 봉건적 특권이었다. 근대화와 함께 화폐는 주권적인 화폐가 되었고, 법적으로, 때로는 헌법적으로 국민국가의 성문화된 특권이 되었다.

근대 민주주의 국가는 다른 주권적 특권을 방어해야 하는 것과 마찬가지로 통화의 화폐적 특권을 중요하게 간주해야 한다. 지배적인 화폐의 종류는 ─주권적이든 사적이든, 부채가 아니든 이자를 낳든─지배적인 권력 관계에 의존한다. 화폐 개념을 강요할 수 있는 권력을 가진 사람들이 지배할 것이다. 그러나 화폐체제는 또한 경제적으로 기능적이어야 하고 고객들이 광범위하게 수용해야 한다. 그것이 단지 화폐 발행자와 금융 과두계급의 이기심에 봉사한다면 그것은 지속될 수 없다. 화폐의 안전, 화폐 가치, 금융시스템의 안정성과 관련하여 기능장애를 일으킬 것이며, 실물 경제뿐만 아니라 최고 부자를 제외한 모든 이의 생활수준에 영향을 미칠 것이다. 제퍼슨의 말에 따르면 근대사회에서 합법성은 '모두를 위한 동등한 권리, 즉 '누구에게도 특권은 없다'는 원리에 기반하고 있다.[214] 은행이 화폐적 기능을 담당하는 것은 정당하지 못한 사적인 특권이며 정당한 권리가 아니다. 은행화폐 체제가 기능장애를 일으키고 정당하게 작동하지 않는 한 더더욱 그러하다.

오늘날 모습대로의 은행화폐 체제는 거대 은행기업들의 글로벌 과점 체제하에서 작동하는 '자유 은행'체제와 그리 크게 다르지 않다. 그 체제는 탈국가화된 화폐나 결정적인 영향력을 가진 한두 개의 특권적 국가준비통화를 기초로 작동될 수 있을 것이다. 그렇다 하더라도 금융기업과 금융시장은 법률과 그것을 뒷받침하는 국민국가의 제도적 장치를 필요로 한다. 궁극적으로 은행산업은 화폐적 특권을 장악하는 것을 넘어서 기존 국가들의 제도적 법적 구조를 장악할지도 모른다. 이것은 확실히 디스토피아 소설의 흥미로운 소재이다. 하지만 실제일 수 있을까? 아마도 아니다. 실제로 은행가

---

214 De Fremery(1960 – 1976).

들은 자신들이 하고 있는 모든 것을 잃을 위험에 노출되면서까지 진정으로 '자유로운' 사람이 되기를 원하지 않는다. 국가의 후원이 없는 민간 화폐는 그 자신이 위기에 처하면 살아남지 못할 것이다. 금융산업은 국가가 뒷받침하는 민간 은행화폐라는 현 상황을 매우 편안하게 느낄 것이다.

5장 참고문헌

Abbas, S.M. Ali, Laura Blattner, Mark De Broeck, Asmaa El-Ganainy, and Malin Hu. 2014. Sovereign Debt Composition in Advanced Economies: A Historical Perspective. IMF Working Paper,WP/14/162, September 2014. Washington, DC: IMF, Fiscal Affairs Department.

Anderson, Andy, Ronnie Morrison. 2014. Moving On. Helensburgh: Scottish Monetary Reform. www.scottishmonetaryreform.org.uk.

Aliber, Robert Z., and Charles P. Kindleberger. 2015 [1978]. Manias, Panics, and Crashes. A History of Financial Crises,7The dn. New York: Basic Books.

Arslanalp, Serkan, and Takahiro Tsuda. 2012. Tracking Global Demand for Advanced Economy Sovereign Debt. IMF Working Paper,WP/12/284.

Atkinson, Anthony B.2015. Inequality. What Can Be Done? Cambridge, MA: Harvard University Press.

Atkinson, Anthony B., Th omas Piketty, and Emmanual Saez.2011. Top Incomes in the Long Run of History. Journal of Economic Literature 49(1): 3-71.

Baba, Naohiko, Robert N. McCauley, and Srichander Ramaswamy.2009. US Dollar Money Market Funds and Non-US Banks. BIS Quarterly Review March 2009: 65-81.

Bakija, Jon, Adam Cole, and Bradley T. Heim. 2010. Jobs and Income Growth of Top Earners and the Causes of Changing Income Inequality: Evidence from U.S. Tax Return Data. Department of Economics Working Paper 2010-24. Williamstown: Williams College.

Barrdear, John, Michael Kumhof. 2016. The macroeconomics of central bank issued digital currencies, Bank of England. Staff Research Paper, No. 605, July 2016.

Bazot, Guillaume. 2014. Financial Consumption and the Cost of Finance: Measuring Financial Efficiency in Europe(1950-2007). Research Papers. Paris School of Economics.

Bhatia, Ashok Vir. 2011. Consolidated Regulation and Supervision in the United States. IMF Working Paper,No. 23, 2011.

Bjerg, Ole. 2014c. Making Money. The Philosophy of Crisis Capitalism. London: Verso Books.

_____. 1982b. The Financial Instability Hypothesis. In Financial Crises. Theory, History, and Policy,ed. C.P. Kindleberger, and J.-P. Laffargue, 13 – 39. Cambridge: Cambridge University Press.

Blinder, Alan S. 2013. After the Music Stopped: The Financial Crisis, the Response, and the Work Ahead. New York: Penguin.

Borio, Claudio. 2012. The Financial Cycle and Macroeconomics: What Have We Learnt? BIS Working Papers, No. 395, December 2012. Basel: Bank for International Settlements.

Broadbent, Ben. 2016. Central Banks and Digital Currencies. Speech at the London School of Economics documented by the Bank of England. http://www.bankofengland.co.uk/publications/Pages/speeches/default.aspx.

Brunnermeier, Markus K., and Isabel Schnabel. 2015. Bubbles and Central Banks. Historical Perspectives. Working Paper. Princeton and Mainz University, 21 January 2015. http://scholar.princeton.edu/sites/default/files/markus/files/bubbles_centralbanks_historical_0.pdf Chesney, Marc.2014. Vom Großen Krieg zur permanenten Krise. Zürich: Versus Verlag.

De Fremery, Robert. 1960 – 1976. Rights Versus Privileges. San Anselmo, CA: Provocative Press.

Deutsche Bank Markets Research. 2014. Long-Term Asset Return Study. London:

Deutsche Bank Markets Research.

Dorfman, Jefrey. 2014. Forget Debt as a Percentage of GDP, It's Really Much Worse.

Forbes,December 7. http://www.forbes.com/sites/jeffreydorfman/2014/07/12/

forget-debt-as-a-percent-of-gdp-its-really-much-worse.

Dow, Sheila, Guðrún Johnsen, and Alberto Montagnoli. 2015. A Critique of Full Reserve Banking. Sheffield Economic Research Paper Series,No. 2015008, March 2015.

Duncan, Richard.2012. The New Depression: The Breakdown of the Paper Money Economy. Hoboken, NJ: Wiley.

Fama, Eugene.1970. Efficient Capital Markets. A Review of Theory and Empirical Work. Journal of Finance 25: 383 – 417.

Fama, Eugene, Lawrence Fisher, Michael C. Jensen, and Richard Roll.1969. The Adjustment of Stock Prices to New Information. International Economic Review 10(1): 1 – 21.

Financial Crisis Inquiry Committee. 2011. Report of the National Commission on the Causes of the Financial and Economic Crisis in the United States. Washington, DC: US Government Printing Office.

Fisher, Irving.1911. The Purchasing Power of Money; Its Determination And Relation To Credit, Interest and Crises. New York: The Macmillan Company.

Fontana, Giuseppe. 2000. Post Keynesians and Circuitists on Money and Uncertainty. Journal of Post Keynesian Economics 23(1): 27 – 48.

_____. 1935. 100%-money. New Haven: Yale University. Reprinted in William J. Barber et al., eds. 1996. The Works of Irving Fisher. London: Pickering & Chatto.

Friedman, Milton. 1991. Monetarist Economics. Oxford, UK: Basil Blackwell.

_____.1992. Money Mischief. New York: Harcourt Brace Jovanovich.

Gourinchas, Pierre-Olivier, and Maurice Obstfeld. 2012. Stories of the Twentieth Century for the Twenty-First. American Economic Journal: Macroeconomics 4(January): 226 – 265.

Häring, Norbert, and Niall Douglas. 2012. Economists and the Powerful. Convenient The ories, Distorted Facts, Ample Rewards. London: Anthem Press.

Hayek, Friedrich A. von. 1976. Denationalisation of Money. London: Institute of Economic Affairs.

Hilton, Adrian. 2004. Sterling Money Market Funds, Bank of England. Quarterly Bulletin Summer 2004: 176–182.

Huber, Joseph. 1998. Vollgeld. Berlin: Duncker & Humblot.

_____. 2014a [2010]. Monetäre Modernisierung,4 bearb. Marburg: Metropolis.

Hudson, Michael. 2006. Saving, Asset-Price Inflation, and Debt-Induced Deflation. In Money, Financial Instability and Stabilization Policy,eds. L. Randall Wray, and Matthew Forstater, 104–124. Cheltenham: Edward Elgar.

_____. 2012. The Bubble and Beyond. Dresden: Islet Verlag.

Huerta de Soto, Jesús. 2009. Money, Bank Credit, and Economic Cycles,2nd edn. Auburn, AL: Ludwig von Mises Institute(1st edn. 2006).

Humphrey, Th omas M. 1984. Algebraic Quantity Equations before Fisher and Pigou. Economic Review of the Federal Reserve Bank of Richmond 70(5): 13–22.

IMF. 2012. World Economic Outlook October 2012, Coping with High Debt and Sluggish Growth. Washington, DC: International Monetary Fund.

Independent Commission on Banking. 2011. Interim Report. Consultation on Reform Options(Vickers Report). London, April 2011. http://bankingcommission.independent.gov.uk/bankingcommission Iwata, Kazumasa. 2008. The Role of Money and Monetary Policy in Japan. In The Role of Money: Money and Monetary Policy in the Twenty-First Century,eds. Andreas Beyer, and Lucrezia Reichlin, 321–330. Frankfurt: European Central Bank.

Jackson, Andrew, and Ben Dyson. 2012b. Modernising Money. Why Our Monetary System is Broken and How It Can be Fixed. London: Positive Money.

Jordà, Òscar, Moritz Schularick, and Alan M. Taylor. 2010. Financial Crises,

Credit Booms, and External Imbalances. 140 Years of Lessons. NBER Working Papers,No. 16567, December 2010.

_____. 2014. The Great Mortgaging: Housing Finance, Crises, and Business Cycles. NBER Working Papers,No. 20501, Sep 2014.

Kaplan, Steven N., and Joshua Rauh. 2009. Wall Street and Main Street: What Contributes to the Rise in the Highest Incomes? The Review of Financial Studies 23(3): 1004－1050.

Kick, Th omas, Th ilo Pausch, and Benedikt Ruprecht. 2015. The Winner's Curse. Evidence on the Danger of Aggressive Credit Growth in Banking. Bundesbank Discussion Paper,No 32/2015.

Kindleberger, Charles P., and J.-P. Laffargue, eds. 1982. Financial Crises. Theory, History, and Policy. Cambridge: Cambridge University Press.

Köhler, Michael. 2015. Hume's Dilemma. Das Geld und die Verfassung. Berlin: Duncker & Humblot.

Kregel, Jan. 2012. Minsky and the Narrow Banking Proposal. Public Policy Brief, No.125. Levy Institute of Bard College, 4－8.

Kumar, Manmohan S., and Jaejoon Woo. 2010. Public Debt and Growth. IMF Working Papers WP/10/174, Washington, DC.

Laeven, Luc, and Fabian Valencia. 2008. Systemic Banking Crises. A New Database. IMF Working Paper WP 08/224.

Liikanen Report. 2012. High-Level Expert Group on Reforming the Structure of the EU Banking Sector,Chaired by Erkki Liikanen. Final Report. Brussels: EU-Commission.

Mai, Heike. 2015. Money market funds, an economic perspective. DB Research, EU Monitor Global Financial Market s, February 26, 2015.

Mehrling, Perry. 2011. The New Lombard Street. How the Fed Became the Dealer of Last Resort. Princeton: Princeton University Press.

Mellor, Mary. 2016. Debt or Democracy. Public Money for Sustainability and Social Justice. London: Pluto Press.

Mian, Atif, and Amir Sufi. 2014. House of Debt. Chicago, IL: University of Chicago Press.

Minsky, Hyman P. 1982a. Can 'It' Happen Again? Essays on Instability and Finance. Armonk, NY: M.E. Sharpe.

_____. 1982b. The Financial Instability Hypothesis. In Financial Crises. Theory, History, and Policy, eds. C.P. Kindleberger, and J.-P. Laffargue, 13 – 39. Cambridge: Cambridge University Press.

_____. 1986. Stabilizing an Unstable Economy. New Haven: Yale University Press.

Pettifor, Ann. 2014. Out of thin air—Why banks must be allowed to create money. 25 June 2014. http://www.primeeconomics.org/?p=2922 Peukert, Helge. 2012. Die große Finanzmarkt– und Staatsschuldenkrise,4 überarb Auflage. Marburg: Metropolis.

Piketty, Th omas. 2013. Le capital au XXI siècle. Paris: Éditions du Seuil. Engl. 2014. Capital in the Twenty–First Century,Cambridge, MA: The President and Fellows of Harvard College.

Quiggin, John. 2010. Zombie Economics. How Dead Ideas Still Walk Among Us. Princeton, NJ: Princeton University Press.

Reinhart, Carmen M., and Kenneth S. Rogoff. 2009. Th is Time is Different. Eight Centuries of Financial Folly. Princeton: Princeton University Press.

_____. 2010. Growth in a Time of Debt. NBER Working Paper 15639, Cambridge, MA, January 2010.

Rey, Hélène. 2013. Dilemma not Trilemma. The Global Financial Cycle and Monetary Policy Independence. Proceedings of the Jackson Hole Economic Policy Symposium. Federal Reserve Bank of Kansas City, August 2013, 286 – 333.

Rossi, Sergio.2001. Money and Inflation A New Macroeconomic Analysis. Cheltenham: Edward Elgar.

Ryan–Collins, Josh, Tony Greenham, Richard Werner, and Andrew Jackson.2012. Where Does Money Come From? A Guide to the UK Monetary and Banking System,2 edn. London: New Economics Foundation.

Schemmann, Michael. 2011b. The Euro ist Still the Strongest Currency Around. Analyses and Solutions for the Money and Sovereign Debt Crisis of the 2010s. IICPA Publications.

_____. 2015. Putting a Stop to Fictitious Bank Accounting. IICPA Publications. http://www.iicpa.com Schularick, Moritz, and Alan M. Taylor.2009. Credit Booms Gone Bust: Monetary Policy, Leverage Cycles, and Financial Crises 1780 – 2008. American Economic Review 102(2): 1029 – 1061.

Shiller, Robert J. 2015. Irrational Exuberance. Revised and expanded 3rd edn. Princeton, NJ: Princeton University Press.

Soddy, Frederick. 1934. The Role of Money. What it should be, contrasted with what it has become. London: George Routledge and Sons Ltd..

Stelter, Daniel. 2015. Börsencrash. Jetzt starten die Helikopter. Manager Magazin, August 24.

Turner, Adair. 2015. Between Debt and the Devil. Money, Credit and Fixing Global Finance. Princeton: Princeton University Press.

van Dixhoorn, Charlotte.2013. Full Reserve Banking. An Analysis of Four Monetary Reform Plans. Utrecht: Sustainable Finance Lab.

Walter, Johann. 2011. Geldordnung—eine ordnungspolitische Alternative. Wirtschaftsdienst. Zeitschrift für Wirtschaftspolitik 91 Jg, 8/2011: 543 – 549.

Werner, Richard A. 2005. New Paradigm in Macroeconomics. New York: Palgrave Macmillan.

Werner, Richard A. 2012. How to Turn Banks into Financial Intermediaries and Restore Money Creation and Allocation Powers to the State. CBFSD Policy Discussion Paper,No. 3 – 12, University of Southampton.

Wolf, Martin.2014. The Shifts and the Shocks. What We've Learned from the Financial Crisis and Have Still to Learn. London: Allen Lane.

Yamaguchi, Kaoru. 2014. Money and Macroeconomic Dynamics. An Accounting System Dynamics Approach. Awaji Island: Muratopia Institute/ Japan Futures Research Center. www.muratopia.org/Yamaguchi/ MacroBook.html.

Zarlenga, Stephen A. 2014. The Need for Monetary Reform. Presenting the American Monetary Act. Valatie: American Monetary Institute. http://www.monetary.org/ wp-content/uploads/2011/12/32-page-brochure-sept20111.pdf.

• • • • •

제6장

은행화폐에서 주권화폐로

국가 후원의 민간 은행화폐(state-backed private bankmoney)라는 불안정하고 혼합적인 제도는 기능장애를 일으키면서 우리에게 결단을 요구하고 있으며, 그 해답은 완전한 증표주의(full chartalism)이다. 이 장에서는 현재의 은행화폐 체제로부터 완전한 주권화폐 체제로의 이행과 관련되어 있는 변화의 기본 특징들을 다룬다. 그 내용은 관련된 장점 및 예상되는 단점뿐만 아니라 중앙은행, 은행, 정부, 은행 고객과 관련된 연속성과 변화이다.

　이 책의 서문에서 이미 언급했듯이 주권화폐는 시카고 플랜(Chicago Plan)의 한 유형이거나 완전지급준비금 제도 혹은 좁은 은행업(narrow banking)을 추구하는 또 다른 방식의 접근이 아니다. 이에 대해서는 6.14절에서 논의한다. 주권화폐시스템은 복잡한 분리-순환 지급준비금 시스템(split-circuit reserve system)의 어떤 유형보다도, 원리적인 이해와 탄력적 운용 및 통제가 훨씬 쉬운 단일-순환 시스템(single-circuit system)이다.

　이에 덧붙여서 은행화폐에서 주권화폐로의 전환이 만병통치약이 아니라는 점도 지적되어야 한다. 은행화폐는 은행업과 금융업에 존재하는 현재의 문제점들의 근본 원인이지만, 5.2절에서 논의한 바와 같이 다른 많은 요인들도 문제의 원인들이다. 단일-순환의 주권화폐시스템으로 이행했다고 해서 은행업과 금융시장의 안정화를 목표로 하는 다른 조치들이 불필요해지는 것은 아니다. 예를 들어 위험 노출에 대한 투명하고 완전한 통지, 은행의 적정 지분 확대, 혹은 은행업의 다양한 사업 분야 간의 차단 등이 그러한 것들이다. 그러나 이 조치들의 대부분은 은행에 의한 화폐 창조를 중단시키지 않는다면 효과를 발휘할 수 없다. 화폐 개혁이 이뤄지지 않는다면 이 조치들은 결국에는 지금과 마찬가지로 지속 가능하지 않다는 것이 밝혀질 것이다. 이와 별개로 주권화폐는 그 자체로서 즉각 은행화폐의 기능이상을 해결하는 데 기여한다. 몇 가지의 다른 개혁적 제안들은 더 이상 필요하지 않게 될 것이다. 예를 들면 지급준비금제도하의 유동성 및 재무건전성 관리를 위한 많은 제안들뿐만 아니라 은행업 분리를 위한 제안들이 그러한 예에 해당한다.

6.1 주권화폐시스템의 기본 특징들

주권화폐는, 손에 쥘 수 있는 현금이든 비현금성 화폐이든, 완전한 효력을 갖는 법정통화(legal tender)이다. 비현금성 화폐는 모바일 저장장치나 계좌에 들어있는 화폐를 말한다. 주화는 언제나 주권화폐였다. 은행권(지폐)은 120~180년 전에 법정통화가 되었다. 오늘날 화폐 공급의 가장 크고 결정적인 부분을 차지하는 것은 계좌상의 은행화폐이다. 오늘날 계좌상의 주권화폐 도입은 19세기에 민간은행의 은행권(지폐)을 대상으로 수행했던 조치를 은행화폐를 대상으로 수행하는 것이다. 민간 은행이 발행한 은행권들을 폐지하고 중앙은행권으로 그것을 대체했다. 오늘날의 개혁은 계좌상의 은행화폐와 은행이 발행한 전자화폐를 계좌상의 주권화폐와 주권전자화폐로써 대체하는 것이다.

주권화폐의 개념은 국가나 국가연합의 가장 중요한 주권적 권리에 속하는 헌법적 차원의 화폐적 권한을 의미한다. 반복해서 말하면, 화폐적 주

권은 다음을 포괄한다:

1. 특정 영역 내의 통화, 즉 공통의 계산단위를 결정할 권리.
2. 그 계산단위로 표기된 공식적 지불수단을 창조하고 발행할 권리.
3. 화폐발행이익, 즉 시뇨리지를 취할 권리.

주권화폐는 전량이 독립적이고 불편부당한 국가기관에 의해서 해서 창조되고 발행된다. 대부분의 나라에서 이 역할을 수행하게 될 기관은 그 나라의 중앙은행이다. 본원통화, 통화량, 화폐량 그리고 화폐 공급은 대체로 같은 것을 의미하게 된다.

금융 교과서에서 볼 수 있는 용어로 말하면, 주권화폐는 대용화폐(money surrogate)와 대조되는 본래 화폐(money proper)이자 1차 화폐이며 2차 화폐가 아니다. 주권화폐와 대체될 수 있는 용어로는, 증표화폐(chartal money)(증표주의에서 파생된 용어), 베르너(Werner)의 국가화폐(state money). 앤더슨과 모리슨(Anderson and Morrison)의 헌법화폐(constitutional money), 야마구치(Yamaguchi)와 멜러(Mellor)의 공공화폐(public money), 주식회사인 연준의 화폐(Federal Reserve money)와 구별되는 미국 재무부 화폐를 의미하는 자랑가(Zarlenga)의 미국화폐, 스트리너(Striner)의 순수 화폐(pure money), 후버와 로버트슨(Huber and Robertson)의 완전 화폐(plain money) 등이 있다. 주권화폐는 그것이 무엇을 의미하는지를 가장 잘 압축적으로 표현하고 있는 것 같다.[215]

---

215 Werner(2012), Anderson and Morrison(2014), Yamaguchi(2014), Mellor(2016), Zarlenga(2014), Striner(2015), Huber and Robertson(2000). 주권화폐(sovereign money)라는 용어는 현대화폐이론(MMT)이 사용하는 주권통화(sovereign currency)라는 용어와는 다르다. 현대화폐이론에서 '주권통화'의 용법은 문제가 있는 논리구조의 한 부분이다. 이 구조에서는 은행에 의한 신용 및 예금 창조가 '주권통화시스템'으로 잘못 묘사된 시스템의 원만한 부분으로 간주된

주권화폐시스템은 여전히 중앙은행과 은행부문으로 구성된 이층구조로 띨 수 있다. 그렇지만 이층구조가 시스템적으로 오늘날의 신용 기반의 은행-주도 지급준비금 시스템에서 그런 것만큼 중요하지 않다. 주권화폐시스템은 지급준비금은행업의 분리된 순환과 달리 단일 순환으로 되어 있다. 더 이상 준비금이 존재하지 않으며, 은행들 간의 거래뿐만 아니라 비은행 간의 단일 순환 내에서 자유롭게 순환하는 주권화폐만 존재한다. 주권화폐는 예전 시기의 물리적 현금과 유사하지만 이제는 중앙은행 전자화폐의 형태를 띠거나 전통적인 계좌 시스템이나 어쩌면 블록체인 시스템 내에 있을 것이다.

따라서, 오늘날의 통화량인 M0와 M1은 존재하지 않고, 단지 하나의 통합된 화폐 공급인 M만 존재하게 되어서 통제하거나 다루기가 쉬워질 것이다. 저축 계정이나 예금 증서와 같은 오늘날의 통화량 M2/3/4에 속하는 자산은 은행이나 기금에 대한 고객 대출이 되어서, 은행 및 금융 통계에 총통화량이나 준화폐(near-money)가 아니라 단기 금융 자본으로 기록될 것이다.

주권화폐는 유동적인 화폐 자산으로만 유통된다. 어떤 은행의 대차대조표에도 채무로 나타나지 않는다. 만약 빚을 내서 화폐를 얻는다면, 그 빚은 채무가 되지만, 그 자체가 획득한 화폐는 아니다. 부채가 은행 혹은 중앙은행의 대차대조표에 있더라도, 획득한 화폐는 항상 쉽게 활용할 수 있는 지불수단일 뿐만 아니라 유동적인 자산이다.

다. 마치 여전히 성취될 필요가 있는 것이 이미 존재하는 것과 같다. 다음을 참조하라, sovereign-money.eu/money theory/modern money and sovereign currency. 일단의 프랑스 사회인류학자들도 주권화폐(monnaie souveraine)라는 용어를 사용하지만 의미가 다르다. 이 집단은 실물 경제 거래 이전에 존재하는 화폐와 금융의 시스템적 위계질서에서 출발하지만, 지나치게 확장된 입장이다. 경제적 소외에 대한 맑스주의적 사고의 맥락에서, 화폐 그 자체가 주권적 개인에게서 기원하는 지급수단이기보다는 독립적인 주권적 실체의 역할이라는 측면에서 관찰된다. 다음을 참조하라, Aglietta Orléan(1998).

이 책에서 이미 설명한 바와 같이 은행화폐에서 주권화폐로의 전환은 현대적 조건에 맞게 변형된 신통화학파(New Currency)의 가르침이라 할 수 있다. 통화학파 가르침의 핵심 요소는 화폐를 신용과 분리함으로써, 달리 말하면, 화폐적 기능(중앙은행), 재정적, 예산적 기능(정부) 그리고 금융적 기능(은행, 다른 금융기관, 그리고 금융시장 참가자)의 분리를 통해서, 법령화폐(fiat money)의 수량을 통제하는 데 있다.

몇몇 비판자들의 눈에는 은행화폐를 주권화폐로 대체하는 것이 오히려 문제를 악화시킬 뿐이다. 이들이 공통적으로 가진 신조에 따르면 정부는 돈을 분별 있게 쓰는 방법을 알지 못한다는 혐의를 받는 반면에 오직 은행만이 화폐를 잘 이해한다. 은행이 발행한 화폐는 기능적인 것으로 간주되며, 정부가 발행한 화폐는 인플레이션을 유발할 우려가 있는 것으로 간주된다. 역사적 사실뿐만 아니라 이 책이 제시한 분석은 그 반대의 진실을 보여주며 한층 차별적인 상을 제시한다.

정부와 은행산업이 각각 화폐 공급의 결정적인 통제력을 가졌던 시기들을 비교해보면, 정부와 관련된 역사적인 기록은 그 성과가 일관되지 않지만, 은행산업이 화폐 공급을 통제했을 시기의 결과는 일관되게 인플레이션, 자산 가격의 앙등, 경기 과열과 냉각을 불러와서 패닉과 위기를 반복적으로 일으켰다.[216]

이와 동시에, 정부 주도의 화폐 시스템의 성과가 실제로 엇갈린다는 점을 인식해야 한다. 때로는 책임성이 있었지만 때로는 절제하지 못했다. 그리고 역사적으로 많은 정부가 사치, 전쟁 혹은 복지를 위해 수단 이상으

---

[216] Benes and Kumhof(2012, p. 26)는 이 주제에 대한 연구를 많이 모았는데, 그 중에는 다음과 같은 획기적인 저작들이 있다: Del Mar(1895), Shaw(1896), and Zarlenga(2002). 혹자는 다음과 같은 저작을 포함시킨다: Aliber and Kindleberger(2015, Chap. 4) 및 Kindleberger의 다른 저작들.

로 지출을 해서 과다한 부채를 안는 경향이 있었다는 점도 알아야 한다. 따라서 주권화폐가 건전하고 안정적이기 위해서는, 그것을 잘 규정된 법적 율령에 기반하여 불편부당한 화폐 당국에 위임하는 것이 중요하다. 그리고 그 당국은 통화정책의 세세한 운영에서 독립적이고 의회나 정부 내각의 방침에 종속되지 않아야 한다.

은행화폐를 주권화폐로 대체하는 제도에 대해서 광범위하게 제기되는 또 다른 비판은 그 자체를 극단적으로 급진적이거나 심지어 혁명적인 것으로 채색하는 것이다. 화폐 및 은행 이론의 측면에서, 이 같은 패러다임의 변화는 사실 이제까지 영향력을 발휘하던 지식의 어떤 요소에 대한 도전인 것은 분명하다. 그러나 국가 및 시장에 의해 조직된 현대 사회의 맥락을 미뤄볼 때 주권화폐로의 이행은 실천적으로는 화폐와 금융이 한 단계 진화하는 것에 불과하다. 이 프로그램은 법적이고 실천적인 측면에서 단지 몇 가지 변화만을 필요로 한다. 은행들과 중앙은행 외에 화폐 사용자들은 이행과 관련하여 특별히 통지받을 것이 없는 경우라면 주의를 기울이지 않아도 된다.

6.2. 국가의 제4부인 중앙은행

현대의 법령통화(fiat money)는 그 자체를 희소하게 하는 어떤 자연적인 제약도 없으며 사실상 정말로 희소해져서도 안 된다. 그러나 어떤 기제를 통해서 화폐의 양이 실질 가치 기준, 즉 경제 산출량 및 그와 관련된 금융과 확실히 연계될 필요는 있다. 그렇지만 5.9절에서 논의한 바와 같이, 금융 시장은 가치 기준의 측면에서 화폐를 위한 그러한 필수적인 닻의 역할을 계속 수행하기보다는 빈번하게 실패한다. 그래서 특수한 기관이 화폐 총량을 공급하고 탄력적으로 재조정하는 역할을 맡아야 한다. 이 기능을 수행할 수 있는 확실한 후보는 국민국가의 중앙은행이다.

미국의 경우에 통화당국의 임무를 맡아야 할 곳이 연방준비위원회 (Federal Reserve)라는 사실은 다른 곳만큼 그리 분명한 것 같지 않다. 유럽의 경우에 정부가 역사적으로 화폐 관리에서 여러 엇갈리는 경험을 한 것처럼, 미국에서는 중앙은행 자체가 엇갈리는 경험을 했다. 모든 나라들은 자주, 특히 인쇄기에 의존했을 때, 정부의 잘못된 금융적 운영으로 인해 시련을 겪어야 했다. 그에 비해서 미국인들은 정부-발행 화폐에 다른 관점을 갖고 있다. 18세기에 주화 부족의 대안으로서 프랭클린(Franklin)이 밀어 부친 식민지 지폐(colonial bills)는 그 지폐가 영국 의회에 의해서 금지될 때까지 새로 생긴 주들의 번영을 도왔다. 대륙 달러(Continental dollars)는 독립전쟁(War of Independence) 자금의 조달에 기여했다. 남북전쟁 동안에는 남부연합의 약속어음뿐만 아니라 그린백(Greenback) 달러가 비슷한 역할을 했다.[217] 이 화폐들은 식민지 지폐를 제외하고 전쟁 상황으로 인해 상당히 취약성을 드러냈지만, 지금까지 애국적 후광을 받고 있다. 1930년대 미국의 화폐 개혁론자들은(오늘날의 화폐 개혁론자들과 마찬가지로), 화폐 창조를 재무부 감독하의 통화위원회에 이관하는 방식을 선호한다. 미국에서는 화폐 및 재정 기능을 융합하는 것에 대해서는 이견이 거의 없는 것 같다.

유럽과 일본의 경우, 통화 당국의 업무가 나라의 중앙은행에 주어지는 것은 덜 논쟁적일 수 있다. 은행 소유의 연방준비위원회와 유사하게, 유럽의 중앙은행들 중 일부는 여전히 민간 공동소유를 떨어내야 한다. 중앙은행은 유한책임회사의 지위를 버려야 한다. 분산 규칙 때문에 중앙은행들이 지분을 가져야 할 수도 있지만, 공법(public law)하의 기관으로서 이것을 수행하는 데에는 문제가 없다. 유로시스템(Eurosystem)에서 통화당국의 역할을 맡아야 하는 곳은 유럽중앙은행(European Central Bank)이지만, 유로화가

---

217 Zarlenga(2002, Chaps. 14 – 20), Striner(2015, pp. 27 – 46), Hixson(1993, Chaps. 7, 8, 18 – 20), and Galbraith(1995, Chaps. 5 – 8).

계속되는 문제들을 이겨낸다는 것을 전제로 해서, 보다 정확한 법적 사명의 기술과 철저한 법령 정비가 이뤄져야 한다.

어떤 제도 체계가 선택되든 간에, 주권화폐의 발행기관은 국가의 네 번째 정부로서 입법적, 행정적, 사법적 권력을 보완하는 화폐적 권력을 행사해야 한다. 오늘날 꽤 많은 국가은행들이 이미 그에 가까운 지위를 점하고 있지만, 은행 주도의 부분지급준비금제도 내에서 통제력을 상실했기 때문에 자신들의 임무에 제대로 부응하지 못하고 있다.

중앙은행은 정부 지출에 자금을 조달하는 국가의 상업은행으로서 발전을 시작했다. 오늘날 중앙은행은 은행들에게는 언제든지 얼마만큼이든 자금을 제공할 수 있지만, 중앙은행을 통한 직접적인 정부 자금의 조달은 법으로 금지되어 있다. 오늘날 중앙은행은 국가기관들이 중앙은행에 개설한 계좌를 관리하는 일 외에는 거의 전적으로 은행들의 은행일 뿐이며, 더 이상 국가의 은행이 아니다; 중앙은행은 은행의 '최종 대부자'라기보다는 일상적인 시기에 거의 준자동적으로 운영되는 은행들의 항시적인 재금융기관이 되었으며, 위기의 시기에는 더욱 그러하다.

중앙은행은 200~300년 전에는 민간 상업은행이었지만, 점차적으로 한 나라의 통화와 화폐를 담당하는 통화당국으로 변했다. 그래서 중앙은행을 전통적이고 상업적인 의미의 특정 '은행'으로 보는 것은 더 이상 적절하지 않다. 주권화폐의 시스템에서는 더더욱 적절하지 않다. 중앙은행은 사실상 점차 본래적 의미의 '은행'에서 멀어지고 있으며, 완전한 증표주의(full chartalism)하에서 실현될 모습에 한층 가까워지고 있다: 그 모습이란 한 통화권역의 화폐당국으로서 한 나라의 통화와 그 통화로 표시된 화폐의 공급 담당자이자 관리자이다. 이 역할과 능력에 힘입어 중앙은행은 공식 화폐의 유일한 원천이 될 것이다. 공식 화폐는 계좌상의 화폐와 디지털 현금의 형태일 수도 있고, 물리적 현금이 계속 사용된다면 지폐와 주화의 형태를 띨 수 있다. 중앙은행은 사전에 확보한 화폐 없이도 자신의 통화로서 화폐를 지출하는 유일한 기관이 될 것이다.

　국가의 네 번째 권력으로서 중앙은행은 사법부의 독립성과 공평성에 비교되는 똑같은 방식으로 독립적이며 공정해야 한다. 중앙은행의 독립은 악명 높은 미해결의 논점이다. 대부분의 주류경제학자들에게 중앙은행의 독립은 중앙은행이 정부의 지시나 기타 간섭을 받아서는 안 된다는 것을 의미한다. 이와 동시에 은행산업과 '그들의' 중앙은행 간의 은밀한 관계는 가려진다. 실제로 오늘날 은행업계는 화폐 창조와 시뇨리지의 특권을 대부분 가로채고 있기 때문에 중앙은행의 각 기능도 장악했다. 그리하여 중앙은행은 은행과 금융의 사적 이해에 기꺼이 봉사하는 대리인 역할을 하고 있다.

　정치 스펙트럼 전반에 걸쳐서 다른 사람들을 화나게 하는 것은 바로 은행과 중앙은행 간의 이 은밀한 관계이다. 만약 이 사람들이 확고하게 좌편향이거나, 아니면 우편향이거나, 그렇지 않더라도 국가주의적이라면, 그들은 중앙은행이 우선 국가의 은행이기를 원한다. 그리하여 의회나 내각의 지출 선호에 순응적이기를 원한다. 아마도 그 중에는 정부에 대한 중앙은행의 직접적 신용도 포함될 것이다(화폐 창조를 통한 재정 조달).

　잘 운영되는 주권화폐시스템에서는 이러한 태도 중 어느 것도 자리를 차지해서는 안 된다. 중앙은행은 자신의 법적 의무를 이행하기 위해 은행 및 금융산업뿐만 아니라 다른 국가기관으로부터 독립적이어야 하며 모든 종류의 특정 이익에 대해 불편부당하고 중립적이어야 한다. 특히 은행과 금융시장의 이해에 편향되어서는 안 되며 공공의 요구에 부응해야 한다. 그러할 때 중앙은행을 '은행의 은행' 또는 '국가의 은행'으로 지칭하는 것이 더 이상 특별한 의미를 갖지 않을 수 있다.

　그 때의 의회와 내각은 중앙은행에 돈을 요구할 권리가 없으며 중앙은행의 결정에 대한 발언권도 없다. 의회는 법을 제정하지만 법을 집행하지는 않는다. 비유하자면, 국회의 임무는 통화 질서와 중앙은행, 금융시장 및 조세에 대한 법적 틀을 제공하는 것이며, 재무부는 의회와 협력하여 정부 예산에 초점을 맞춰야 하지만, 화폐를 창조하는 것이 허용되어서는 안 된다. 그러나 국가적 비상사태가 선언되었을 때에는 중앙은행이 의회와 내각과 협력하는 예외적인 규칙을 둘 수 있다.

주권화폐시스템에서 화폐 창조를 통한 재정 조달(monetary financing)에 대한 현재의 엄격한 금기가 유지될 것인지, 아니면 완화될 것인지의 여부는 여기서 열려 있다(6.4절). 이 요소는 반드시 주권적 화폐개혁의 일부는 아니다. 어떤 경우에도 정부는 통화의 추가적인 공급에 따른 전체 시뇨리지의 이익을 온전히 누릴 것이다(6.13절). 시뇨리지의 일부는 은행에 대한 중앙은행 대출을 통해서 이자를 받을 수 있다. 그러나 은행들이 중앙은행으로부터 제한적으로 대출을 받을 수 있다면, 정부가 왜 중앙은행으로 일정 한도의 대출을 받는 것이 금지되어야 하는가? 여기서 중요한 것은 은행 차입이나 정부 차입이 아니라, 독립된 중앙은행이 다양한 방식으로 공급할 수 있는 화폐를 통화정책의 설정 범위 내에서 유지하는 것이다. 이 경우에 통화정책 자체는 세부적인 임무 설정을 기초로 공개적으로 정당성을 확보해야 한다.

중앙은행 집행위원회의 수장과 성원은 헌법 판사 또는 기타 최고 판사를 임명하는 방식과 유사한 방식으로 임명할 수 있다. 판사가 종종 은퇴하기 전까지 직을 수행하는 것과 달리, 중앙은행 최고 인사들의 재직 기간은 수년으로 제한되어야 하며, 그 후에 후속 임기는 가능할 수도 있을 것이다.

다시 한번 말하면, 중앙은행은 사법부와 비견되도록 법과 주어진 특정 사명을 준수해야 한다. 다른 정부기관들과 마찬가지로 중앙은행은 행정적 통제를 받아야 하며, 각 국가기관의 감사 및 감독을 받아야 한다.

중앙은행이 준수해야 하는 법정 기준 및 제한에는 다음과 같은 내용이 포함되어야 한다.

- 구조적 역량에 기반한 경제의 성장 잠재력.

- 국내적인 소비자 물가와 금리의 수준, 통화의 대외 환율.
- 자산가격 수준과 금융자산 대비 명목 및 실질 GDP의 비율.
- 공공 및 민간 부채의 비율.

통화권역에 따라서 통화정책의 선호도는 서로 다른 양상을 보여왔다. 특정 요소는 여전히 일정 정도 논쟁거리로 남아있다. 통화정책이 경제정책, 노동시장정책 및 복지정책을 지지해야 하는가, 그리고 그것을 실제로 할 수 있는가 등이 대표적인 사례이다. 자산-인플레이션과 부채 누적이 어느 정도로 고려되어야 하는지도 추가적인 논쟁점이다.

일반적으로 중앙은행은 기계적인 규칙에 얽매이지 않고 재량적 방식으로 정책을 추구할 수 있어야 한다. 그 이유는 화폐의 추가적 공급이 생산 잠재력과 그와 관련된 자금제공능력의 범위 내로 유지돼야 하기 때문이다. 경제성장은 경기순환을 거치면서 진행되는데, 경기순환은 화폐적 요인 이상의 것에 의해 영향을 받는다. GDP 성장과 고용 같은 경제변수, 특히 인플레이션, 자산-인플레이션, 금리 및 환율 등이 이동 표적들이다. 계속적으로 필요 통화량을 예상하고, 통화량을 이동 표적들에 맞춰서 조정하기 위해서는 유연하게 행동하고 대응할 수 있는 능력이 있어야 한다.

신-오스트리아 학파와 암호화폐의 예찬가들은 주권화폐를 화폐 독점을 확립하려는 '중앙주의(centralism)'라고 비난하면서 스스로를 위로한다. 이 지점에서 '중앙은행'과 '독점'이라는 용어가 그 자체만으로 조건반사를 일으키는 것 같다. 앞으로 확립해야 하는 완전한 증표주의(full chartalism)의 화폐 독점에 대해 말하면, 그것은 입법, 공공행정, 조세, 사법과 공권력의 국가 독점과 정확히 같은 성격이다. 근대 국가는 이 같은 독점이 없다면 존재하지도 않고 기능할 수도 없었을 것이며, 은행화폐 체제의 문제와 기능장애는 사실 이것에 대한 가장 좋은 증거이다. 국민국가 또는 국민국가의 공동체는 주권적 특권을 민간 단체와 공유해서는 안 된다; 특히 화폐적 특권을 상업적 화폐 제조자들과 공유해서는 안 된다.

이와는 별개로 은행화폐는 결코 분권적인 모델이 아니다. 은행은 은행화폐에 대한 영역별 독점권을 가지고 있으며, 은행화폐는 오늘날 다른 모든 것을 화폐적으로 결정한다. 이것을 컴퓨터를 생산하는 컴퓨터산업의 '독점'에 비교하는 것은 은행산업을 다른 산업과 완전히 구별하는 화폐와 금융의 시스템적 독점을 부당하게 경시한다. 화폐적 분권화―이것은 헌법적, 기능적 측면에서 오류를 야기하며 반생산적이다―를 요구하기보다는 나라에 따라서 은행과 금융의 분권화를 요구하는 것이 보다 합리적이다.

중앙집중 대 분권은 검토의 대상이 되는 문제를 다루는 적절한 범주가 아니다. 여기서 더 관련이 깊은 것은 외생화폐 대 내생화폐의 범주이다. 4.14절에서 논의했듯이, 주권화폐는 은행화폐만큼 내생적이다. 논쟁의 요점은 내생성의 기준이다. 화폐 수요만으로는 은행의 은행화폐와 중앙은행의 주권화폐를 구별하는 결정적 기준이 아직 되지 못한다. 오늘날 은행산업은 선택적 공급 선호와 영리적 우선순위를 적용하는 반면에, 주권화폐시스템의 중앙은행은 GDP 비례 및 생산역량 지향적 통화량 정책의 기준을 적용해야 한다.

6.3 은행으로부터의 화폐 창조 분리 및 재정 기능으로부터의 화폐 기능 분리

비평가들은 종종 중앙은행이 보다 더 '민주적'으로 운영되거나 '민주적 책임감'을 갖기를 요구한다. 이와 비교해서 '민주적' 소송과 법원 결정은 무엇인가? 통화정책에 대의적이고 참여적인 민주주의의 사상을 적용하는 것은 논점을 비켜가는 것이다. 통화정책과 관련된 민주주의의 양식은 법의 자유주의적 지배의 틀 속에서 몽테스키외적 정신에 따른 권력 분립 혹은 기능 분담이다. 물론 여기에는 법에 따라서 취해진 결정을 공개적으로 정당화하고 방어해야 하는 일이 포함된다.

　민주적 권력 분립에 기반한 자유주의적 법치가 사실상 주권화폐 개념의 정치적 토대이다. 은행 및 금융 시장이 수행하는 금융 기능으로부터 화폐 기능을 분리하고, 화폐 권력과 재정 권력을 분리하여 안정적 화폐와 건전한 금융을 보장하도록 설계되어야 한다. 화폐와 신용의 분리는 나라의 돈이 더 이상 은행과 금융 산업의 특정 이익의 인질이 되지 않도록 한다. 중앙은행과 의회/행정 간의 국가 권력 분리는 주권화폐가 일상적인 재정 및 예산과 관련된 이권에 희생되는 것을 방지한다.

　몇몇 학자들과 정책입안자들은 화폐적 기능, 재정적 기능 및 금융시장적 기능 간의 차이를 면밀하게 인식하지 못하고 이들 간의 경계를 모호하게 만드는 경향이 있다. 이런 현상은 적자를 유발하고 부채를 수반하는 과거의 케인스주의적 수요 측면 정책과 이후에 등장한 과도하게 단순화된 포스트-케인스주의적 공공-민간 부문별 균형이론에 의해서 오도된 결과이다. 포스트-케인스주의적 접근에서는 정부와 중앙은행의 근본적 구분이 '공공부문'으로 불리는 블랙박스 내로 사라져버린다. 화폐적 기능, 재정적 기능, 금융시장적 기능 간의 구분을 면밀하게 하지 않은 어떤 화폐개혁적 접근방식도 사실상 오류를 더욱 심화할 뿐이다.

　그러나 중앙은행의 화폐적 기능과 정부의 재정 및 예산 기능을 분리하는 것이 재무부로의 시뇨리지 이전을 배제하지 않는다는 점에 유의해야 한다. 그와 반대로 일반적인 중앙은행의 이윤뿐만 아니라 화폐 창조에 따른 시뇨리지는 은행산업이 아니라 재무부의 몫이다. 오늘날의 중앙은행 이윤과 비교해서, 주권화폐 체제의 시뇨리지는 대부분의 경우에 더 많은 돈을 가져온다. 그렇지만, 시뇨리지는 중앙은행의 화폐적 권한의 범위를 벗어나지 않는다.

6.4 정부의 화폐 발행 금지

우리는 현재 증표화폐 시스템을 유지하고 있다고 상정하지만 실제로는 그렇지 않다. 그러한 현재의 화폐시스템에서, 정부는 증표화폐(주화는 제외)를 창조하는 것이 금지되어 있다. 중앙은행이 정부에 직접 자금을 조달할 수 없는 것과 마찬가지다. '화폐 창조를 통한 재정 조달(monetary financing)'을 금기시하는 것은 재무부가 은행화폐만 사용할 것을 요구하는 것만큼이나 이상해 보인다. 주권화폐시스템에서는 주권국가를 대표하는 정부는 자체적으로 화폐를 창조할 자격이 있고, 중앙은행이 공공 예산의 자금에 직접 기여할 수 있다고 전제된다. 그러나 그러한 가정은 보기만큼 분명하지 않다. 더 이상 고민하지 않고 금지를 해제하는 것은 확실히 화폐 권력과 재정 권력의 분리에 반한다. 그것은 어떤 기관들이 '정부'로 간주되는가와 국가 기관들이 어떻게 협력해야 하는가에 따라 다르다.

중앙은행의 명시적 정부 자금조달(overt government funding)은 오늘날 법적으로 배제되고 있다. 미국에서는 미국 법전 335조(Title 12, Chap. 3, Subchap. IX), 유럽연합에서는 '유럽연합운영조약(TFEU)'의 123(1)조가 그렇게 규정하고 있다. 이 법적 조항들은 미국 법전 355(1)조에 명시된 것처럼, 모든 종류의 공공 채무증서의 매매를 허용하고 있는데, '오직 공개 시장에서만' 그렇게 할 수 있다. 이는 유럽연합운영조약의 123(2)조에 해당하는데, 그 조항은 중앙은행의 공공기관에 대한 대출 또는 처음 공개된 국채의 직접 매입과 같은 공공예산에 대한 중앙은행의 기여를 명시적으로 금지한다.[218] 재무부로 귀속되는 연간 중앙은행의 이윤, IMF에 대한 기여 및 재무

218　유럽연합운영조약(TFEU)의 123조(1) '유럽중앙은행이나 회원국들의 중앙은행(이후로는 '국가별 중앙은행'으로 지칭한다)이 연합의 기구, 관청, 사무소 및 기관, 중앙정부, 지방 혹은 다른 공공 당국, 회원국의 공법에 의해서 관리되거나 공무를 맡고 있는 기관을 위해 당좌대월기구나 다른 신용

부로부터의 전통적 주화 매입과 같은 이자를 수반하는 시뇨리지는 예외이다.[219]

그러나 최근 위기 상황에서 각 정부들은 시스템적으로 중요한 은행가들이 주말 동안 협박전화를 걸었을 때 법에는 관심이 없는 듯한 태도를 보였다. EU의 구제 금지 조항(125조 TFEU)은 어떤 주저함도 없이 무시되었으며, 123(2)조는 공공 부채와 의문스러운 은행 청구권을 노골적으로 화폐화하는 데까지 확장되었다. 다음 단계 중의 하나는 마이너스 자본을 위장하기 위해 중앙은행의 회계를 '재조정'하는 것이다. 유로존의 마스트리히트 안정성 기준(Maastricht stability criteria)은 그것이 적혀 있는 종이만큼이나 가치 없는 것으로 드러났다. 그러한 모든 경우에 정당성의 근거는 '예외적인 상황에는 예외적인 조치가 필요하다'는 논리이다. 이것이 아무리 합리적인 것처럼 들리더라도 예외를 규칙으로 만들기 위한 변명에 불과하다. 즉 과도하게 위험에 노출된 은행과 과다한 부채를 짊어진 정부의 파산을 지연하기 위해서라면 '무엇이든 할 수 있다'는 것이다. 이것은 중앙은행을 딜레마에 빠뜨린다. 중앙은행은 당장의 은행 및 금융 붕괴와 정체의 지속 사이에서 선택을 해야 한다. 왜냐하면, 중앙은행의 그러한 개입은 과다한 부실 대출, 자산 및 부채를 해결하는 것을 지연시키기 때문이다.

오늘날 국가-후원 은행 지배의 조건하에서 각 법률은 은행산업에 특권을 부여하는 '무엇이든 할 수 있는 법'이라고 할 수 있는데, 그것은 '(화폐) 인쇄기'를 정부로부터 빼앗아서 어떤 조건이나 정책적 요구도 없이 은행업계에 넘긴 셈이다. 따라서 이러한 법률들은 정부와 중앙은행을 은행산업과

기구를 개설하는 것은 금지되며, 이와 마찬가지로 유럽중앙은행이나 국가별 중앙은행들이 그로부터 부채 수단을 직접 매입하는 것은 금지된다.'

219 유럽연합운영조약의 123조(1)은 영국 및 기타 비유로 국가를 포함한 모든 유럽연합회원국에 적용된다. 그러나 영국 정부는 영란은행의 단기융자기구(ways-and-means facility)에 관해서는 수정을 받아냈다.

금융시장에 예속시키는 데 일조했다.

　주권화폐시스템에서는 상황이 달라진다. 국가의 화폐권력을 대변하는 중앙은행은 실제로 통화량을 통제할 수 있게 된다. 화폐 발행에는 몇 가지 선택지가 있을 것이다. 특히 은행에 대한 중앙은행의 단기적인 신용뿐만 아니라, 특히 정부로의 장기적인 순수 시뇨리지 이전이 있다. 이 두 가지는 제한적인 정도로 중앙은행의 정책목표에 달려 있을 것이다(6.6절 및 6.7절). 그러한 제한이 있다는 점을 전제로 했을 때, 왜 정부는 은행에 적용되는 것과 동일한 조건으로, 그리고 마찬가지로 제한적인 정도로, 중앙은행의 대출을 얻는 것이 금지되어야 하는가? 다르게 말하면, 중앙은행 신용에 대한 오늘날 은행의 특권적인 접근은 어떻게 정당화될 수 있는가?

　이 문제는 논란의 여지가 많기 때문에 주권화폐시스템에서 중앙은행이 정부에 신용을 주는 것은 허용될 수도 있고 금지될 수 있다는 점이 강조되어야 한다. 그러나 허용을 할 경우에는 중앙은행과 정부 모두에 대해 엄격한 규정과 제한을 두는 것을 전제로 하여 중앙은행이 통화정책에 따라 독자적으로 설정한 한도를 유지하도록 해야 한다.

　더욱이 새로 창조된 주권화폐를 재무부로 이전하는 것은 주화를 제조할 경우에 생기는 시뇨리지와 똑같다는 사실은 이런 맥락에서 반복해서 강조될 필요가 있다. 따라서 중앙은행의 정부에 대한 신용이 계속 금지되더라도 주권화폐의 재무부 이전은 정부의 화폐적 자금조달(monetary government funding)에 해당되지 않는다. 오늘날의 이자 시뇨리지뿐만 아니라 주화에서 나오는 순수 시뇨리지가 정부의 화폐적 자금조달에 해당되지 않는다면, 주권화폐 창조에서 나오는 순수 및 이자 시뇨리지도 마찬가지로 확실히 그에 해당되지 않는다.

6.5 주권화폐시스템에서 은행의 역할

은행화폐를 대체한 주권화폐가 가장 큰 영향을 미치는 대상은 은행업이다. 그래서 그 영향을 전망해 볼 필요가 있다. 최근 몇 년간 소폭으로 줄어들고 있는 투자은행의 카지노부문은 더욱 축소될 것으로 보인다. 이 경향은 선진적인 금융화된 경제에서는 항상 자금 수요가 많기 때문에 '따분한 은행업'에는 적용되지 않을 것이다. 피셔가 목격했듯이 은행사업은 경제가 잘 될 때 잘 수행된다. 은행이 경제 번영을 도우면 경제는 분명히 호의로 보답한다.

확실히 은행부문은 자신들이 운영의 기반으로 삼는 화폐 자체를 창조하는 화폐적 특권은 잃게 될 것이다. 돈을 지출하기 전에 은행은 기본적으로 다른 금융중개업체와 마찬가지 방식으로 돈을 벌거나 가져와야 한다. 그렇게 되면 은행산업은 더 이상 화폐 권력은 아니다. 은행화폐는 더 이상 존재하지 않고 주권화폐만 존재한다. 은행은 더 이상 화폐의 창조자가 아니지만 계정 관리 및 지불 서비스를 계속 제공할 수 있다. 더욱이 그들은 현재 시스템에서 수행하는 것으로 되어 있음에도 불구하고 수행하지 못하고 있는 금융중개자의 역할을 맡게 될 것이다. 따라서 은행은 항상 그랬던 것처럼 금융적 권력이 될 것이다. 이것에는 기존에 존재했던 돈을 계좌로 넣고 빼는 부기적 의미의 입금 및 출금 활동이 포함된다. 그러나 돈은 더 이상 은행신용을 통해 창조되지 않는다.

은행화폐에서 주권화폐로의 전환은 은행업의 국유화와는 관련이 없다. 그것은 오늘날 은행들이 장악하고 있는 화폐적 특권을 박탈하지만 은행을 자유금융기업으로 유지시키고 단지 화폐 창조의 국유화를 다시 완성하는 조치일 뿐이다. 주권화폐시스템에서 은행은 독립적으로 행동하는 시장 기업이 될 수 있으며 그래야만 한다. 금융, 소득 및 자본은 가능한 한 사적인 것이어야 한다. 반대로 화폐는 사적인 업무가 아니다. 오히려 그것은 일종의 공익 또는 공공영역이다.

중앙은행과 은행들 간의 권력 분리는 자명하다. 두 계층의 구조가 화폐 창조와 은행 업무의 분리를 나타낸다. 중앙은행의 임무는 외화준비금을 관리하고, 나라의 통화를 공급하며, 돈이 너무 많거나 적지는 않은가를 확인하기 위해 유통 중인 수량을 통제하여 은행과 경제가 최적의 역량을 발휘할 수 있는 전제조건을 마련한다.

은행의 업무와 역할은 계속해서 고객의 지출에 필요한 자금의 조달일 것이다. 어느 정도까지는 은행들은 스스로 투자자, 인수자 및 시장조성자가 될 수 있다. 그러나 은행들은 그런 역할을 하기 이전에 고객 혹은 다른 은행들, 공개시장, 그리고 필요하다면 중앙은행에서 돈을 가져오거나 벌지 않고는, 더 이상 돈을 지출하거나 빌려주거나 투자할 수 없다. 그러기에 앞서서 은행들은 대규모 원금이 자신들에게 들어오도록 안정적 흐름을 확보해야 한다. 은행으로 들어온 화폐는 오늘날처럼 소거되기보다는 지속적으로 사용될 수 있다. 은행들은 오늘날에도 당연히 금융중개기관인 것으로 상정되지만 실제로는 그렇지 않다. 하지만 이제는 저축자와 차입자, 상류 및 하류, 소매 및 도매 투자자 사이의 진정한 금융중개자가 되어야 한다.

은행과 중앙은행은 서로의 업무에 간섭해서는 안 된다. 은행이 화폐를 창조하는 것이 허용되지 않는 것처럼, 중앙은행은 화폐적 사명의 수행을 위해 불가피한 경우를 제외하고는 은행 영업과 금융시장 개입을 자제해야 한다. 예를 들어, 자국 통화에 의한 외환거래나 통화공급, 금리 조정에 필요한 공개시장의 운영 등이 불가피한 예외에 해당한다.

은행들이 기술적으로 새로운 조건에 대처하는 데에는 아무런 문제도 겪지 않을 것이다. 중소기업, 대기업 및 금융기업뿐만 아니라 공공 및 민간 가계는 모두 자신의 재정과 경상지출을 계획해야 하는데, 이런 일들은 기본적으로 주된 쟁점이 아니다. 현재의 은행과 유사점이 있다면 현금을 관리하는 방식이다. 필요한 현금을 제공하는 데 어려움을 겪는 은행들에 대해 들어본 적이 없다. 기술적으로 잘 실행되는 시스템이다. 은행화폐 체제 이전에 은행은 자신의 운영에 필요한 거의 모든 자금을 완벽하게 조달할 수 있었다. 왜 계좌상의 화폐와 달라야 하는가? 현금이 아닌 화폐를 공급하는 일은 실제로 현금을 관리하는 일보다 훨씬 쉽다. 일부 국가에서는 스스로 은행화폐를 창조하지 않으면서도 은행화폐로 운영되는 은행과 유사한 금융기관들이 있지만, 그 기관들은 투자활동뿐만 아니라 자금 대출에 종사하고 있다. 그들의 활동은 원활하게 이뤄진다.

은행들이 부분지급준비금을 기반으로 운영되는 것이 아니라 자금을 전적으로 조달해야 한다면 은행의 비용이 더 커져서 고객에게 더 높은 금리와 수수료를 부과하게 될 것이라고 생각할 수 있다. 대부분의 경우 그렇지 않을 것이며, 그게 사실이라면 앞서 언급한 은행 유사 금융기관들은 부분지급준비금은행과의 경쟁을 견딜 수 없었을 것이다. 오늘날 은행은 모든 종류의 예금에 대해 예금이자를 지불하며 앞으로도 계속 그렇게 할 것이다. 차이점은 오늘날의 이자는 예금을 비활성화하여 예금이 전부 빠져나가지 않도록 하기 위해 지급된다. 주권화폐시스템에서는 순환 중인 활성 화폐의 손실이 없다. 이자는 은행의 대출 및 투자 사업에 자금을 조달하는 데 필요한 금액을 얻기 위해서 지불된다. 여기서도 은행은 오늘날 해야 하는 것으로 가정되어 있지만 하지 않는 일을 앞으로 하게 될 것이다.

요즘에는 그림자금융 및 기타 비은행 금융중개업체와 은행 간의 경쟁이 경향적으로 점차 심화되고 있다. 주권화폐는 그러한 경향을 더욱 강화할 것이다. 은행과 비은행 금융중개기관은 더 유사해질 것이다. 중앙은행은 은행이 누리는 중앙은행 신용에 대한 독점적 접근을 계속 유지할 것인지, 중앙은행 지불시스템 참여를 포함하여 은행이 주권화폐 계좌를 관리하는 유일한 기관이 되도록 할 것인지 여부를 결정해야 한다. 이러한 측면들—중앙은행 신용에 대한 접근, 자금계좌 관리 및 중앙은행 지불시스템에 대한 접근 등—이 은행이 비은행 금융중개업체와 다른 점을 결정하게 될 것이다.

가치 은행업을 위한 세계연대(Global Alliance for Banking on Values)로

조직된 근대 녹색윤리은행들의 일부 지지자들은 주권화폐에 반대한다. 그들의 의견에 따르면 필요한 것은 다른 화폐시스템이 아니라 은행의 다른 비즈니스 모델이다. 이것은 다소 애매한 관점이다. 다른 화폐시스템과 은행의 다른 비즈니스 모델은 서로 다르다. 그 두 개는 서로를 배제하지도 포함하지도 않고 매우 잘 어울린다.

은행의 대안적인 영업 모델은 물론 환영한다. 왜냐하면 어떤 화폐 시스템이든 은행이 자신의 이윤이 어떤 종류의 사업에서 나오는지 더 잘 알고, 고객이 누구에게 무엇을 위해 화폐로써 신뢰를 보내는지를 잘 파악한다는 것은 바람직하기 때문이다. 주권화폐를 사용하면 은행이 실제로 고객의 돈을 필요로 하기 때문에 그 효과가 더 강해질 것이다. 시민들은 투표함뿐만 아니라 목적의식적으로 화폐를 배분함으로써 투표를 할 수 있다.

6.6. 생산 역량에 기반한 통화량 정책

주권화폐는 어떻게 순환에 투입되며, 중앙은행은 얼마만큼 화폐를 발행할지를 어떤 기준에 따라 결정할 것인가? 주된 원칙은 경제의 성장 잠재력에 상응하여 통화를 공급하는 것이다. 이와 함께 인플레이션, 금리, 자산-인플레이션 및 관련 부채수준과 같은 지표와 연관된 추가적인 목표도 감안해야 한다.

현대의 법정통화는 비금융적인 실질 가치를 기준으로 작동해야 한다. 이 체제가 기능하기 위해서는 그 기준이 금이나 선별된 상품들의 바구니일 수 없으며, 토지의 가치나 단순한 금융자산의 가치일 수는 더더욱 없다. 왜냐하면 그런 금융자산의 가치는 장기적인 경제산출의 시장가치를 의미하는 실제 소득관계에 의존하며 그 반대가 아니기 때문이다. 화폐의 경제적 가치는, 즉 구매력은 경제의 전반적인 생산성에서 비롯된다(2.8절).

이런 관점에서 보면 실질 가치 기준이 될 수 있는 분명한 후보는 경제 산출물이라는 결론이 나온다. 통화량을 얼마나 추가할 것인가와 관련된 기준은 자원을 완전히 활용하였을 때의 경제성장 잠재력이다. 그 생산역량의 구조적 한도를 포함하여 잠재력을 결정하는 것은 확실히 사소한 문제는 아니다. 만약 그러하다면 컴퓨터를 활용한 전문 시스템 하나만 있으면 충분할 것이다.

GDP 증가에 비례한 화폐공급은 기본적으로 실질 경제가격, 자산가격, 금리, 환율, 금융자산 및 부채의 규모를 변덕스럽지 않게 안정적으로 유지하는 수준이라고 가정할 수 있다. 그러나 통화 공급, 경제 생산 및 다른 변수들 간의 역학은 매우 복잡하다. 따라서 다시 말해, 통화정책에 적용할 수 있는 합리적이고 기계적인 규칙은 없다. 하나의 변수에 기반한 규칙을 고려해서는 안 된다. 예를 들어 고정된 비율로 통화량을 계속적으로 증가시키자는 프리드먼 식의 처방이나 중앙은행 금리 변경을 통해서 인플레이션의 변동에 반응하자는 테일러 규칙이 그러한 예이다. 또한 안정성이 보통 변동 없는 지속성을 의미하는 것이 아니라 요동치지 않는 안정된 경향을 지칭한다는 점도 이해해야만 한다.

위에서 논의했듯이, 화폐공급의 목표를 정할 필요가 있다고 하더라도 통화량 정책이 그것으로 환원되어서는 안 된다는 점도 명확하다. 통화량은 중요하지만 그 목표에 집중하는 것은 통화주의의 또 다른 결함 있는 요소이다. 합리적인 통화정책의 목표는 위에서 언급한 모든 변수를 참조해야 한다. 예를 들어 GDP에 비례한 추가적인 통화량에 대한 추정과 같은 것이 포함되겠지만, 가격 안정성, 안정적 금리 등등도 포함되어야 한다. 통화량 자체는 실용적인 운영 목표가 되지 못한다. 오히려 다른 목표에 맞춰서 탄력적으로 조절할 수 있는 수단이다.

많은 전문가들은 중앙은행이 통화를 적정하게 공급할 능력을 갖고 있는지에 대해서 회의적이다. 중앙은행에 대한 호의적이지 않은 입장은 여러 요인에 기인한다. 단순한 시장의 무오류성 이데올로기의 탓이기도 하고, 하이에크의 관료의 지적 가식(pretence of knowledge)의 명제에 기인하는 면도 있으며, 아니면 내생적 화폐의 개념에 대한 오해 때문이기도 하다. 아니면 현재의 은행화폐 체제하의 중앙은행의 무력한 행동을 경험한 결과일수도 있다. 최근 몇 년 간의 무지막지한 통화정책은 사람들이 중앙은행에 대한 신뢰를 높이지 못했다. 중앙은행은 반년 혹은 1년 후에 얼마만큼의 통화량이 적정한지를 알 수 없는 것으로 간주된다.

이에 대한 한 가지 답변으로서 시장도 역시 알지 못하며, 반복적으로 실패하고 과잉을 범한다는 점도 상기되어야 한다. 지적 가식의 평결은 확실히 산업과 금융 기업의 거대한 관료체계에도 적용될 수 있다. 중앙은행도 미래의 주어진 시기에 얼마만큼의 화폐가 필요한지 알 수 없고 정확히 알 필요도 없다.

주권화폐시스템에서 중앙은행이 통화량 정책을 효과적으로 추구하기 위해서 필요한 것은 다음과 같다.

- 신뢰할 수 있는 은행의 장단기 데이터 및 시장 지표들: 이것은 이미 가지고 있다.
- 능동적인 화폐 발행: 장기에게 걸쳐 규칙적으로 추가되어야 하는 통화량은 미래의 GDP에 비례하여 얼마만큼의 화폐가 추가되어야 하는지에 대한 추정에 기반해야 한다.
- 그리고 화폐공급의 계속적인 조정: 화폐를 일시적으로 추가하거나 흡수할 다양한 통화정책 수단을 갖추고 단기적으로 적용해야 한다.

은행 주도의 부분지급준비금은행제도에서는 통화량 정책은 중앙은행이 은행들의 화폐 창조를 통제할 수 없기 때문에 실패할 운명에 처해 있다. 주권화폐시스템에서는 통화량 정책은 효과적이다. 왜냐하면, 중앙은행은 통화량에 대한 직접적 통제권을 가지고 있기 때문이다. 언제든지 일정 정도로 조정할 수 있다. 필요하면 하룻밤에도 할 수 있다. 따라서 주권화폐시스템의 통화량 정책은 후행적이다. 하지만 효과적인 새로운 유형으로 진보한 통화정책이다.

중앙은행이 주도하는 화폐 공급은 종종 은행 및 기타 금융기관이 충분한 자금을 갖지 못해 지불 흐름의 중단이 반복되는 경직된 시스템을 낳을 것으로 가정된다. 이 같은 예상은 실제적인 근거가 없다. 정확히 말하면, 현대 화폐는 언제든지 얼마만큼이든 창조될 수 있는 법령화폐(fiat money)이고, 주권화폐시스템에서는 중앙은행이 화폐 공급량을 통제할 수 있기 때문이다. 따라서 화폐가 부족할 것이라는 예상은 근거가 없다.

그러나 화폐 부족과 신용 부족을 혼동해서는 안 된다. 주권화폐시스템에서, 화폐와 신용은 더 이상 기능장애를 일으키는 짝이 아니다. 화폐를 충분히 제공하는 것은 신용이 충분하다는 것과 같지 않다. 첫 번째는 통화정책의 영역이고, 후자는 관련 행위자 집단의 선호가 주기적으로 변하는 금융시장 및 경제정책의 영역이다. 자금이 계속 순환되는 정도는 화폐 소유자, 은행 그리고 기타 금융기관이 대출하고 자금을 조달할 준비가 되었는지, 기업과 기타 민간 및 공공 기관이 차입하고 투자하고 지출할 준비가 되었는지에 따라 달라진다.

은행화폐와 신용이 일체를 이루는 조건하에서, 통화정책은 거의 불가피하게 경제정책과 뒤섞인다. 그것은 통화정책이 성장과 고용의 이름으로 어느 정도 유용한 일을 이뤄내는지는 여전히 불분명하지만, 인플레이션, 자산-인플레이션과 대중의 과도한 부채에서 알 수 있듯이 일정정도 반-생산적일 수 있었고 어쨌든 일정한 효과가 없었다. 충분한 화폐가 있더라도, 행위자들은 경제활동의 주기적인 침체와 변동의 시기에는 그것을 사용하기를 주저할 수 있으며, 그 주저의 이유는 분명히 비화폐적이다. '화폐적 부양책', 즉 이미 충분한 것에 더 많은 것을 추가하는 것은 합리적인 정책 기준이 될 수 없다.

주권화폐시스템에서는 어떤 경우에도 화폐공급을 충분히 보장하거나 필요한 경우 자금을 흡수하는 데 어려움이 없을 것이다. 활용가능한 통화정책 도구가 탄력적으로 적용된다면, 단기 및 초단기에도 필요한 조정이 이뤄질 수 있을 것이다.[220]

장기적으로 화폐 발행을 통해서 순수 시뇨리지를 취하는 것을 넘어서, 탄력적인 조정으로 화폐 공급을 적정하게 보장하는 중앙은행의 주된 통화정책 수단은 이미 활용할 수 있게 마련되어 있다. 그 수단으로는 공개시장조작, 특히 환매조건부계약 혹은 역환매조건부계약, 그리고 필요하면 차입한계가 있는 한계대출기구(초과 인출)뿐만 아니라 주간 혹은 격주간 단기대출 운용 등을 활용할 수 있다. 은행 간 순환에서 공공 유통으로의 전달 통로가 없기 때문에 그러한 수단의 즉각적인 효과는 오늘날보다 훨씬 클 것이다.

5.9절과 5.10절에서 논의한 것처럼, 통화량 정책은 가격 수준과 금리에 대해 그 반대방향보다 강력한 효과를 낸다. 가용한 화폐의 수량은 분할-순환 지급준비금시스템의 기준 금리보다 더 효과적으로 이자 변화의 경로와 속도를 설정할 것이다. 결과적으로 통화량을 완전히 통제할 수 있는 중앙은행은 금리정책보다는 통화량정책을 추구할 수 있게 된다. 통화량 정책에 의한 금리는 가용한 화폐를 할당할 때의 시장가격이 될 것이다. 돈이 충분하면 금리가 지나치게 높을 수 없고, 통화 공급이 안정적이고 신뢰할 수 있으면 금리는 변동하지 않는다.

금리정책은 중앙은행 금리를 설정한다는 의미에서 결코 배제되지 않지만 실제로는 그다지 중요하지 않게 될 것이다. 우리는 알아야 하는 것은 시장경제에서 가격은, 특히 금리는 관리되어야 하는 마지막의 것이다. 그럼에도 불구하고 중앙은행이 주권화폐의 수요에 영향을 미치기 위해서 대출

---

[220] 다음을 참조하라, van Lerven et al.(2015) 및 Dyson et al.(2015).

금리를 변경하는 것이 유용하다고 생각한다면 물론 그렇게 할 수 있다. 그것 역시 지금보다 더 효과적일 것이다. 왜냐하면 은행들이 중앙은행 신용에 의존해야 하는 한, 은행은 필요한 만큼의 일부가 아닌 전체를 조달 받아야 하기 때문이다.

중앙은행은 주권화폐로써 완만한 경기역행적 통화량정책을 효과적으로 수행할 수 있다. 즉, 상승세에 자금을 추가한 다음 과열징후가 농후해지만 중단하고, 하락세의 후반 단계에서 다시 자금을 추가하는 식이다. 현재의 은행화폐체제와는 달리, 순수 시뇨리지 방식으로 발행된 주권화폐의 공급은 은행과 금융시장의 한 차례 대출 및 투자활동에 의해 늘어나거나 줄어들지 않는다. 결과적으로 통화량은 경기 하락 시기에 줄어들지 않을 것이다. 주권화폐는 단호하고 효과적인 통화량 정책의 전망을 열 것이다.

6.7 발행 경로와 새로운 화폐의 최초 사용

중앙은행이 화폐 공급을 늘리는 방법으로 두 가지의 화폐 발행 경로를 권장할 만하다.

이 돈은 대출되는 것이 아니라 지출되어 유통으로 투입된다. 그래서 이 돈은 그 자체가 순수 시뇨리지이다. 이 돈은 이자와 상환 의무가 없고 그래서 부채로부터 자유롭기 때문에 역사상의 주화 주조권에 비교될 수 있다. 그 화폐의 일정 비중은 곧 저축 즉 은행이나 투자기금의 자본 지급준비금이 될 것이다.

다른 경로는 새로운 화폐의 적은 비중을 중앙은행의 단기적인 1차 신용으로 은행이나 은행과 같은 일반적인 금융기관으로 발행하는 것이다. 공개시장수단과 함께 이것은 탄력적인 통화정책의 수단이 될 것이다. 은행에 대출된 화폐는 시뇨리지를 이자의 형태로 창출하게 될 것이다.

어떤 방식이든, 통화량의 추가는 화폐적 기준에 따라서 결정되어야 한다. 이에 반해, 재정적, 예산적 그리고 비GDP 금융시장에 대한 고려는 중앙은행의 업무가 아니다.

새로운 돈이 어떤 목적에 사용되어야 하는지는 기본적으로 중앙은행의 업무가 아니다. 정부가 자신들이 얻은 시뇨리지를 어떻게 지출해야 하는가에 대한 문제를 논의하는 것은 생기가 넘치는 일이다. 돈이 있다면 돈으로 무엇을 할 수 있는지를 상상하는 일은 항상 고무적이다. 당연히 일반 사람들과 정치인들은 인프라, 교육 및 연구, 종자 자본 및 위험 자본에 대한 투자와 같은 많은 우선순위 업무를 알고 있다. 또는 세금 감면 또는 공공부채 상환; 또는 기본소득의 자금 조달, 의료 지출, 공공 및 국가 안보에 대한 투자 등이다. 패쉬(Pash)는 매우 다양한 GDP-관련 투자에 대한 지출을 지지한다고 주장한다.[221]

이러한 질문은 실제로 매우 중요하지만 통화정책보다는 예산 및 경제정책과 관련이 있다. 시뇨리지는 모든 공공 목적에 사용될 수 있으므로, 문제를 그 당시의 정부에 맡기는 것이 가장 좋다. 그러나 한 가지 예외는 은행화폐를 주권화폐로 대체하여 몇 년에 걸쳐 누적되는 거대한 일회성 전환 시뇨리지를 사용하는 방법일 수 있다(6.13절). 그러한 전환 시뇨리지는 실제로 공공부채의 원활한 상환을 위해 배정되어야 한다.

시뇨리지를 정부예산을 충당하는 데 사용하는 대신에 S. 게젤(Gesell)은 1920년대에 시뇨리지를 재무부로 이전하고 모든 가정에 그에 해당하는 만큼의 세액공제를 해줄 것을 제안했다. 우리는 새로 창조된 화폐를 모든 시민에게 1인당의 몫을 지불하는 것도 상상할 수도 있는데, 이를 C.H. 더글라스(Douglas)는 국민 배당금이라고 불렀다.

GDP 성장률의 각 퍼센트-포인트에 대해 배당금은 미국에서 약 190

---

221 Pash(2013).

달러, 영국에서 165파운드, 유로존에서 165유로에 이를 것으로 추정된다.[222] 연간 성장률이 1.5~3% 범위에 있다면, 그에 따른 수백 달러, 파운드 또는 유로가 분명 큰 부는 아니지만 의심할 바 없이 인기가 있을 것이다. 이와 동시에 이 수치의 크기에 비춰볼 때 시뇨리지로 기본소득의 재원을 충당하거나 세금을 완전히 대체한다는 구상은 활용가능한 수단을 훨씬 뛰어넘는 과도한 것임은 분명하다.

시뇨리지로 공동 배당금을 지급하는 것은 1733년부터 1751년까지 메릴랜드 주에서 한때의 관행이었다. 당시 모든 과세 대상 시민들에게 식민지 시대의 가증권인 30실링에 해당하는 정부 청구서가 지급되었다.[223] 영국이 은행 신용을 위하여 식민지 지폐를 억압한 데 대한 불만이 차에 대한 수입세보다 미국 독립전쟁의 훨씬 더 큰 원인이었다고 한다. 퍼거슨(Ferguson)이 관찰한 바와 같이, '각 위대한 역사적 현상 뒤에는 금융적 비밀이 자리잡고 있다.'[224]

은행들에 대한 중앙은행 신용과 관련하여, 기본적으로 은행들이 빌린 돈으로 무엇을 하려고 하는지는 중앙은행의 관심사가 아니다. 통화정책은 은행 업무를 방해해서는 안 된다. 그러나 은행들은 상대적으로 사적인 금융 시장 정책을 추구하는 것을 주저하지 않는다. 그들은 자신들이 신용할 만하다고 생각하는 것에 대해 다소 정확한 생각을 가지고 있으며, 고객이 차입한 정확한 이유를 알고 싶어한다. 중앙은행은 왜 비슷한 일을 해서는 안 되는가?

---

222   유로의 경우 M1을 기반으로 계산되었고, 미국의 경우 M2의 50%, 영국의 경우, M4의 50 %를 기준으로 계산되었으며, 이는 주권화폐시스템에서 유동적인 M이 얼마 정도인가에 대한 대략적인 추정치로 간주할 수 있다.

223   Hixson(1993, p. 56).

224   Ferguson(2008, 3쪽)

따라서 통화정책이 금융시장정책과 밀접해지는 예외적 경우가 한두 가지 있을 수 있다. 그 중 하나는 중앙은행 신용에 실물경제적 조건을 부가하는 것이다.[225] 은행들은 기업 대출, 소비자 대출 및 건설 대출과 같은 GDP-기여 활동에 자금을 대출하거나 투자하는 조건으로 중앙은행의 신용을 받을 것이다.

확실히 그러한 정책의 한계에 대해서는 질문이 남아 있다. 사실 모든 수입금은 어떤 지출이든 충당할 수 있다. 공공 및 기업 예산의 경우처럼 실제적 할당은 자금의 비효율적인 낭비로 귀결될 수도 있는 반면에, 특정한 수입금의 특정 지출에 대한 명목적 할당은 어느정도 재량적이다. 더욱이 오늘날 대기업은 일정정도 금융시장의 주체이기도 한다. 그럼에도 불구하고 중앙은행 신용에 부가되는 실물경제적 조건은 GDP-기여 활동보다 비GDP 금융을 선호하는 것을 억제하는 데 기여하는 측면이 있을 것이다.

그러나 일반적으로 주권화폐시스템에서 중앙은행의 업무는 화폐의 사용이 아니라 수량을 통제하는 데 있다. GDP에 비례하는 통화 공급의 증가는 그 자체로 상호 경쟁하는 화폐의 GDP 관련 사용과 비GDP 사용 간에 공정한 경쟁의 장을 제공하는 데 기여할 것으로 볼 수 있다.

이윤폭은 비-GDP 사업이 GDP 관련 사업보다 그 자체로 높지는 않을 것이다. 최근 수십년 간 비-GDP 사업의 이윤폭이 높았던 현상은 투자은행업 및 글로벌 카지노의 자동적 확장을 뒷받침하던 즉각적이고 저렴한 은행화폐의 레버리지에 기반하고 있었다. 만약 즉각적이고 저렴한 레버리지와 확장적인 카지노 도박의 기반이 더 이상 존재하지 않는데, 투자가가 그와 관계없이 높은 위험도를 원한다면, 그런 목적을 위해 확보할 수 있는

---

225 그러한 실물 경제적 조건성의 요소, 달리 말해 신용 지침이 시카고 플랜 재론(The Chicago Plan Revisited, Benes and Kumhof, 2012)의 한 내용이며, 이따금 베르너의 저술에서도 그 같은 표현이 나온다.

자금은 금방 부족해지고 비싸질 것이다. 즉 기대 수익이 감소하고 감수해야 할 위험이 증가한다. 이것은 그런 투자에 대한 욕구를 제거하지는 않지만 상당히 감소시킬 것이다. 1630년대의 전형적인 네덜란드 튤립 열광과 같은 금융적 광기는 아마도 주권화폐의 미래에도 몇 번이고 발생할 것이다. 중요한 것은 제3자가 그러한 광기의 영향을 받지 않도록 하고, 본원통화, 지불시스템 및 경제가 은행의 도산과 도박꾼의 파산과 관계없이 본연의 임무를 수행할 수 있도록 하는 것이다.

6.8 화폐 순환에 필수적인 전개순서가 있는가?

화폐 발행의 방법과 화폐의 최초 사용은 화폐 순환에 필수적인 전개순서가 있는가에 대한 질문을 제기한다. 오래된 고전 및 신고전파적 모델은 '투자가 먼저, 소비는 나중에'를 가정했다. 신용이 먼저 자본지출에, 특히 즉각적인 소비가 아닌 생산능력에 대한 민간투자에 투입되어야 하며 즉각적으로 소비로 들어가서는 안 되고 정부 지출에도 덜 들어가야 한다. 소비나 정부 지출로의 투입은 모두 인플레이션을 초래하는 것으로 가정했다. 따라서 자본이론의 기초에는 자본재산업과 소비재산업, 또는 맑스주의 경제학의 I부문과 II부문, 그리고 오스트리아 학파 5-7단계 생산모델 간의 구별이 있었다.[226] 산업화 초기에는 생산역량이 낮은 발달수준에 있고 잠재적인 소비 수요가 여전히 대부분 만족스럽지 않았기 때문에, '생산역량에 대한 투자를 먼저, 소비는 두 번째'라는 관념이 중앙계획경제만큼 시장경제에서도 의미가 있었다.

　　케인스주의 스타일의 보상적인 경제정책은 소비자와 정부의 지출에

---

226 Huerta de Soto(2009, Chap. 5, pp. 265 – 396).

더 큰 경제적 역할을 부여했으며, 이를 통해서 투자자 공급측 정책과 대조되는 임금소득자 및 소비자 수요측 정책의 형태로 자본과 노동 간의 계급갈등을 재확립하는 데 기여했으며, 이를 통해 대중 구매력으로써 자본투자를 보완했다.

'생산의 화폐이론'에 대한 케인스의 착상은 순환주의와 화폐와 생산의 양자이론에 의해 추구되었다. 이러한 접근방식은 내생 화폐의 순환적 흐름은 기업에 신용을 제공하는 은행, 노동자에게 임금을 지급하는 기업, 기업의 생산품을 구매하는 노동자, 이를 통해서 은행에 상환하는 기업으로 상정했다는 점에서 고전적이고 맑스주의적 견해에 다소 가깝다.[227] 헨리 포드(Henry Ford)는 100년 전에 노동자들이 자신들이 생산한 모델 T를 살 수 있을 만큼 충분히 벌기를 바라면서 이런 식으로 생각했다.

순환주의적 모델은 투자에 특별한 초점을 두기를 거부한다. 투자는 단지 '일반적인 산출물의 화폐적 비용', 즉 임금을 포함한 넓은 의미의 자본지출을 지칭할 뿐이다.[228] 이것은 수직적 또는 수평적 공급망의 모든 단계는 동시에 소비와 생산의 한 단계이기 때문에 일종의 진보이다. 아주 자주 투자적 지출과 소비적 지출의 구분은 회계와 세법의 관례다.

그러나 순환주의자와 양자이론 모델은 환원주의라는 비판을 견뎌내야 한다. 화폐의 순환에는 단지 은행, 기업 및 임금소득자보다 더 많은 것들이 있다. 행위자 집단들과 화폐 순환의 총체성은 이것들로 축소될 수 없다. 행위자의 무대는 또한 비은행-금융중개기관, 정부기관 및 실업자를 포함하며, 마찬가지로 화폐의 순환은 2차 신용, 탈-활성 혹은 재-활성 화폐, 근로소득과 금융소득의 재분배, 생산과 서비스뿐만 아니라 실물 및 금융자산의 교환, 화폐 흐름의 어떤 다방향성을 포함한 화폐의 GDP 기여 및 비GDP

---

227 Graziani(1990, p. 12), Fontana(2000, p. 42) 및 Rossi(2007, p.121)

228 Graziani(1990, p. 14) 및 Rochon(1999a, p.20).

흐름을 포함한다.

경험적 증거는 순환주의자의 전개순서를 지지하지 않는다. 5.5절에서 언급했듯이, 은행 신용의 약 70~80%가 부동산 및 주택담보대출, 정부 부채 및 투기적 차입에 할당된다. 나머지는 기업과 소비자 신용(초과 인출, 자동차, 신용카드 및 주택-자산 신용)뿐만 아니라 미국에서는 학자금 대출에도 사용된다.[229] 호즈슨(Hudson)이 지적했듯이 대부분의 1차 및 2차 신용은

> 상품과 서비스가 아닌 자산에 지출된다. 연간 GDP보다 큰 금액이 매일 자산 구매 및 매각을 위해 뉴욕-클리어링-하우스(New York Clearing House)와 시카고상품거래소(Chicago Mercantile Exchange)를 통과한다. 따라서 미국 및 기타 금융화된 경제권에서 지출의 99% 이상이 부동산, 주택담보대출 및 패키지-은행대출, 주식 및 채권에 사용된다.... 가장 큰 시스템은 이자, 기타 금융 수수료, 임대료 및 독점 이득의 형태로 지대 수익을 가져오는 토지, 독점권 및 금융청구권의 시스템이다...이러한 수익은 자본재에 투자하고 노동력을 고용하여 상품을 생산하고 실제 서비스를 제공하여 얻은 이윤을 크게 압도한다.[230]

기업에 대한 대출은 확실히 은행 업무의 일부이자 비은행-금융중개기관의 업무이다. 그러나 금융의 확고한 중심으로 여겨지는 것, 즉, 고용주와 피고용인 간의 관계('자본과 노동')를 위해 자금을 대는 것은 결코 우세하지 않으며, 대기업보다는 중소기업에 적용된다. 산업기업은 더 이상 은행신용에 크게 의존하지 않는다. 그들은 현재 수입에서 현재 지출을 지불하고, 은

---

229 Jordà et al.(2014). Turner(2015, p.62). The Economist, 2015년 3월 28일

230 Hudson(2012, pp. 335, 298).

행의 브리지-펀딩 이상의 금액이 필요할 때 회사채를 발행하거나 다른 방법으로 자금을 빌림으로써 2차신용시장을 활용한다. 또한 대기업은 자체 은행을 운영한다.

경험적 데이터는 더이상 1차 및 2차 소득분배의 개념을 명확하게 지지하지 않는다. 현재 발전단계에서 공공 및 민간 가계가 기업만큼 1차 및 2차 신용을 가져가기 때문에, 기업에 의한 가용 수단의 배분과 분배가 일차적 기능으로 간주되는 반면에, 왜 정부 지출은 이차적인가는 예전 시기에 그랬던 것만큼 그리 명확하지 않다.

'기업에 자금을 대는 은행'에 협소하게 초점을 맞추는 것은 다소 오래된 인상을 준다. 화폐와 금융에 대한 질문을 기업과 임금소득자에 한정하여 너무 좁게 바라보는 것은 이제 산업화 초기부터 1950~1960년대까지 일리가 있었던 경제학의 오래된 산업주의적 편향을 나타낸다. 그에 따른 한 가지 결과는 고용주와 임금노동자 간의 관계라는 너무 협소한 지반 위에 산업복지국가를 건설하려는 것이었다. 시간이 지남에 따라 이러한 시도가 각각의 사회문제를 계속해서 해결하지 못한다면, 또 다른 재정 및 금융시장적 문제가 될 것이며 국가부채와 금융자산의 GDP-불비례적 확장을 크게 조장할 것이다.

순환주의적 모델에 의문을 표하는 것은 화폐가 가치 있는 경제 산출물이 존재하는 정도만큼만 가치를 갖는다는 근본적인 진실에 이의를 제기하는 것이 결코 아니다: 가치 있는 경제적 산출은 생산역량, 인프라, 교육 및 인적 기술에 대한 사전적인 투자를 의미한다. 일종의 공급측 정책을 포함하는 생산망에 대한 고전적인 견해는 확실히 틀린 것은 아니지만 환원주의적이고 선형적이며 다양한 회로와 연관을 놓치고 다소 경직된 정책 권고를 초래한다. 다른 한편으로 대규모 구매력의 일방적인 증가는 경제정책에서도 묘책이 아니다. 금융 및 경제 위기에서 소비에 의해서 야기된 경상수지 적자의 영향뿐만 아니라 가계 및 정부 부채의 영향은 비금융적 기업부채의 영향보다 더 심각하다.[231] 공급 측과 수요 측이 모두 간과하는 것은 금융의 수행역량의 문제, 즉 GDP에 비해 너무 높은 수준의 자산 및 부채의 부담이다.[232]

위에서 검토한 사항으로부터 새로운 화폐를 순환으로 보내는 방법과 그 이후에 화폐가 순환하는 경로는 다양하고 많다는 사실이 도출된다. 화폐의 발행과 순환과 관련하여 자연스럽거나 필수적인 전개순서는 없다. 각 신조들은 안전하게 기각될 수 있다. 중요한 것은 GDP 관련 수요와 공급을 위한 충분한 자금을 금융기관, 기업, 개인 가계, 공공기관이 확보할 수 있도록 하는 것이다. 이와 대조적으로 비대해진 비GDP금융, 과잉 부채, 악화되는 불평등 등과 같은 현재의 조건에서 상황은 다소 긴장되어 있으며, 많은 분야에서 생산적인 투자는 심하게 위축되고 있다.

오늘날 '투자 우선, 소비는 나중에' 라는 옛 산업주의적 규칙을 대체할 단서조건이 있다면, 그 규칙은 이제 'GDP-기여 금융과 실물 경제적 지출이 우선, 비GDP 금융은 마지막'이라고 할 수 있다.

6.9. '부채 아닌(debt-free)' 주권화폐 대 '이자─수반' 주권화폐

위에서 논의한 화폐 발행의 두 경로(순수 및 이자 시뇨리지)는 주권화폐가 부채로부터 자유로운지 아니면 부채를 동반하는지 여부를 결정한다. 장기적인 통화량 증가에 따른 순수 시뇨리지는 대출이 아닌 지출을 통해서 순환에 들어가기 때문에 부채로부터 자유롭다(부채가 아니다) 이와는 달리, 중앙은행의 은행에 대한 단기 신용은 신용과 부채 관계를 구성하기 때문에 중앙은

---

231 Mian et al.(2015) 및 Denk and Cournède(2015).

232 Borio(2012, pp. 16-23).

행이 채권자이고 은행은 채무자이다.

특정 사회운동, 특히 종교적 및 무정부주의적 조합주의 전통의 사회운동은 이자가 붙는 부채를 극복하기를 원한다. 그들은 아마도 중앙은행이 대출 형식으로 주권화폐를 발행하는 것에 반대할 것이다. 그러나 실용적으로 말하면 통화정책의 기능적 이유 때문에 그 경로는 있어야 한다. 더 근본적으로 자본시장에서 자금을 배분하기 위해서는 이자 이외의 가격 메커니즘을 사용할 수는 없다. 행정적 배분은 민간의 유효수요가 구조적으로 부족할 때 필요할 수는 있지만 유효한 대답은 아니다. 또한 이슬람 은행업은 금융적인 채권자-채무자 관계를 상업적 파트너십으로 재구성하고 이자를 기업가적 이윤이나 거래의 이익으로 재해석한다는 점에서 실제로 이자의 대안은 아니다.**233** 어느쪽이든 결국에는 한쪽은 흑자나 적자를 빚어 이윤이나 손실을 낳게 된다.

주권화폐는 이자와 이자 매개 금융을 배제하지 않는다. 간단히 말해서, 현대의 법령화폐는 전통적인 주화와 거의 같은 방식으로 부채를 수반하지 않고 쉽게 창조하여 발행할 수 있다. 순수 시뇨리지는 그런 방식이 아니라면 경제에 존재하지 않았을 공짜 점심이다. 공짜 점심 같은 것이 있다면, 은행산업에 특권을 부여할 때보다 분명히 공공의 지갑에 이익이 될 것이다. 화폐가 신용-부채관계의 형성과 함께 한번의 행위로 창조되고 발행되어야 하는 자연적 명령은 없다. 이것은 단지 은행학파의 교리일 뿐이다. 놀랍게도 오늘날에는 신고전주의 경제학자보다 케인스의 후계자들이 더 강력하게 은행학파의 교리를 옹호한다. 그 이유는 케인스주의와 포스트-케인스주의의 내생적 화폐이론에서 찾을 수 있다. 그 이론은 내생적 화폐의 개념을 제외하고는 대체적으로 적절하지만, 은행학파의 교리에 무반성적으로 경도되어 있다.

---

233 Iqbal(2009).

일반적으로 주권화폐가 이자와 상환 필요성 없이 발행되어야 하는지, 혹은 신용/부채화폐로 순환에 들어갈 수 있는지에 관한 문제는 실용적인 방식으로 처리되어야 한다. 현대 경제의 부채 부담은 어떤 기본 수준 아래로 줄어들 것으로 기대할 수 없기 때문에 더더욱 실용적으로 처리되어야 한다. 금융경제의 카지노 영역을 제외하더라도 GDP에 기여하는 금융은 실제로 아주 필요하기 때문에 그렇다. 따라서 이런 점은 은행산업에는 좋은 소식이다.

하지만, 어떤 의미에서는 부채 아닌 화폐(debt-free money)도 사회경제적 의무를 내재적으로 갖는다. 그것은 은행부채나 다른 금전적 의무가 아니라 일, 성과, 성취 및 능력과 같은 문화적 가치로 표현되는 사회적 의무를 의미한다. 인간의 노력, 노동력, 기술적 효능 및 자연의 재생능력이 없으면, 판매하고 구매할 경제적 산물도 존재하지 않고 자본을 투자하고 구축해야 할 이유도 없다. 화폐도 어떤 기능도 하지 않는 쓸모 없는 것이 된다. 비록 부채 아닌 주권화폐는 그 자체가 상환 약속은 아니지만, 그것은 생산에 기여해야 한다는 약속이며, 과잉 확장이나 위축 없이 실제적 경제산출에 대응하도록 화폐 공급에 대한 통제력을 유지한다는 약속이다.

6.10 중앙은행 대차대조표에서 주권화폐를 기입하는 방법

화폐와 신용의 분리를 목표로 리카르도의 제안을 따랐던 1844년 영국의 은행헌장법(British Bank Charter Act)은 영란은행 내에 그 목표를 표현하는 특별한 제도적 장치를 은행부(Banking Department)에서 발권부(Issue Department)를 분리하는 방식으로 도입했다.[234] 이 제도는 금본위제의 실행을 위

---

[234] Bank of England(2015), O'Brien(2007, p. 112), PH Douglas et al.(1939, p. 24) 및 Ros-

해 고안되었고 은행화폐에는 그 법이 적용되지 않기 때문에 실제로 그 기능을 수행하지 못했음에도 불구하고 오늘날에도 여전히 존재한다. 혹자는 주권화폐로의 전환을 통해 이 제도가 활기를 되찾을 것이라고 생각할 수도 있다. 지금까지 미국에서 선호되어온 접근방식, 즉 화폐 창조의 독점권을 재무부 산하의 통화위원회에 맡기는 것은 실제로 '발권부'의 기능을 그 기관에 부여하는 것이 된다. 이에 반해, 미연방준비위원회의 역할은 '은행부'가 될 것이다. 즉 화폐 공급의 공개시장 재조정과 최종 대부자의 기능을 맡게 될 것이다.

그러나 화폐와 신용의 분리는 중앙은행의 화폐 기능을 은행 및 금융 업무와 분리하는 것을 의미한다는 점을 알아야 한다. 중앙은행 내에서 통화 공급의 장기적인 증가에 대한 의사 결정을 단기적인 공개시장운영과 분리하는 것은 역기능을 초래한다. 이런 일은 실제로 1844년 이후 수십년 동안 문제를 일으켰다.[235]

화폐 공급에 대한 장단기적 결정은 동일하게 하나의 중앙은행의 위원회에서 이뤄져야 하며, 그래야 하나의 회계적 틀 안에 정확히 기록될 수 있다. 오늘날 은행들에 대한 중앙은행 신용은 자산(청구권)과 채무(중앙은행준비금 또는 은행권)의 쌍으로 기록된다. 은행들과 중앙은행은 결국 같은 상업적 기원을 갖고 있다. 한 방법은 주권화폐시스템에서 기존 관행을 유지하는 것을 생각할 수 있다. 그러면 어느 누구도 우려를 표하지 않을 것이다. 은행에 대한 중앙은행 신용과 관련하여 어떤 차이를 만들어내지는 않는다. 그러나 순수 시뇨리지를 재무부로 이전하는 것과 관련하여 이것은 청구권(claim)및 채무(liability)의 의미에 상당한 재해석을 요구한다. 청구권의 의미는 '이자가 없는 특정 만기가 없는 신용'이 될 것이며, 이는 '제로 이자의 영구 채권'

si(2001, p. 170).

235 O'Brien(2007, p.151)

이라고 할 수도 있다. 이는 실제로 재무부에 영원한 무상 신용을 제공하는 것을 말한다(세금을 이 목적에 전용할 때 신용은 기본적으로 상환될 수 있을지라도). 채무는 국채와 유사해지겠지만 부채로 선언될 필요가 없다. 이는 '현대화폐이론'이 주장하는 것과 유사하지만, 그 이론은 실제로 자신감을 갖고 있지는 않다.

따라서 중앙은행의 대차대조표에 새로운 화폐를 채무가 아니라 한 나라의 화폐적 지분으로 기입하는 것이 더 설득력이 있다. 여기서 나라의 화폐적 지분이란 화폐 발행자가 국고에 납입하거나 은행들에게 대출하는 나라의 화폐적 부존자원을 말한다. 기본적 원리는 주권화폐를 주화와 동일한 방식으로 중앙은행의 대차대조표에 기록하는 것이다.[236] 베네스/쿰호프(Benes and Kumhof)도 똑같은 구상을 제시했다. 그들은 주권화폐를 '정부의 부채가 아닌 정부 지분으로 취급할 것을 제안했는데, 이는 현재 미국의 회계적 관례에서 재무부 주화가 처리되는 방식과 정확히 같다.[237]

그 절차는 다음과 같을 것이다:

- 중앙은행은 대차대조표의 자산 측에 각각의 금액을 유동적 화폐로 입력하여 화폐를 창조하고, 또 다른 측에 채무로 기록하지 않고, 지분계정(equity account)에 추가되는 새로운 유형의 계정에 수령액으로 기록한다. 이것은 대차대조표를 확장한다.
- 돈이 순수 시뇨리지로서 재무부로 이체될 때 이것은 화폐가 자산 측에서 빠진다는 점에서 대차대조표의 축소로 이어진다. 이것은 지분계정을 축소시키는 대가이다. 따라서 중앙은행의 대차대조표는 존재하는 화폐의 전체 금액을 반영하지는 않지만(오늘날도 마찬가지이

---

236 Gudehus(2015a, p. 434). Mayer(2013a)도 이 접근방식을 창안하는 데 기여했다.

237 Benes and Kumhof(2012, p. 6).

다) 그 금액은 물론 다른 사용의 형태로 통계적으로 기록된다.

- 돈이 은행에 대출되는 한, 이것은 자산의 교환으로 표현될 것이다. 즉, 돈이 차입 은행에 대한 신용 청구권과 교환됨을 의미한다. 만약 중앙은행이 유가증권을 구입하는 경우에 돈은 유가증권과 교환된다. 만약 중앙은행이 유가증권을 다시 매각하거나 은행들이 상환하면 교환은 반대방향으로 이뤄진다. 따라서 돈은 소거되지 않고 이어지는 거래에 사용할 수 있다.

은행의 대차대조표에서도 돈은 항상 유동자산이 될 것이며 중앙은행 화폐의 대용으로 사용되는 고객에 대한 채무가 아니다. 은행 대출 또는 은행의 자산 매입은 자산 교환, 즉 돈에 대한 청구권과 돈의 교환이 된다. 다른 비용은 단순히 은행이 가진 돈을 상응하는 만큼 감소시킬 것이다. 비은행 금융기관, 정부, 기업 및 가계 등 수령인의 대차대조표에서도 돈은 유동자산으로 순환한다. 신용과 부채가 있을 것이지만, 돈 자체의 주요 부분은 더 이상 신용이거나 부채를 수반하지 않는다.

6.11 전환일의 이행 과정

주권화폐로의 전환과 관련하여 우선적인 시나리오는 전환일의 시나리오이다. 어떤 사람들은 빅뱅이라고 부른다. 정해진 날짜에 필요한 법률 조항이 적용되고 고객에 대한 은행의 익일물 채무가 다시 규정되고 중앙은행의 회계도 그에 맞춰서 수정되기 시작한다.

전환일에 모든 것이 완전히 최종적으로 바뀌지는 않는다. 그 대신에 전환일은 대략 3년에서 5년의 점진적인 전환기의 시작이 될 것이다. 그리고 이전 제도가 완전히 사라지는 데에는 또 다른 5년에서 10년의 기간이 필요하다. 시간의 실제적인 지평은 은행에 빚지고 있는 미결제 부채의 만기에 의해 결정될 것이다. 그러나 정해진 날부터 더 이상 은행화폐는 존재하지 않을 것이며 모든 지불은 주권화폐로 이뤄질 것이다.

기본적인 법적 조치는 오늘날 각 중앙은행에 은행권의 독점권을 부여하는 문구를 수정하여, 그 독점권을 계좌상의 화폐와 디지털 현금으로 확장하는 것이다. 그리고 주화에 대한 독점권이 재무부에 주어져 있다면, 일관성을 위해 그 국가의 화폐당국인 중앙은행에 배당해야 할 것이다. 따라서 국가의 손상되지 않는 통화 특권에 맞는 완전한 화폐 또는 통화의 독점이 확립될 것이다.

현재 나라에 따라 다르지만 각국의 중앙은행에 관한 구절은 다음과 같다:

... 은행권을 발행할 독점권을 갖는다. 그러한 은행권은 법정통화(legal tender)의 지위를 갖는 유일한 지급수단이다.

수정된 내용은 다음과 같다:

... 주화, 은행권, 계좌상의 화폐 및 디지털 현금을 발행할 독점적 권리를 갖는다. 그러한 화폐는 법정통화의 지위를 갖는 유일한 법정통화이다.

예를 들어, 유로존 지역에서는 유럽연합운영조약(TFEU)의 128조 1항과 유럽중앙은행시스템 규정(Statute of the European System of Central Banks)의 16조에 해당한다. 영국에서는 1844년 은행헌장법(Bank Charter Act)의 가장 최근의 개정 내용에 해당한다. 미국에서는 헌법 제5장 8조 1항을 명확하게 재공식화하는 것을 포함하는데, '돈을 주조할 주권적 권한'이란 구절을 '어떤 사용 형태로든 법정통화를 발행할 권한'과 같은 식으로 대체해야 할 것이다. 그리고 이에 맞춰서 은행권 발행에 관한 1913년 연방준비제도법(Federal Reserve Act) 16조도 개정할 필요가 있다. '법정통화(legal tender)'와 '합법적 화폐(lawful money)'간의 생경한 구분도 폐지할 수 있다.

추가적으로 은행 및 중앙은행 회계에 관한 규정은 다음과 같은 변경사항을 반영하여 수정되어야 한다. 전환일부터 은행 고객의 당좌계좌는 화폐계좌로 선언되고, 이 계좌에 들어있는 익일 채무, 즉 기존의 유동적인 은행화폐는 주권화폐로 전환된다. 그리고 당좌계좌는 은행의 대차대조표와 분리되어 고객 자신이 소유하는 화폐계좌가 된다. 이와 동시에 전환일부터 은행의 익일 채무는 은행의 대차대조표에 남지만, 마치 애초에 은행들에게 화폐를 대출해 준 곳이 중앙은행이었던 것처럼, 해당 금액만큼 중앙은행에 대한 채무로 전환된다.

은행이 고객의 개별 화폐계좌를 계속 관리할 수 있으므로 고객이 은행을 변경할 필요는 없다. 화폐계좌는 면허를 획득한 지불서비스공급자에 의해서 관리될 수도 있다. 은행이 관리한다면, 계좌번호도 변경할 필요가 없다. 이 같은 분리된 화폐계좌는 은행이 결코 마음대로 처리할 수 없는 신탁계좌이다. 그 계좌들은 은행의 일부 화폐 서비스(계좌 관리, 무현금 결제서비스, 환전)를 수행하기 위해 운영되지만, 은행이 고객을 대신하여 고객의 증권계좌를 운영하는 것과 같이 은행의 대차대조표 외부에서 운영된다.[238]

또는 고객계좌는 은행 또는 기타 결제서비스제공자가 중앙은행에 개설한 별도의 통합계좌로서 운영될 수 있다. 이 경우에도 그 계좌들의 돈은 고객이 완전한 소유권을 가지는 은행의 대차대조표 외부에 있는 신탁계좌이다.[239]

---

238 은행에 고객의 개인화폐계좌를 유지하는 것은 후버와 로버트슨(Huber and Robertson, 2000, p.23)이 선호하는 방식이다.

239 포지티브 머니 운동이 제안한 '영란은행법(Bank of England Act)'의 초안에서는 포괄적인 변형을 제안한다. 이와 관련해서는 다음을 보라, Jackson and Dyson(2012, p.186) 및 Positive Money(2011).

또 다른 선택지는 중앙은행에 계좌를 개설하여 사용하도록 하는 것이다.[240] 그러나 여기에는 두 가지 문제가 있다. 하나는 엄청난 불필요한 매몰비용이다. 은행의 인프라와 인력은 대체로 쓸모없게 될 것이며 중앙은행은 그것들을 처음부터 다시 구축해야 할 것이다. 중앙은행은 독립적으로 그렇게 할 준비가 거의 되어 있지 않다. 모든 시민의 당좌계좌를 관리하는 역할은 나라의 통화당국이 수행해야 하는 분명한 임무가 아니다. 오랫동안 중앙은행은 은행과 정부만을 위해 계좌를 운영해 왔으며 개인, 기업 및 대부분의 비은행 금융회사에 대해서는 계좌 개설을 허용하지 않았다. 중앙은행에 계좌를 개설하는 기업의 법적 행위는 기각되었다. 중앙은행 계좌에 의존한다는 구상은 주로 부분지급준비금은행에 넣어둔 돈에 대한 최근의 우려에서 기인한다. 이와 대조적으로 주권화폐는 안전이 보장된다. 그 돈은 은행위기 시에 사라지지 않기 때문에 허가를 받은 어떤 기관들도 관리할 수 있다.

개별 계좌와 통합 계좌 간의 선택과 관련해서는 여기서는 답변을 열어 둔 채 남겨놓는다. 두 가지 방법이 모두 가능하며 결과는 동일하다. 고객은 주머니에 현금이 넣어두는 것과 같은 의미로 돈의 유일하고 완전한 소유자가 된다. 은행의 영리적 수단과 고객의 수단은 분리될 것이다. 고객 돈의 이체는 더 이상 은행 간 거래에 의해 '매개되지' 않을 것이며, 송금인의 계좌에서 수취인의 계좌로 주권화폐의 전체 수량이 직접적으로 이체될 것이다. 고객이 예를 들어 저축 또는 정기예금을 추가하여 돈을 은행에 빌려준다면, 고객의 부외계좌에서 은행의 대차대조표 상의 계좌로 이체된다. 은행이 고객에게 돈을 빌려준다면, 돈은 은행의 계좌에서 완전히 빠져나와서 고객의 부외계좌에 직접 이체된다.

이전의 은행-대-고객 익일채무의 은행-대-중앙은행 채무로의 전환에 대해서는, 이에 상응하는 금액이 각 은행에 대하여 고정될 것이다. 은행

---

240 다음과 비교하라, Schemmann (2012b, pp. 51 – 69).

화폐 수량의 단기적 왜곡을 완만하게 만드는 통계적 방법의 사용을 권장할 만하다.

전환일에 수량이 고정된 각 금액은 '과거의 은행화폐'를 나타낸다. 보다 정확하게는 각 금액은 이전의 은행화폐 수량에서 파생된 일시적인 은행의 채무를 나타낸다. 이 금액은 은행에 대한 미결제 지급 만기의 속도와 비율에 따라 납입되어야 한다. 이 같은 교체의 대부분은 약 3~5년 내에 이루어질 것이다. 절차는 상환 계획에 따라 합의되어야 하는데, 개별적으로 또는 부문 단위로 협상해야 한다. 일시적인 은행의 채무가 완전히 상환되면 은행화폐에서 주권화폐로의 전환이 완료된다.

전환 일 이후에 은행 고객이 초과 인출이나 대출을 상환하거나 은행이 자산을 매각할 경우에 은행은 더 이상 은행화폐를 받지 않는다. 그 대신에 은행들은 다시 사용할 수 있는 주권화폐를 받는다. 부분지급준비금 시스템의 은행화폐는 이 과정에서 지워진다. 상환된 돈이 중앙은행으로 전달되지 않는다면 은행은 전환일 이전에 소량의 부분적인 자금조달을 통해서 창조한 은행화폐를 주고 무비용의 주권화폐를 받기 때문에 막대한 수익을 올릴 것이다. 이행 과정에 과부하를 주지 않기 위하여 은행의 중앙은행에 대한 이행기적 채무는 무이자로 하는 것은 인정되어야 한다.

중앙은행에 대한 은행의 일시적인 채무의 대응물로서, 은행에 대한 이행기적 청구권이 중앙은행의 대차대조표에 추가된다. 이 계정의 경우에 은행으로부터 상환을 받으면 그만큼 일시적 청구권이 감소한다. 그것과의 교환으로 그리고 동시에 중앙은행은 해당 금액만큼의 주권화폐를 발행하여 화폐 공급이 바람직하지 않은 정도로 줄어들지 않도록 한다.

해당 금액만큼의 화폐 재발행은 재무부의 순수 시뇨리지 또는 은행에 대한 단기 대출로 활용될 수 있다. 특히 전환 과정이 시작되었을 때, 은행은 중앙은행에 돈을 넘겨주기보다는 은행에 남겨 둘 수도 있다. 이 경우에 일시적 중앙은행 청구권 및 은행 채무는 모두 동일하게 감소하고, 장부에서는 해당 은행에 대한 새로운 정규적인 중앙은행 대출로 대체된다.

현재 은행화폐의 공급은 과잉이기 때문에 은행의 기존 고객에 대한 익일채무를 새로운 주권화폐로 1:1 혹은 100:80 아니면 다른 어떤 비율로 교환해야 하는지에 관한 질문이 제기된다. 이것은 선험적으로 결정할 수 없다. 각 중앙은행은 분명히 신중하게 이 비율을 찾아내고자 할 것이다.

은행의 장부에 있는 부분지급준비금은 어떻게 처리할 것인가? 은행은 현금을 금고에 그대로 보관할 것이다. 이 현금과 중앙은행의 정부계좌에 있는 준비금과 관련해서는 아무런 변화가 없다; 그것들은 그 자체로, 즉 유동적인 주권화폐로 남는다. 그러나 은행의 부분적인 최소 및 초과 준비금은 쓸모 없게 될 것이다. 오늘날에 준비금은 공공순환 속의 은행화폐 중에서 은행 간 거래에 사용되는 금액을 나타낸다. 단일순환 화폐시스템에서 기존의 준비금은 완전히 불필요한 것이 된다. 은행화폐의 구성 부문으로서, 준비금은 전환 과정의 일부가 되어서는 안 된다. 만약 그것이 전환된다면 통화 공급은 부당하게 늘어나게 될 것이다. 결과적으로 모든 준비금은 은행과 중앙은행의 대차대조표에서 자산 및 부채로서 삭제되어야 한다. 이것은 양당사자의 대차대조표의 감소를 나타내며, 양측에 이익 또는 손실을 가져오지 않는다.

또 다른 질문은 왜 기존 은행 채무를 새로운 주권화폐로 전환하는 것이 모든 비활성 은행화폐를 포함하는 '광범위한' 범위가 아니라 오늘날의 활성 현금과 은행화폐만을 포함하는 '좁은' 범위에 적용되어야 하는가이다. 전자의 경우처럼 넓은 범위에 적용되면 전환될 은행 채무의 수량이 너무 많아져서, 더 많은 경상 시뇨리지와 일회적 이행 시뇨리지를 낳을 것이다. 그러나 돈이 그렇게 늘어나기 시작하면 쉽게 지나친 수준에 달할 것이다.

분할-순환 지급준비금시스템에서 저축 및 정기 예금은 수동적인 비용 요소일 뿐이며 활성 통화의 공급을 의미하지 않으며 만기까지 유효수요로 사용되지 않는다. 이와는 대조적으로 단일-순환 주권화폐시스템에서는 저축 및 정기 포지션은 은행업무에 활용되는 활성 화폐를 제공한다. 경상 거래를 수행하기에는, 현금과 유동적 은행화폐는 오늘날 저축 및 정기 예금의 즉각적 청산까지 포함할 경우에 그 양이 충분할 것이다. 따라서 유동적 화폐 M의 상대적 양은 미래의 주권화폐 시대에도 풍부한 수준일 것이며, 그럴수록 비GDP 금융의 비중은 적어질 것이다.

MMF는 어떻게 될까? MMF가 은행의 정기'예금'과 경쟁하는 금융중개수단으로서 존재하는 한 문제는 없다. 기금 증서로서 MMF 지분은 발행기금으로부터 매입되고 재판매될 것이지만, 기금 내에서 혹은 기금 간에 계좌상의 화폐 자산으로서 이전되지는 않을 것이다. MMF 지분이 예금과 같은 지불수단으로 사용될 때, 그 지분은 분명히 새로운 유형의 대용화폐이다. 주권적 화폐 특권을 위협하는 대용화폐의 정규적이고 일반적인 대규모 사용은 용납되어서는 안 된다. 그렇지 않으면 통화량의 통제가 처음부터 다시 취약해질 것이다. 그럴 경우 비현금 주권화폐는 은행권이 계좌상의 은행화폐와 공존했던 지난 120-170년 동안의 은행권과 같은 운명에 직면할 것이다. 비슷한 방식으로 새로운 대용화폐는 비현금 주권화폐를 하찮은 존재로 만들 것이다.

MMF 지분은 1970년대에 미국에서 저축 및 정기예금에 대해서 5%의 이자 상한을 설정했던 것과 같은 부적절한 규제 때문에 발달했다는 것을 기억해야 한다. 이것은 1970년대의 한층 높은 금리와 인플레이션율과는 맞지 않았다.[241] MMF는 광범위하게 일어난 회피 시도로서 등장했고, MMF 지분은 은행 지분에 대한 은행 감독 및 규제 그리고 최소 지급준비금 요건을 우회하는 강력한 수단으로 드러났다.

---

[241] Hilton(2004, p. 180) 및 Baba et al.(2009, 68쪽).

6.12 잃을 것이 거의 없고 얻을 것은 많다: 안정성, 안전성, 시뇨리지

잠정적인 결론으로서 은행화폐에서 주권화폐로의 이행이 갖는 이점을 간략하게 요약해보자. 전체적인 그림은 잃을 것이 거의 없고 얻을 것은 많다는 전망을 보여준다.

우선, 이 전환은 위험을 예측할 수 없는 모든 것을 뒤집는 '혁명'이 아니다. 기업활동과 시장의 일상뿐만 아니라 제도 정립의 측면에서 현 시스템의 거의 모든 요소가 그대로 유지된다. 주권화폐는 현 화폐시스템의 이점, 예를 들어 금융자산의 편리성, 거래 효율성, 비용 효율성, 필수적인 정도의 만기 상이성, 유동성을 그대로 유지한다. 또한 탄력적인 통화정책은 현재의 시스템과는 대조적으로 화폐공급의 부족뿐만 아니라 과잉 확장을 배제한다.

은행화폐를 계좌상의 주권화폐로 대체하는 것은 통화개혁이 아니다. 통화와 그 단위는 그대로 남는다. 1달러는 계속해서 1달러이다. 금융자산과 금융의무도 이행기 동안 모든 경제주체의 청구권과 채무로서 그대로 유지된다(단지 은행의 대차대조표에서 하루 아침에 고객에 대한 채무가 동일한 금액의 중앙은행에 대한 채무로 교환되는 것만 제외하고 그러하다). 은행부문은 확실히 부당한 화폐 특권을 잃고, 그 특권은 회복되어 국가로 귀속될 것이다.

결정해야 할 법적 및 기술적 조치나 실행해야 할 변화는 이제까지 진행되었던 많은 개혁의 범위를 넘어서지 않을 것이다. 그러나 주권화폐의 도입을 위해서 은행화폐의 종언을 고하는 것은 아주 위대하고 중요한 도약이다.

현재의 은행 주도의 분할-순환 부분준비금시스템의 기능장애와는 달리, 주권화폐는 그러한 역기능을 억제하고 부분적으로는 폐지할 것이다.

주권화폐는 손에 있든 계좌나 모바일 계좌에 있든 또는 다른 형태의 디지털 현금이든 안전한 화폐이다. 주권화폐는 이러한 형태로 국내외에서 교환되고 유통될 수 있지만 사라질 수는 없다. 예금과 달리 은행위기 시에 위험에 처하지 않고, 정부의 보장을 받을 필요도 없다. 이와 대조적으로 투자된 돈은 더 이상 돈이 아니라 장단기 자본이다. 당연하게도 투자된 돈은 자연스럽게 일정한 위험을 수반하며, 그 위험은 돈이 어떻게 무엇에 투자되는가에 달려있다. 이것이 저축 및 정기 예금에 대한 현재의 예금보험을 유지하는 것을 정당화하는가의 여부는 여기서는 추후 결정할 문제로 남겨둔다.

주권화폐는 안전하기 때문에 은행위기 시에 지불서비스가 와해될 위험은 사라질 것이다. 규모와 상관없이 부실 은행은 더이상 은행시스템의 전반적 와해와 경제 거래의 정지를 막는다는 명분으로 구제되지는 않을 것이다.

금융적, 경제적 시장 동학의 관점에서 볼 때, 주권화폐의 가장 중요한 특징은 아마도 필요할 때의 탄력적 재조정과 함께 통화량을 효과적으로 완전히 통제할 수 있다는 점이다. 중앙은행의 통화정책 도구상자는 통화량 통제를 기반으로 삼아 인플레이션 및 자산-인플레이션을, 그것이 통화 요인에서 비롯된 것인 한에는, 효과적으로 통제할 수 있다. 이것은 주택 거품, 주식 거품, 국채 거품, 상품 거품, 파생상품 거품, 대안적 투자 거품 또는 기타 어떤 것과 관련이 있든 간에 과도하게 형성된 거품과 그로 말미암은 심각한 위기를 방지할 수 있다. 은행에 의한 예금 창조가 중지되기 때문에, 은행은 더 이상 많은 양의 은행화폐를 추가적으로 비-GDP 투자은행업 및 금융시장 노다지에 퍼부을 수 없을 것이다. 경기 순환과 금융 순환은 여전히 존재하겠지만 다소 완만한 경로를 유지할 것이다.

GDP에 비례하는 화폐의 추가적인 공급은 금융자산을 비슷한 규모로 늘려서 금융소득이 근로소득을 희생시키면서 불비례적으로 늘어나는 편향을 억제할 것이다.

그에 대응하여 채무자들은 쉽게 얻을 수 있는 값싼 돈으로 부채를 모험을 걸듯이 쌓기는 어려울 것이다. 화폐에 대한 과잉 수요는 막대한 비용, 즉 평균 이상의 금리를 불러올 것이다. 그래서 방탕한 적자지출자들과 폰지 투기꾼들은 두 번 생각할 수밖에 없을 것이다.

마지막으로, 새로운 돈을 창출하여 얻는 이득인 시뇨리지는 더 이상 공공재정에서 잊히지 않을 것이다. 화폐 창조는 더이상 민간 은행의 이윤으로 추가되지 않고, 예산의 균형을 맞추고 현재의 대규모 국채를 지속가능한 수준(오늘날 특히 관심을 끄는 수준)으로 낮추도록 도울 것이며, 향후에 공공부채를 과다해지는 것을 피하는 데도 기여할 것이다. 또한 공공재정은 전환일부터 시작하여 GDP와 연관된 통화량의 증가분에서 정기적으로 나오는 시뇨리지 외에 막대한 일회성 전환 시뇨리지의 혜택을 받을 것이다.

6.13 시뇨리지를 통한 공공 재정 기여

단순화를 위해서, 시뇨리지를 화폐 공급의 증가액에 해당하는 순수 시뇨리지에 한정하자. 경제 성장이 1% 포인트 늘어나면, 그것에 대응하는 정도의 시뇨리지가 수반될 것이다. 다음은 현재 화폐공급이 과도하게 이뤄진다는 점을 감안하면서, 얼마만큼의 화폐가 발생하는지에 대한 현재의 자료로부터 도출한 대략적인 첫 추정치이다. 따라서 실제의 시뇨리지 총액은 하향 조정되어야 하기 때문에, 그 액수는 표 6.1의 것보다 적을 것이다. 이 수치

표 6.1 **통화량의 증가액만큼의 매년 정기적인 시뇨리지**

2014(10억)	통화량 M	M의 1, 2, 3% 증가에 따른 시뇨리지	총공공지출	공공지출의 증가액으로 추정한 통화량 증가액
미국(달러)	8112	81-162-243	6200	1.3-2.6-3.9
유로(유로)	5916	59-118-178	4957	1.2-2.4-3.6
영국(파운드)	1380	13.8-27.6-41.4	735	1.9-3.7-5.6
스위스(프랑)	568	5.7-11.4-17.0	206	2.8-5.5-8.3

Sources: http://www.federalreserve.gov/releases/h6/current/default.htm#t5tg1link(M2).—http://www.bankofengland.co.uk/boeapps/iadb/BankStats.asp?Travel=Nix(overnight deposits and cash); www.ukpublicspending.co.uk/total_2014UKbt_ 15bc5n.—European Central Bank, Economic Bulletin, Tables 5.1, 3.1, 6.1-2(www.ecb.europa.eu/pub/pdf/ecbu).—Schweizerische Nationalbank, Statistische Monatshefte, Tab. B2, H1

에 따르면, 한 나라에서 경제 성장이 1%가 이뤄지기 위해서는 총 공공지출이 1.2~1.9%이 늘어나야 한다. 경제 성장률이 3%라면, 그 수치는 3.4~4%이다. 영국(5.6%)과 스위스(8.3%)의 수치가 상대적으로 높은 것은 두 나라에서 금융부문이 비정상적으로 크기 때문일 수 있다.

공공지출의 약 1~4%정도의 정기적인 시뇨리지는 그다지 많지 않다고 할 수 있지만 실제로는 많은 것이다. 이는 감세를 포함해서 6.7절에서 논의한 목적의 자금 조달에 크게 기여할 것이다. 다른 한편으로 세금을 시뇨리지로 대체하는 것은 완전히 비현실적이라는 점은 분명하다. 주권화폐가 도입된 미래에도 예산은 세금으로 충당되고 건전한 관리 원칙을 충족해야 한다. 그러나 정기적인 시뇨리지는 의심할 바 없이 도움이 될 것이다. 상대적으로 낮은 정부 지출 및(혹은) 높은 성장률을 보이고 있는 나라의 예산은 상대적으로 높은 정부 지출 및(혹은) 낮은 성장률을 보이고 있는 나라보다 더 많은 혜택을 보게 될 것이다.

특히 오늘날처럼 정부의 부채가 과다한 수준에 있는 조건에서는 정기적으로 주어지는 시뇨리지보다 더 중요한 것은(주권화폐로의) 이행기 때에 발생하는 일회적인 시뇨리지다. 이는 19세기에 민간 은행권에서 중앙은행권으로의 전환할 때와 유사한 방식으로 계좌 상의 주권화폐를 도입함에 따라 발생한다.

종전의 은행화폐로 된 부채가 단계적으로 지워지면서, 새로운 주권화폐가 단계적으로 도입되어야 한다. 이 과정의 초기에 새로운 화폐 중에서 상대적으로 많은 비중이 은행에 단기적으로 대출될 필요가 있을 수 있다. 수개월 혹은 수년에 걸쳐서 새 화폐의 훨씬 더 많은 부분이 장기적으로 재무부의 순수 시뇨리지로서 발행될 수 있다. 국가 부채를 줄일 수 있는 일회적인 기회를 잡을 수 없다면 매우 안타까운 일일 것이다. 은행이 여전히 국가 부채를 보유하고 있는 만큼, 이는 동시에 그들에게 새로운 자금을 제공하는 데 기여할 것이다.

이러한 방식으로 표 6.2에 표시된 현재 수치로 보면 미국과 유로존의 경우에 총 공공부채의 절반 이상이 전환기간 동안 상환될 수 있다. 영국에서는 각 수치는 완전한 상환을 가능하게 해준다. 스위스에서는 이 수치가 국가부채의 두 배 이상이다. 영국과 스위스의 예외적인 비율은 아마도 두 국가 모두에서 금융부문이 예외적으로 큰 상대적 규모를 차지하기 때문일 것이다.

이 수치들이 어떤 종류의 예측은 아니다. 하지만 은행의 기존 익일 채무를 새로운 주권화폐로 대체할 경우에, 그 비율이 1:1이 아니라 90:100 또는 80:100 또는 훨씬 더 적을 수 비율로 이뤄질 수 있다는 것을 감안하면, 핵심적 수치의 크기와 열린 가능성을 다시 한번 가늠할 수 있게 해준다.

또한 일회성 전환 시뇨리지는 마이너스 예금 금리나 인플레이션의 필요도 없이, 채권자에게 '부채 삭감'을 강요하거나 채무자 정부에게 긴축을

표 6.2 일회성 전환 시뇨리지

2014(10억)	A(은행화폐)	B(총공공부채)	A/B(%)
미국(달러)	9837	18,000	55
유로존(유로)	4976	9280	54
영국(파운드)	1306	1260	104
스위스(프랑)	501	217	231

Data Sources: USA demand deposits and other checkable deposits in M1, and small time deposits and savings deposits in M2. http://www.federalreserve.gov/releases/h6/ current/default.htm#6tg1link. For the national debt see www.usgovernments pending.com/national_debt.—Eurozone overnight deposits in M1, from 2014 for EU-18. European Central Bank, Economic Bulletin, Tables 6.2.3.2, 6.2.1(www.ecb.europa.eu/pub/ pdf/ecbu).—UK overnight deposits and deposits redeemable at notice, excluding cash in circulation. http://www.bankofengland.co.uk/boeapps/iadb/ BankStats.asp?Travel=Nix. For UK government debt see www.ukpublics pending.co.uk/uk_national_debt_chart.html.—Switzerland demand and transaction deposits. Schweizerische Nationalbank, Statistische Monatshefte, Tab. B2, H1

강요하지 않고도, 상당한 정도까지 국채를 상환하여 줄일 수 있는 역사적으로 유일한 기회를 제공한다.

국가부채의 누적이 현저히 줄어들 것이라는 전망 때문에 어떤 사람들은 투자 기회의 부족을 우려할 수 있다. 그러나 현재 급증하는 국가부채 수준이 역사적인 지향점이 될 수 없다. 금융경제는 국가 부채가 낮은 시기뿐만 아니라 높은 시기를 경험했다. 경기는 적응적인 것으로 드러났다. 공공 인프라와 중소기업을 포함한 실물 경제에는 의심의 여지없이 막대한 유휴 투자 잠재력이 존재한다. 더욱이 현재에는 GDP에 비하여 금융자산과 부채의 비율이 비대하다. 우리는 어쨌든 보다 더 지속가능한 수준의 금융자산과 부채에 재적응해야 한다.

공공부채를 상환하는 데 드는 돈은 누구로부터 몰수하지 않는다는 점은 강조돼야 한다. 전환은 몰수, 재분배 또는 과세를 수반하지 않는다. 특히 돈은 은행에서 가져오지 않는다. 필요한 돈은 오늘날 존재하지 않는다. 그 대신에 우리가 관행적으로 은행화폐로 사용하는 은행채무로 존재한다. 은행화폐는 대용 화폐이며, 현금이나 중앙은행 준비금에 대한 청구권/부채이며, 현금과 준비금은 은행채무의 총량의 작은 부분일 뿐이다. 은행들은 현재 중앙은행 계좌에 있는 기존의 초과준비금뿐만 아니라 금고에 현금을 보관하고 있다. 최소준비금 요건은 쓸모없고 낡은 것이 되고, 은행과 중앙은행의 대차대조표에서 자산 및 부채로서 소거될 것이므로 은행은 손실을 보지 않는다. 간단히 말해서, 주권화폐는 은행화폐의 '효력 없는' 채무를 자산의 형태로 존재하는 실제적인 법정통화로 대체할 것이다. 새로운 주권화폐를 창조하는 데 따른 시뇨리지는 사실 공짜 점심이다.

6.14 부분지급준비금을 예금의 100%로 올리는 전환?

많은 논평가들은 주권화폐를 1930년대의 100% 지급준비금은행을 제안한 접근방식의 재판인양 여긴다. 마치 '그건 낡은 모자다'라고 말하듯이 어제의 내일에 신경 쓰는 이유는 무엇인가? 이보다 논점에서 크게 빗나간 것은 없다. 주권화폐와 100%지급준비금은행은 완전히 다른 두 가지 시스템이다. 100%지급준비금 접근방식에는 한 눈에 쉽게 식별할 수 없는 여러 단점들이 있다. 100% 지급준비금은행업은 만약 기회가 주어졌더라도 기껏해야 부분적으로만 주권화폐가 오늘날 달성할 수 있는 것을 이뤄냈을 것이다.

그러나 주권화폐와 100%지급준비금은행업은 특히 화폐 수량에 대한 고려, 다시 말해 통화학파의 가르침 및 증표주의와 같은 공통의 계보를 갖는 것은 사실이다. 따라서 그들은 또한 부분지급준비금은행에 대한 유사한 분석과 비판, 그리고 은행의 1차 신용창조를 중단시키고 통화량에 대한 통제권을 되찾자는 기본 목표를 공유한다. 그러나 기술적으로나 운영적으로 100%지급준비금은행업과 단일-순환주권화폐는 화폐를 창조하고 발행하는 방법, 회계 절차, 지불 거래의 관리 및 제도적 기반과 관련하여 서로 다른 원칙에 기반한 서로 다른 두 가지다.

소디(Soddy)는 1926년에 예금에 대해 100%지급준비금을 제안한 최초의 사람이라고 한다. 이 방안은 1930년대 당시 시카고학파(사이먼즈(Simons), 나이트(Knight) 비네(Viner) 및 젊은 프리드먼(Friedman)을 포함한 여러 학자들이 100%지급준비금은행업을 추진)에 의해 추진되었다. 이전에 게젤주의자의 스탬프 스크립 운동을 지지했던 피셔는 이 접근법의 변형을 100%화폐로서 채택했다.[242] 이후 수십 년 동안 이 구상은 예를 들어 알레

---

242 Soddy(1926), Currie(1934a, b), Hart(1935), Fisher(1935), Douglas et al.(1939), Simons(1948) 및 Friedman(1948, 1959, 1969).

(Allais)와 토빈(Tobin)의 '내로우 뱅킹(narrow banking)' 제안에 의해서 지지를 받았다.[243]

모든 100% 계획은 미국에서 이미 10%였던 부분지급준비금을 모든 예금의 100% 지급준비금으로 인상하는 것을 기본 내용으로 한다. 이 접근 방식은 그것이 유일한 수단인 한 해결하지 못하는 여러 문제를 안고 있다.

지급준비금을 100%로 보유하더라도, 그 제도는 하나의 통합된 화폐 공급 M을 기반으로 하는 단일-순환 시스템이 아니라 지급준비금과 예금을 기반으로 삼는 복잡한 분할-순환 지급준비금시스템이다. 은행 고객은 여전히 계좌에 화폐를 안전하게 소유하지 못하고 단지 그에 대한 청구권만을 가지는 반면에 은행은 돈을 소유하면서 고객에 대해 부채를 진다.

100% 지급준비금을 지지하는 학자들은 모든 예금에 대해 지급준비금을 보유할 수 있도록 여유분을 갖는 것을 필수조건으로 하는 것이 아니라 모든 준비금이 지급준비금(초과 준비금)인 것처럼 주장했다. 지급준비금 시스템에서 그 질문은 근본적임에도 불구하고 그것을 무시했다.

두 계층의 분할-순환 시스템에서 새로운 준비금과 은행권은 중앙은행의 신용(또는 통화위원회의 신용)을 통해 은행에 대출된다. 모든 준비금은 은행에게 신용으로 주어지기 때문에 전체 통화량은 여전히 신용/부채 화폐이다.

예를 들어 예금에 대한 지급준비금이 100%인 경우에도 다음 달의 의무적 지급준비금 요건은 지난 2개월 간의 평균 예금잔고를 기초로 사후적으로 결정된다. 다시 말해 은행은 신용 및 예금 창조에서 선제적인 주도권을 갖는 반면에 중앙은행은 은행의 지급준비금 수요를 실제 또는 사후에 수용하게 된다. 100% 개혁주의자들은 분명히 1차 신용을 창조하는 은행들이 신용으로 생성된 예금의 100%를 보장하는 책임을 지지 않을 수 있다는 점을 분명하게 고려하지 않았다. 그 책임은 1차 신용의 창조자나 뒤를 잇는

---

243 Allais(1987, 1988) 및 Tobin(1987, p. 172).

다른 은행들로부터 예금 채무를 받아들인 수신자 은행들에게 돌아간다.

은행 소유의 화폐와 고객에 대한 채무가 여전히 분리되어 있지 않다. 저축 및 정기 예금은 여전히 비활성화된 은행화폐이다. 은행들은 예금을 통해 유동성 있는 지급준비금을 얻을 수 없음에도 불구하고 그 예금을 100 % 보장해야 한다.

이러한 결과로 인해서 모든 예금에 대한 100%의 지급준비금은 불필요하게 비용이 많이 든다. 왜냐하면 은행은 지급준비금시스템의 다른 모든 요소들이 동일하다면 두 배의 비용을 지불해야 한다. 즉, 고객에게 예금 이자와 함께 중앙은행의 대출에 대해 이자를 지불해야 한다. 은행들은 대부분의 비용을 고객에게 청구하지 않을 수가 거의 없기 때문에 모든 사람의 비용 수준은 불필요하게 높아지게 된다. 그로 인해 지급준비금 창조에 의한 이자-시뇨리지는 돈에 대한 특별 세금처럼 보이게 될 것이다. 그러나 정부 예산을 늘리기 위하여 돈에 대한 숨겨진 세금을 생성하는 것이 주권화폐 개혁의 의도는 아니다. 그 의도는 실질 산출의 증가분과 동일한 수준의 순수-시뇨리지를 제공하는 것이다.

1930년대의 화폐개혁주의자들은 비용 문제를 인지하고 마침내 준비금을 무이자로 은행에 맡기는 것을 생각했다. 그렇지만 이것은 은행부문에 더 많은 재융자 권한을 제공하는 것으로 여겨졌는데 이것은 제대로 된 진단이었다. 그들은 전환을 이뤄내기 위한 추가적 수단으로서 통화 당국이 은행 포트폴리오상의 모든 국채를 매입할 것을 제안했다.[244] 이것은 공공부채의 노골적인 화폐화를 의미하며 어떤 기준으로 보든 의심스러운 관행이다. 이와는 대조적으로, 순수-시뇨리지의 형태로 주권화폐를 직접적으로 발행하는 것은 매우 간단하고 분명한 대안이다.[245]

---

244   PH Douglas et al.(1939, para 11a, b).

245   100% 은행업에 대해서는 다음에 있는 기고문을 참조하라, http://sovereignmoney.eu/100-

여기에 거론된 비판점들에 대한 응답으로 100%지급준비금 접근방식은 여러 요소를 추가해서 내용을 수정할 수 있다. 이것은 100% 지급준비금 시스템 내에서 주권화폐론을 모방하는 것으로 귀결되겠지만, 진정한 의미의 단일-순환 주권화폐시스템과 같지는 않다.[246] 이 같은 모방을 위해 취해질 조치는 다음과 같다:

1. 모든 준비금을 지불준비금이라고 재선언한다.(오늘날의 최소준비금 제도의 계승으로서) 100% 보장 지급준비금과 초과지급준비금 간의 차이는 더 이상 존재하지 않을 것이다.

2. 장부 및 지급 시스템에서 은행 준비금을 고객 준비금으로부터 분리한다. 즉 고객 예치금을 전액 보장하기 위한 지급준비금과 은행의 자체 자금인 준비금을 분리한다.

3. 화폐의 소유권 및 파산 절차와 관련된 법적 및 규제적 변화를 입법화해서, 고객 준비금이 고객이 완전한 소유권을 갖는 은행 대차대조표상의 신탁적 위치를 나타내는 것을 분명히 한다. 고객 준비금은 은행이 파산하는 경우에 파산 조건에 들어가지 않아야 한다. 다른 모든 청구권, 특히 중앙은행의 청구권보다 우선하는 준비금에 대한 고객의 우선 청구권이 지급준비금 시스템 내에서 구현될 수

per-centreserve-chicago-plan, 여기에는 100% 화폐와 주권화폐의 핵심 요소에 대한 중요한 개요가 들어있다. 이와 유사한 개요는 포지티브 머니 운동(Positive Money)의 앤드루 잭슨(Andrew Jackson)이 작성했다. http://www.positivemoney.org/2013/01/the-chicago-plan-versus-positive-money에서 구할 수 있다.

246 '모방'의 문제에 대한 자세한 내용은 http://sovereignmoney.eu/how-to-emulate-plain-money-within-a-full-reserve-sytem에 있는 필자의 논문을 참조하고, http://sovereignmoney.eu/on-kumhof-the-chicago-plan-revisited에 있는 논문인 '많은 길이 로마로 통하지만 모두가 가장 짧은 경로는 아니다(Many roads lead to Rome-not all by the shortest path)'도 참조하라.

있는지 여부는 법적 검토에서 해석의 여지를 남긴다. 대답이 부정적이라면 지급준비금의 소유권과 관련된 기존 소유권은 심각한 장애를 빚게 될 것이다.

4. 준비금과 예금의 1 : 1의 동기화된 완전한 이체를 다음을 통해 보장한다.

 – 고객 간의 이전은 고객 준비금만을 활용한다.
 – 은행으로부터 고객으로의 이체에는 수취 고객의 준비금에 추가되는 은행 준비금을 활용한다.
 – 고객으로부터 은행으로의 이체에는 은행 준비금에 추가되는 고객 준비금을 활용한다.

따라서 고객은 고객 준비금을 은행 준비금으로 전환하여 저축 및 정기예금을 운영하거나 자신의 돈을 증권에 투자할 수 있다. 따라서 은행은 고객과 공개시장에서 주로 돈을 가져와서 자체 대출 및 투자 계약에 자금을 댈 수 있으며, 중앙은행의 수량 목표에 부합하면서 필요 시에 추가적으로 중앙은행의 신용을 이용할 수 있다. 그러나 이는 예금 저축이 더 이상 유휴 예금이 아님을 의미한다. 그 대신에 그러한 '예금'은 은행에 투자된 단기 자본이다. 이것은 또한 비용 문제를 정상적인 수준으로 낮춘다.

은행 및 고객 준비금의 흐름과 예금 이체가 동시에 일어나게 하는 필수요건은 순 결제 시스템(net settlement system)[247], 즉 지연 정산을 통하거나 정산 없이 지급 명령을 연속적으로 청산하는 지급시스템에서는 충족될 수 없다. 이 같은 동기화는 지급 명령이 즉시 전액 결제하는 실시간 총결제 시스템에서 가장 잘 이뤄질 수 있다.

일부 사람들은 두 가지 접근법의 차이가 중요하지 않다고 잘못 생각하

---

247 역자주: 순 결제는 하루의 총 거래를 그날 마지막에 한 번에 정산하는 것을 의미한다.

고, 두 순환을 하나로 통합하는 것보다 분할-순환을 유지하는 것이 더 쉬울 것으로 상정한다. 그러나 우리는 오직 상식만으로도 분할-순환 시스템이 단일-순환 시스템보다 더 복잡하고 노력을 많이 요구한다는 것을 알 수 있다. 예금의 100% 지급준비금방식의 단점은 사실 준비금 시스템을 그대로 유지한다는 사실 자체에 있다. 이제까지 논의된 특징을 보면 100% 지급준비금 시스템의 틀 내에서 주권화폐를 모방하는 작업은 분명히 단순하지 않다. 실제로 그것은 단일-순환 주권화폐시스템에 비해 복잡하고 더 많은 기술적, 법적 노력을 필요로 할 것 같다.

2.5% 또는 10%의 부분지급준비금을 100%로 올리는 일은 점진적으로 진행시킬 수 있다. 이것이 장점이라면 100% 접근방식에만 적용되는 것은 아니다. 단순한 주권화폐시스템도 약 5년의 전환 기간을 거친다면 이후에 실현과 관리가 더 수월해질 것이다.

두 접근법은 모두 은행 회계시스템과 중앙은행 지급시스템이 은행 자체 자금과 고객 자금을 분리하기 위하여 재조정되어야 한다는 점에서 몇 가지 기술적 조치를 필요로 한다.

이러한 사항을 고려할 때, 확실히 단일-순환 화폐시스템을 위해서 이중-순환 지급준비금 시스템을 중지하는 것이 확실히 더 쉬워 보인다. 준비금과 예금이 더이상 필요 없으며, 유휴 지급준비금을 조달하는 데 비용이 들지 않고, 예금과 준비금의 복잡한 동기화가 필요 없다; 단지 하나의 통합된 화폐공급 M이 대차대조표의 유동적 통화자산으로서 은행과 비은행 사이를 순환한다.

6.15 화폐 발행을 통한 재정 조달: 은행화폐에 주권화폐를 추가한 정부 지출

일부 경제학자들은 '경제 회복에 박차를 가하기 위한 비통상적 방안으로서

'헬리콥터 머니'를 고려하고 있다. 그들은 준비금(주권화폐)을 추가적으로 발행하여, 오늘날의 정규적인 경로를 통해서 은행부문의 준비금으로 투입하기보다는 중앙은행이 정부 지출의 자금을 제공하도록 할 것을 제안하고 있다. 몇몇 주권화폐의 옹호자들은 이 구상을 통화 개혁의 첫 걸음으로 간주하고 환영한다. 은행화폐와 병행하여 주권화폐를 도입하는 것은 은행화폐의 사용을 중단시키는 것보다 달성하기가 더 쉬울 수 있다.

월터(Walter)는 중앙은행이 새로 창조한 준비금(주권화폐)을 정부에 이전할 것을 제안한다. 그에 따르면 이 수단은 양적으로 제한적이어야 하며, 오직 공공 인프라에 한정된 투자에만 할당되어야 한다.[248] 미국의 경우, 특히 인프라가 긴급한 문제가 된 상황에서 미국의 학자와 활동가 들이 최근 몇 년 동안 유사한 제안을 내놓았다.

울프(Wolf)는 파이낸셜 타임즈(Financial Times)에서 '헬리콥터 머니를 위한 옹호론(The Case for Helicopter Money)'이라는 글을 썼는데, 그 글에서 그는 공공 지출을 위한 준비금의 마련을 찬성했다.[249] 헬리콥터 머니라는 은유는 1969년 프리드먼(Friedman)까지 거슬러 올라가는데, 그 자신은 그때 그 방안이 실제적인 효과 없이 단순히 인플레이션을 일으킬 것이기 때문에 유용하지 않을 것이라고 생각했다. 하지만 울프는 그와 대조적으로 정부가 지출한 헬리콥터 머니는 투자와 수요 측면에서 적극적인 효과를 낼 것으로 보았다.

터너(Turner)는 '명시적 자금 조달(overt money finance)'이라는 용어로써 그 견해를 공유하면서, 중앙은행이 정부 지출의 자금을 조달하는 데 직접 간여해서는 안 된다는 금기에 의문을 표했다.[250] 특히 과도하지 않게 한

---

248 Walter(2011, 2013, p. 204).

249 Wolf(2013, 2015, p. 209).

250 Turner(2015, pp. 213, 218, 227 – 230, 237 – 240).

다는 것을 전제로 중앙은행화폐로써 유효수요를 보완하고 기존의 공공부채를 탕감하거나 다른 목적을 위해서 헬리콥터 머니를 사용하는 것에 대해서 논했다. 터너는 헬리콥터 머니가 기본적으로 기존의 양적 완화보다 더 위험하지 않으며 공공 지출을 위해 돈을 찍는 것이 임박한 디플레이션을 방지하는 가장 빠른 방법이라고 주장했다.

이런 충격적 문제제기는 '모두를 위한 양적 완화'라는 표제의 운동을 포함하여 비정부기구인 포지티브 머니(Positive Money)가 받아들였다.[251] 정부는 중앙은행과 협력하여 주권화폐를 창조하여 적자 지출에 사용해야 한다는 것이다. 하지만 이 경우에는 부채가 추가되지 않는다.[252] 잭슨(Jackson)/다이슨(Dyson)은 정부가 '제로 금리의 공채(무이자 영구 신용)'를 영란은행에 발행할 것을 제안한다. 이때 영란은행은 상응하는 유동성 준비금을 재무부의 계좌에 입금해야 한다. 그러나 중앙은행은 독자적으로 얼마만큼의 무이자 공채를 매입할 것인가를 결정해야 한다.

한편, 미국의 통화개혁가들은 자기 나라의 정부가 애국을 위해서 돈을 직접 발행했던 과거, 특히 북군(Union)이 남북전쟁의 자금 조달을 도왔던 그린백(Greenback) 달러를 상기한다. 당시에 그레이백(Greyback) 달러는 남군(Confederacy)을 도왔다. 이어진 1870~1880년대의 그린백 운동은 재무부에 의한 주권화폐의 발행을 지지하는 캠페인으로 이어졌다. 이 주권화폐는, 특히 농민들이 생각했던 것처럼, 금리를 낮출 수 있는 수단이었다. 재무부가 오랫동안 그린백을 발행하지 않았지만, 오늘날에도 미국 재무부 지폐는 연방준비은행의 지폐와 함께 유통되고 있다.

최근에, 스트리너(Striner)는 정부 발행 화폐의 미국적 전통을 다시 살려냈다. 그의 제안은 '두 흐름의 화폐 창조'를 상정하고 있다. 하나는 은행

---

251 Jackson and Dyson(2013b, p. 16).

252 Jackson and Dyson(2013b, p. 19).

시스템에서 창조되는 것이고 다른 하나는 의회에 의한 것'이다. 첫 번째는 신용/부채인 은행화폐이며, 두 번째는 '직접적인 전자 입금'을 통한 '부채가 아닌 주권화폐'이다. 이 쌍둥이 시스템은 '재정과 통화 정책의 결합'을 의미한다.253 이 경우에 재무부와 의회는 직접 주권화폐를 창조하여, 그 화폐가 추가되어 연방준비위원회의 지폐 및 준비금과 나란히 사용된다.

울프, 터너 및 잭슨/다이슨의 주장에 따르면, '화폐 발행을 통한 재정 조달(Monetary financing)'은 전통적인 케인스 식의 수요 진작을 목표로 한다. 정부 지출의 측면에서, 부채에 의존한 적자 지출이, 예산 및 세금 정책의 변화 없이, 부채를 야기하지 않는 적자 지출에 의해서 대체된다. 재정 정책 및 소득 정책의 목적을 이루기 위해서 화폐를 발행하면, 기존의 부채 수준은 줄어들지 않지만, 정부 부채의 추가적인 증가나 세금 인상은 억제할 수 있다.

'화폐 발행을 통한 재정 조달'은 통화 개혁의 맥락에 있지만, 사실 단기적인 반경기적 정부 개입의 또 다른 변형이라고도 할 수 있다. 화폐 발행을 통해서 재정을 조달하는 경우에, 은행산업과 정부는 수십년 동안 반복적인 금융 위기를 겪었던 그 길을 계속 가야할 수도 있다. 재정 및 경제 정책의 목적을 위해서 통화정책을 도구로 삼는 것은 그 효과와 부작용에 대한 의구심을 수반하는 여전히 논란의 여지가 있는 관행이다.

'화폐 발행을 통한 재정 조달'은 현 위기의 탈출을 돕는 부양책으로서 지지를 받을 수 있다. 이런 측면에서, '화폐 발행을 통한 재정 조달'은, 기존의 양적 완화와는 대조적으로, 경제적인 효과를 낼 것으로 기대된다. 기존의 양적완화란 중앙은행이 정부 부채 및 기타 부실 신용을 매입하여, 그 신용과 부채를 화폐화하는 것이다. 이것은 정부 부채를 유지하면서 준-부실

---

253 Striner(2015, pp. 84, 59 – 64); 또한 케이스 로저스(Keith L. Rodgers)가 운영하는, http://globalmonetaryforum.blogspot.de도 참조하라.

금융기관의 지탱을 돕는다.

'화폐 발행을 통한 재정 조달'은 또한 자금 보유에 마이너스 금리를 부과하는 것보다 더 효과적이고 확실히 더 합리적이다. 전문관료들은 마이너스 금리를 은행 서비스에 대한 '일종의 수수료'로서 정당화하려고 하지만, 실제로는 기본 재산권을 침해하는 노골적인 몰수에 해당한다. 기술적인 측면에서, 그것이 완전히 실행된다면, 마이너스 이자는 고객에 대한 은행의 부채를 줄임으로써 은행화폐의 양을 줄인다. 즉 비은행 부채 수준을 낮추지 않은 채, 공공의 구매력을 감소시킨다. 이것은 기업의 투자 지출을 억제하고, 심리적으로 가계가 저축을 활용하여 지출을 늘리도록 하기보다는 저축 유지를 위해 추가적인 노력을 기울이도록 압박한다는 점에서 비생산적이다.

하지만, '화폐 발행을 통한 재정 조달'이 긍정적 효과를 낼 것으로 기대되는 경우는, 한 나라의 경제 상황이 대중의 소득, 세수 및 소비자 수요의 부족 때문에 실질 투자 및 자본 지출이 저조하다는 특징을 전제로 한다. 만약 문제가 위기 해소의 지연, 특히 부채 감축의 지연이나 회복 불가능한 부채의 상각에 있다면, 그 정도만큼 '화폐 발행을 통한 재정 조달'은 효과를 내지 못할 것이다.

더욱이, 적자 지출이 일반적으로 상상하는 것처럼, 즉 호황기의 부채 감축에 대응하는 반경기적 부양책으로만 실행된 적이 결코 없다는 사실을 명심해야 한다. 그 대신에 적자 지출은 더 높은 수준의 정부 지출을 뒷받침하고 그 수준을 유지하기 위한 전 기간에 걸친 관행이었다. 왜 이것이 지금부터 어떤 차이를 보이겠는가?

'화폐 발행을 통한 재정 조달'이 갖는 또 다른 문제적 측면은 은행화폐와 중앙은행 준비금의 분리된 순환과 관련되어 있다. 화폐 발행을 통해서 재정을 조달하더라도 은행부문이 화폐 권력으로서 수행하는 역할은 극복되기보다는 오히려 강화될 수 있다. 그 이유는 오늘날의 화폐 시스템이 미국 전역으로 지폐를 가득 채운 금고가 운송되던 19세기의 그린백(Greenbacks)

의 경우와는 달리, 더 이상 현금을 기반으로 하거나 현금에 의해 지배되지 않기 때문이다. 오늘날의 현금 없는 화폐 및 은행 시스템에서, 정부가 중앙은행 계좌에 있는 준비금을 사용하면, 은행은 준비금을 무상으로 받는 반면에 기업과 사람들은 예금 항목(은행화폐)의 형식으로 지급을 받는다. 따라서 은행은 이 제도에서는 무임 승차자가 될 것이다. '화폐 발행을 통한 재정 조달'이 보다 확장적으로 될수록, 은행들은 비용을 들여서 자금을 확충하는 것을 덜 할 것이다. 은행은 실물이 있는 전통적인 주화와 지폐에 대해서 100%의 자금을 조달해야 한다. 그렇지만 주화와 지폐와 같은 현금이 사라진다면, 기존의 통화정책 수단은 어떤 것이든 결국에는 무의미해질 것이다.

따라서 은행화폐에 종지부를 찍지 않는다면, 주권화폐의 비중을 늘리더라도 그 전망은 양면적일 수밖에 없다. 부분지급준비금은행업의 분리된 순환 시스템과 은행 부문의 통화 권력이 그대로 유지되면서 부분지급준비금은행업과 관련된 기능장애는 계속될 것이다. 위기가 임박하다는 징후가 다시 나타나기만 하면, 은행과 정부는 서로에게 비난을 돌릴 것이다. 그 결과로 '화폐 발행을 통한 재정 조달'은 통화개혁으로 나아가는 길을 밝히는 중간지점이 되기보다는, 조정이 이뤄지지 않는 화폐의 병행적 창조라는 상황에 갇히게 되고 결과적으로 은행화폐에게 밀리게 될 것이다. 이런 일은 미국 역사에서 두 차례에 걸쳐 일어났다(18세기의 식민지 스크립과 19세기의 그린백). 1936년부터 1970년대 초까지 캐나다의 '화폐 발행을 통한 재정 조달'의 경험도 똑같은 경로를 거쳐서 종말을 맞았다.[254]

더욱이 은행화폐를 유지한다면 '화폐 발행을 통한 재정 조달'은 다음과 같은 식으로 제대로 구현될 수 없다. 이와 관련해서는 법적 전제조건들이 있다. 이 방안은 전환일 전략(conversion day strategy)과 거의 동일한 법적 분쟁에 직면한다. 미국에서도 재무부가 발행한 계좌 상의 주권화폐를 뒷

---

254 Ryan-Collins(2015).

받침할 확실한 법적 근거는 없으며, 중앙은행의 '화폐 발행을 통한 재정 조달'은 미국법전 12부, 3조, 9조목 355항과 유럽의 유럽연합운영조약(TFEU)의 123조의 개정을 요구한다. 이 법률들은 중앙은행에 의한 직접적인 정부 자금 지원을 금지하고 있다. 단기적으로는 각각의 법률을 개정할 가능성은 낮다. 이와 대조적으로 완전한 주권화폐 개혁의 경우에 어떤 조정이 이뤄지는 것이 바람직하겠지만 반드시 그러한 조문 변경이 필요하지 않다.

정부 지출을 위해 무상 기금을 제공하는 것은 통화 개혁에 따르는 긍정적인 효과일 수는 있다. 하지만 주권화폐 개혁의 핵심 관심사는 그것이 아니라 은행화폐 체제의 기능 장애를 끝내는 것이다.

6.16 안전한 주권화폐계정

새로운 유형의 당좌계정(주권화폐계정 혹은 줄여서 화폐계정)이 은행화폐가 입금된 통상적인 은행지로계정 외에 별도로 도입된다고 상정하자. 그러면 은행화폐 외에 별도의 정부 발행 화폐에 대한 요구는 일관성을 얻게 된다. 달리 말하면, 기업과 사람들은 어떤 방식으로 지급준비금 기반의 중앙은행 지불시스템에 접근하거나 대안으로 블록체인 기술에 기반한 중앙은행 디지털 통화에 접근할 것이다. 이러한 선택지들은 현재 여러 중앙은행에 의해서 검토되고 있지만, 관련된 기술적 측면은 아직 상세히 규명되어 있지 않다.

화폐계정의 경우에, 이것은 기업, 비은행금융기관, 민간 가계 및 공공 가계 사이의 공공 유통에서도 비현금주권화폐(중앙은행준비금)의 보유 및 이체에 복무한다. 분할-순환지급준비금시스템은 여전히 존재하지만 고객은 은행화폐와 주권화폐 사이에서 선택할 수 있다. 그들은 사실상 두 유형의 계정을 가지고 있을 수 있다.

이전에 '안전한 예금' 또는 '안전한 계정'을 도입하자는 제안들이 있었다.[255] 대부분의 경우에 그러한 제안은 지급준비금에 의한 은행예금의 100% 보장을 내용으로 삼는다. 여기서 제시하는 구상은 다르다. 지금까지 은행 간 용도에 국한되어 있던 주권화폐(고강력 중앙은행화폐)를 무현금 공공 유통에 도입하는 것이다.

화폐계정은 은행 또는 기타 지급서비스기관의 신탁계정(fiduciary accounts)일 수 있다. 돈은 은행 또는 다른 지급서비스기관의 고객통합계정의 형태로 별도의 중앙은행계정에 보관되어 관리된다. 이 계정은 각 실시간 총 정산지급시스템 내에서 자체적인 주소를 갖는다. 화폐계정은 은행 자신의 준비금과 분리된, 대차대조표의 자산과 부채로 기록되지 않는 항목이 된다. 이것은 고객의 증권계정과 유사하다. 그래서 고객의 돈과 은행이나 지급서비스기관의 돈은 분리되어 보유된다. 또한 화폐계정은 은행의 다른 자산과 부채에 의해 '불태화된(sterilized)' 신탁 장부상의 항목일 수도 있다. 그래서 돈은 고객의 자산이며, 은행 혹은 다른 지급서비스기관의 대차대조표에 있는 자산이나 부채가 아니다. 그래서 이 방안은 분리계정 접근방식이라고 할 수 있다.[256]

화폐는 중앙은행에 의해 발행될 것이다. 정부는 지금과 거의 같은 방식으로 중앙은행 계정을 통해서 화폐를 확보한다. 그 이상의 변화는 화폐계정을 도입하기 위한 하나의 전제조건이 아니다. 그래서 준비금은 정부 지출을 통해서 고객의 화폐계정으로 들어간다. 즉 이 과정은 정부의 중앙은행계정에서 수취인의 화폐계정으로 화폐가 이체되는 방식을 통해서 진행된다. 또한 정부는 중앙은행계정의 준비금을 기반으로 삼지만, 칩 카드나 휴대폰에 저장되는 전자현금을 발행할 수 있으며, 이는 은행화폐를 기반으로 삼는 절차와는 다르다.

---

255   예를 들어 Mayer(2013a, b) 및 Gudehus(2015b).

256   다음도 참조하라, www.sovereignmoney.eu/separate-accounts-safe-deposits.

은행이 고객에게 화폐계정을 제공하는 것은 은행의 선택사항일 수도 있고 의무사항일 수도 있다. 그러한 제안이 나오자마자 많은 고객들은 주저하지 않고 그것을 사용할 것이다. 기업과 일반 사람들은 자신들이 어떤 유형의 계정을 선호할 것인지를 결정하게 될 것이다. 정부는 중앙은행과 상업은행에 똑같이 당좌계정을 유지할 수 있는 선택권을 가지고 있다는 점에서 이미 그렇게 하고 있다.

화폐계정과 지로계정 간의 이체가 가능하다. 우선 오늘날 정부의 중앙은행계정에서 은행의 지로계정으로 금액을 이체하는 것과 같은 방식(수신은행이 각 고객계정에 입금하는 방식)으로 이체가 이뤄질 것이다. 또한 그와 반대방향으로 은행의 지로계정에서 정부의 중앙은행계정으로 자금을 이체하는 방식(송금은행이 은행화폐를 삭제하고 각 준비금을 정부계정으로 이체하는 방식)으로도 이체가 이뤄질 것이다. 화폐 중개기관으로서 은행들은 어쨌든 중앙은행화폐(준비금)로 이체를 받고 지급한다.

은행들은 공공유통에서 화폐계정을 갖기 때문에, 화폐계정 없이 화폐적 자금조달을 하는 경우처럼, 이 제도의 무임승차자가 되지는 못할 것이다. 그 이유는 고객계정 간의 거래는 은행에 영향을 미치지 않는 반면에, 은행은 지로계정에서 화폐계정으로 보낼 자금을 확보하기 위해서는 지로계정에서 화폐계정으로의 이체를 통해서 조달하고 입금할 준비금이 필요하기 때문이다. 이와 같이 화폐 사용자들이 각각 어떤 계정 또는 어떤 유형의 화폐를 선호할 것인지를 결정하는 식으로 시장 결정에 따라서 은행화폐에서 주권화폐로의 점진적인 전환이 이뤄질 수 있다.

6.17 디지털주권화폐

현금이 조만간 사라질 수밖에 없는 상황에서, 디지털 주권화폐를 현금의 현대적 등가물로 구현하여 물리적 현금에 대한 전통적인 국가 독점을 유지하는 것이 증표주의적 관점에서 매우 바람직하다. 2.6절에서 논의한 바와 같이, 오늘날 전자현금(e-cash)으로 불리는 것이 계좌상의 화폐와 독립적으로 존재할 수 있는지 여부는 현재로서는 명확하지 않다.[257] 그러나 디지털 주권현금과 같은 것이 존재한다면 은행화폐의 대안이 될 것이며 그것을 대체할 가능성도 있다.

한 가지 예로서 주권화폐계좌의 하위 항목 또는 모바일 하위 계정으로 주권전자현금이 있을 수 있다. 정부는 사실 은행화폐가 아닌 중앙은행 준비금(주권화폐)을 기반으로 하는 전자현금을 발행하기 시작해야 한다. 이렇게 되면, 화폐계정(money accounts)이 주권화폐에 기반한 전자현금의 사용을 이끌 것이기 때문에 화폐계정의 사용이 힘을 얻을 것이다. EU 지침 2009/110/EG는 은행뿐만 아니라 중앙은행, 정부기관 및 다른 허가된 기관에게도 전자현금을 발행할 수 있는 권리를 명시적으로 부여하고 있다.

또하나의 예를 들면, 오늘날 중앙은행이 블록체인 기술을 기반으로 삼아 발행한 디지털 현금이 물리적 현금을 대체할 수 있는지에 대한 질문이 제기되고 있다.[258] 이것은 주권화폐의 미래로 나아가는 실질적이고 아마도 결정적인 단계가 될 것이다. 중앙은행에서 발행한 이 디지털 '통화(currency)'는 기존의 국가 통화의 대안이 아니라 비트코인 등 유사한 새로운 민간 디지털 통화를 대체할 현금과 유사한 법정통화적 대안을 목표로 삼고 있다. 디지털 주권현금은 또한 블록체인 기술의 일정정도 특수한 변형태에 기반하겠지만, 자체적인 규칙에 따라 중앙은행에서 창조될 것이다.

---

257 다음을 참조하라, Dyson and Hodgson(2016)이 제안한 '디지털 전자현금계정'(Digital E-Cash Accounts). 이 제안은 여기에 설명된 주권화폐계정의 제안과 기본적인 특징 면에서 수렴된다.

258 다음을 참조하라, Dyson and Hodgson(2016), Ali, Barrdear, Clews and Southgate(2014a, b), Barrdear and Kumhof(2016), Broadbent(2016).

모호한 알고리즘에 의해 제어되는 화폐 창조('채굴') 대신에 블록체인에 디지털 현금을 주입하는 유일한 '광부'는 중앙은행이 될 것이다. 블록체인 처리 자체는 현재의 비트코인 방식보다 훨씬 더 빠를 필요가 있으며, 지금처럼 7초가 아닌 1초에 수천에서 백만 건의 거래가 가능해야 한다.[259] 또한 주권현금과 계정상의 주권화폐 사이의 인터페이스가 필요하다.

블록체인 기술은 실제로 돈을 현대화하는 추가적이고 아마도 결정적인 방법일 수 있다. 답답하게도 중앙은행가들이 전통적인 물리적 현금의 대안을 생각할 때 염두에 두는 것은 화폐주권에 대한 관심보다는 주저없이 마이너스 이자를 부과하려는 의심스러운 목표이다.

6.18 주권화폐의 국제적 연결성

전지구적 상호의존성, 국경을 초월한 자본의 자유로운 이동 그리고 통화의 완전한 태환성이 실현된 세계를 상정해보자. 한 나라가 은행화폐에서 주권화폐로 이행하는 길을 독자적으로 걸어갈 수 있을까? 대답은 '그렇다'이다. 어떤 나라이든 특정 전제조건들을 충족한다면 그렇게 할 수 있다.

전제조건들은 합리적으로 생각해보면, 믿을 만한 국가기관, 안정적인 정치 조건, 법치 및 권력 분립의 확립, 공정한 생산경제를 위해 기능하는 시장 등이다. 이와 대조적으로 부패가 만연해서 엘리트가 약탈적이고 모든 전선에서 금융적, 구조적 적자가 있는 상황이라면, 부진한 통화가 주권화폐에 기반해 있는가 아니면 은행화폐에 기반해 있는가의 여부는 당연하게도 어떤 차이를 보이지 않을 것이다.

---

259 이에 대응하는 거래 용량을 가진 시스템은 이미 존재하는데, 예를 들면, 다양한 전자결제시스템이나 구글, 아마존, 트위터 및 페이스북의 시스템에 존재한다.

잘 운영되는 국민국가와 경제는 국제적으로 인정받는 무역 상대국으로서 누구나 받아들이는 통화를 가질 수 있다. 그러한 국가는 크든 작든 은행화폐에서 주권화폐로 전환하려면 정치적 논쟁에 직면할 수 있지만, 기술적, 운영적, 경제적 측면에서는 기본적으로 문제가 발생하지 않는다. 주권화폐는 통화 개혁이 아니다. 국내 통화의 다른 통화로의 초국경적 교환이든 그 반대이든 기술적으로 이전과 동일하다. 외환 거래는 통화의 거래이며 국경 간 지불 절차는 통화 단위를 통화량으로서 처리한다. 이 통화량이 기원적으로 은행에 의해 창조되었는지, 중앙은행 혹은 재무부에 의해 만들어졌는지는 상관이 없다. 중요한 것은 당좌계좌를 유지하거나 그것을 수행하는 은행, 또는 기타 결제 서비스 제공업체와 협력하여 각 결제시스템에 연결하는 것이다. 국제적 지불의 최종 정산은 어쨌든 중앙은행의 준비금에 의해 수행된다. 따라서 국제적 거래는 주권화폐시스템과 최적으로 병존할 수 있다.

한 나라가 자유무역, 무제한적 자본이동 및 완전한 통화 태환을 선호하는 경우에, 이런 지향점들이 주권화폐의 도입으로 변경될 필요는 없다. 그러나 당연하지만 이런 지향성들이 경제 흐름을 크게 결정할수록, 외국의 화폐적 영향에 대한 노출 등 외부의 영향에 대한 노출도가 커지고, 나라의 '자율성' 정도는 낮아질 것이다. 이런 원리는 화폐시스템과는 무관하다.

그 결과로 한 나라가 단독으로 주권화폐로 나아갈 경우에는 그 유효성과 이점은 줄어들 것이다; 주권화폐의 유효성은 채택한 국가의 수가 많을수록 커질 것이다. 예를 들어, 화폐적 요인이 인플레이션의 원인이 되는 경우에, 통화량에 대한 완전한 통제권을 가진 중앙은행은 효과적으로 인플레이션 정책을 추구할 수 있다. 그러나 영향을 미칠 수 없는 것은 수입된 인플레이션이다. 왜냐하면, 그것은 외국의 통화정책 및 기타 요인에 달려 있기 때문이다.

이와 유사한 방식으로 이런 원리는 금융경제의 자산-인플레이션에도 적용된다. 금융의 추세와 주기는 단일 경제의 특정 조건과 어느 정도 분리된 국제 양상을 따른다. 많은 양의 포트폴리오 자본이 한 국가로 밀려들어오고 빠져나가는데, 중앙은행이 노골적인 환율 개입에 의존하지 않거나 자본이동을 제한하지 않는 한에는 그런 경향에 크게 억제할 수 없다.

　대외무역 흑자가 있는 나라의 경우에 그에 상응하는 해외 자금의 유입이 일어난다. 이것은 각각의 외화 금액을 국내 통화로 교환함에 따라 그 나라 중앙은행의 외화준비금에 추가되고, 국내의 통화공급은 그만큼 늘어난다. 이 과정은 중앙은행에 의해 적극적으로 통제되지 않은 채 진행된다. 각 화폐의 양은 외국에서 창조된 것이며 국내에서 이차적으로 책임성 있게 창조될 수는 없다. 그러나 전체적 효과는 언뜻 보기에 그런 것만큼 중요하지는 않다. 그 이유는 무역 흑자국이 순자본수출국이 되는 경향이 있기 때문이다. 전체 외환 계정의 균형에서 무역 흑자 유입과 외국투자 유출은 서로를 상쇄한다. 남아있는 적자 또는 흑자는 구조적으로 장기간에 걸쳐 고착될 경우에만 문제가 된다.

　이처럼 최적은 아니지만, 주권화폐가 갖는 장점 중 중요한 부분은 그대로 유지된다. 특히 국내 인플레이션 및 자산-인플레이션을 약화시키는 효과가 있는 가용 통화량의 전면적 통제, 화폐 창조와 외환준비금 관리로부터 나오는 많은 순수 시뇨리지와 중앙은행의 이자 이윤, 주권통화와 무현금 결제의 절대적 안정성 등을 들 수 있다. 이런 장점들은 은행 및 금융분야의 위험한 영업 방침과는 상관없이 경제적 안정성을 높인다.

　어느 나라라도 혼자 갈 수 있지만 물론 다른 나라보다 더 무게감이 있는 나라가 있다. 1944년 브레턴 우즈(Bretton Woods) 회의 이후에, 미국은 유일한 금융의 중심 국가가 되었다. 즉 세계 시스템의 지배적인 화폐 및 금융의 강국이 되었다.[260] 미국 달러는 어떤 기준으로 봐도 주도적인 통화이다. 외환 및 대외 준비 통화, 국경 간 지급, 무역 금융 및 국제적 은행 채무

260　Rey(2013) 및 Borio(2012).

면에서 세계 전체의 60~80%를 차지하는 것에 잘 반영되어 있다. 따라서 화폐, 은행 및 금융의 전반적인 방향은 미국이 향하는 방향에 의해 크게 좌우된다.

미국은 화폐적 특권을 갖고 있지만 화폐 개혁의 후보가 될 것 같지는 않다. 다른 한편으로, 주권화폐는 통화 개혁에 관한 것이 아니다. 글로벌 통화 시스템의 재편이 바람직하지만, 주권화폐 자체는 관련된 수단들을 포함하지도 배제하지도 않는다. 이와 동시에 달러의 특권이 '엄청나다'고 해도 무한하지는 않다. 국가의 적자 및 부채 문제는 분명히 계속되는 골칫거리로 느껴진다. 미국의 엘리트들이 통화 개혁을 재정 적자와 부채 문제에 대한 중요한 해답으로 보기 시작한다면, 그들은 주권화폐를 우호적으로 볼 것이다. 18세기 이래 미국의 통화 역사는 은행 통제 화폐(bank-controlled money)와 국가 통제 화폐(state-controlled money)가 번갈아 가며 교체되었다. 조만간 조수가 다시 바뀔 것이다; 이미 바뀌고 있다.

독립적으로 정치적 의지를 불러 일으킬 수 있는 나라라면 주권화폐를 발행하고 은행화폐를 폐지함으로써, 관찰자들이 주권화폐시스템의 이점을 파악하고 그것을 채택하도록 안내할 수 있을 것이다.

6장 참고문헌

Aglietta, Michel, André Orléan, eds. 1998. La monnaie souveraine. Paris: Odile Jacob.

Ali, Robleh, John Barrdear, Roger Clews, and James Southgate. 2014a. Innovations in Payment Technologies and the Emergence of Digital Currencies. Bank of England Quarterly Bulletin Q3: 262 – 275.

_____. 2014b. The Economics of Digital Currencies. Bank of England Quarterly Bulletin Q3: 276 – 286.

Aliber, Robert Z., and Charles P. Kindleberger. 2015 [1978]. Manias, Panics, and Crashes. A History of Financial Crises, 7th edn. New York: Basic Books.

Allais, Maurice. 1987. The Credit Mechanism and its Implications. In Arrow and the Foundations of the Theory of Economic Policy. Essays in Honor of Kenneth J. Arrow, ed. George R. Feiwel, 491 –561. New York: New York University Press.

_____. 1988. L'Impôt sur le capital et la réforme monétaire, Nouvelle édition. Paris: Hermann Éditeurs des Sciences et des Arts. Première édition 1977.

Baba, Naohiko, Robert N. McCauley, and Srichander Ramaswamy. 2009. US Dollar Money Market Funds and Non-US Banks. BIS Quarterly Review March 2009: 65 –81.

Bank of England. 2015. The Bank of England Act 1998, the Charters of the Bank and Related Documents. London: Bank of England. http://www.bankofengland.co.uk/ about/Documents/legislation/1998act.pdf

Benes, Jaromir, and Michael Kumhof. 2012. The Chicago Plan Revisited. IMF-working paper, 12/202 August 2012. Revised draft February 2013.

Borio, Claudio. 2012. The Financial Cycle and Macroeconomics: What Have We Learnt? BIS Working Papers, No. 395, December 2012. Basel: Bank for International Settlements.

Currie, Lauchlin. 1934a. The Supply and Control of Money in the United States. Cambridge, MA: Harvard University Press.

_____. 1934b. A Proposed Revision of the Monetary System in the United States (submitted to the Secretary of the Treasury, Henry Morgenthau). Reprinted in Currie, Lauchlin. 1968. The Supply and Control of Money in the United States. New York: Russell & Russell.

Del Mar, Alexander. 1895. The History of Monetary Systems. New York: Cambridge Encyclopedia. Reprinted by A.M. Kelley, New York, 1978.

Denk, Oliver, and Boris Cournède. 2015. Finance and income inequality in OECD countries. OECD Economics Department Working Papers, No. 1224. Paris: OECD Publishing.

Douglas, Paul H., Earl J. Hamilton, Irving Fisher, Willford I. King, Frank D. Graham, and Charles R. Whittlesey. 1939. A Program for Monetary Reform. Unpublished, but widely circulated among economists at the time. Available from the Kettle Pond Institute for Debt-Free Money. http://www.economicstability.org/ history/a-program-for-monetaryreform-the-1939-document Dyson, Ben, and Graham Hodgson. 2016. Digital Cash. Why Central Banks Should Start Issuing Electronic Money. London: Positive Money.

Dyson, Ben, Graham Hodgson, and Andrew Jackson. 2015. Would a Sovereign Money System Be Flexible Enough? London: Positive Money. http:// positivemoney.org/ wp-content/uploads/2015/01/Would_A_Sovereign_Money_System_Be_ Flexible_Enough_WEB20140113.pdf Ferguson, Niall. 2008. The Ascent of Money. A Financial History of the World. London: Allen Lane.

Fisher, Irving. 1935. 100%-money. New Haven: Yale University. Reprinted in William J. Barber et al., eds. 1996. The Works of Irving Fisher. London: Pickering & Chatto.

Friedman, Milton. 1948. A Monetary and Fiscal Framework for Economic Stabil-

ity. The American Economic Review 38: 245 – 264. Reprinted in: Frie-
drich A. Lutz, and Lloyd W. Mints, eds. 1951. Readings in Monetary
Theory, 369 – 393. Homewood, IL: Richard D. Irwin. Reprinted again
in M. Friedman, ed. 1953. Essays in Positive Economics, 133 – 156.
The University of Chicago Press.

_____. 1959. A Program for Monetary Stability. New York: Fordham
University Press.

_____. 1969. The Monetary Theory and Policy of Henry Simons. In
The Optimum Quantity of Money and other Essays, ed. M. Fried-
man, 81 – 94. New York: Aldine de Gruyter.

Galbraith, John Kenneth. 1995. Money. Whence It Came, Where It Went. New
York: Houghton Mifflin (1st edn. 1975).

Graziani, Augusto. 1990. The Theory of the Monetary Circuit. Économies et So-
ciétés 7: 7 – 36.

Gudehus, Timm. 2015a. Dynamische Märkte. Grundlagen der analytischen
Ökonomie. Berlin: Springer.

_____. 2015b. Sicherheitskonten und Geldsicherungsbanken.
Gleitender Übergang zu einer neuen Geldordnung. Available at:
http://www.vollgeld.de/trennkontenund-sicheres-geld Hart, Albert
G. 1935. The Chicago Plan of Banking Reform. The Review of Eco-
nomic Studies 2: 104 – 116. Reprinted in Friedrich A. Lutz, and Lloyd
W. Mints, eds. 1951. Readings in Monetary Theory, 437 – 456. Home-
wood, IL: Richard D. Irwin.

Hilton, Adrian. 2004. Sterling Money Market Funds, Bank of England. Quarterly
Bulletin Summer 2004: 176 – 182.

Hixson, William F. 1993. Triumph of the Bankers. Money and Banking in the
Eighteenth and Nineteenth Centuries. Westport, CO: Praeger.

Huber, Joseph, and James Robertson. 2000. Creating New Money. London: New
Economics Foundation.

Hudson, Michael. 2012. The Bubble and Beyond. Dresden: Islet Verlag.

Huerta de Soto, Jesús. 2009. Money, Bank Credit, and Economic Cycles, 2nd edn. Auburn, AL: Ludwig von Mises Institute(1st edn. 2006).

Iqbal, Jaquir. 2009. Islamic Finance Management. New Delhi: Global Vision Publishing House.

Jackson, Andrew, and Ben Dyson. 2013b. Sovereign Money, ed. Ben Dyson. London: Positive Money. http://positivemoney.org/our-proposals/sovereign-money-creation Jordà, Òscar, Moritz Schularick, and Alan M. Taylor. 2014. The Great Mortgaging: Housing Finance, Crises, and Business Cycles. NBER Working Papers, No. 20501, Sep 2014.

Mayer, Thomas. 2013a. How Can Sovereign Money be Brought Into Circulation? Accounting Options for a Central Bank. [Monetative]. Available at: http://sovereignmoney.eu/papers-and-manuscripts; scroll down to the paper.

_____. 2013b. Banish fractional reserve banking for real reform. Financial Times, June 24.

Mian, Atif R., Amir Sufi, Emil Verner. 2015. Household Debt and Business Cycles Worldwide. NBER Working Paper, No. 21581, September 2015.

O'Brien, Denis Patrick. 2007. The Development of Monetary Economics. Cheltenham: Edward Elgar.

Pash, Mark. 2013. Monetary Reform—'The Big One'. Encino, CA: Center for Progressive Economics. http://cpe.us.com/?article=monetary-policy Positive Money. 2011. Bank of England Creation of Currency Bill. London: Positive Money.

Rey, Hélène. 2013. Dilemma not Trilemma. The Global Financial Cycle and Monetary Policy Independence. Proceedings of the Jackson Hole Economic Policy Symposium. Federal Reserve Bank of Kansas City, August 2013, 286-333.

Rochon, Louis-Philippe. 1999a. Credit, Money and Production. An Alternative Post-Keynesian Approach. Cheltenham: Edward Elgar.

Rossi, Sergio. 2001. Money and Inflation A New Macroeconomic Analysis. Cheltenham: Edward Elgar.

Ryan-Collins, Josh. 2015. Is Monetary Financing Inflationary? A Case Study of the Canadian Economy, 1935–75. Working Paper, No. 848, Levy Economics Institute of Bard College. October 2015.

Schemmann, Michael. 2012b. Liquid Money—the Final Thing. Federal Reserve and Central Bank Accounts for Everyone. IICPA Publications.

Shaw, William Arthur. 1896. The History of Currency 1252–1896. New York: Putnams. Reprinted by A.M. Kelley, 1967.

Simons, Henry C. 1948. A Positive Programme for Laissez Faire. Some Proposals for a Liberal Economic Policy, and: Rules versus Authorities in Monetary Policy. Both articles in: H.C. Simons, Economic Policy for a Free Society. The University of Chicago Press, 1948. First published as 'Rules versus...'. The Journal of Political Economy 44(1936): 1–30.

Soddy, Frederick. 1926. Wealth, Virtual Wealth and Debt. London: G. Allen & Unwin Ltd. Reprint 1987, Noontide Pr.

Striner, Richard. 2015. How America Can Spend Its Way Back to Greatness A Guide to Monetary Reform. Santa Barbara, CA: Praeger.

Tobin, James. 1987. The Case for Preserving Regulatory Distinctions. Challenge 30(5): 10–7. Available at: https://www.kansascityfed.org/publicat/ sympos/ 1987/ S87tobin.pdf Turner, Adair. 2015. Between Debt and the Devil. Money, Credit and Fixing Global Finance. Princeton: Princeton University Press.

van Lerven, Frank, Graham Hodgson, and Dyson Ben. 2015. Would There Be Enough Credit in a Sovereign Money System? London: Positive Money. http://positivemoney.org/wp-content/uploads/2015/07/Credit_ in_Sovereign_Money_System_ FINAL_20150609.pdf.

Wolf, Martin. 2013. The Case for Helicopter Money. Financial Times, 12 Feburary 2013.

Zarlenga, Stephen A. 2002. The Lost Science of Money. The Mythology of Money—The Story of Power. Valatie, NY: American Monetary Institute.

역자 해제

이 책, 『주권화폐-준비금 제도를 넘어서』를 번역하는 일은 쉽지 않았다. 저자인 조세프 후버(Joseph Huber) 교수가 내용을 논리적으로 엄밀하게 서술하고자 다소 난해한 용어와 개념을 사용하는 대목이 적지 않았기 때문이다. 원문의 내용을 왜곡하지 않으면서 쉽게 풀어서 옮기는 작업은 어려웠고 결국 그렇게 하지 못한 부분도 적지 않다. 그래서 역자 서문은 책 전체 내용을 파악하는 데 필요한 기초 지식을 쉽게 풀어서 독자들에게 설명을 드리는 방식으로 작성했다.

화폐와 금융은 전공자들도 무척 이해하기가 어렵다고들 한다. 사실 그 이유는 많은 경제학 교과서들이 화폐와 금융에 대해서 현실과 괴리된 잘못된 통념들을 전달하고 있기 때문이다. 현실에 부합하지 않는 이론들을 현실과 연결해 보려고 하니 당연히 혼동을 느낄 수밖에 없다. 이 책의 전반부는 그러한 통념의 오류를 분석하고 비판하는 데 할애되어 있고, 후반부에서 전반부 분석을 기초로 대안적인 새로운 화폐체제의 모습과 이행의 방도에 대해서 저자의 생각을 전달하고 있다. 당연하게도 후반부의 내용을 이해하기 위해서는 전반부의 논지를 충분히 파악할 필요가 있다.

그래서 역자 서문에서는 주로 전반부에서 다루고 있는 화폐 및 은행제도와 관련하여 널리 유포되어 있는 통념들의 오류에 대해서 설명 드리고자 한다. 오랫동안 경제학 교과서를 통해서 형성된 통념이기 때문에 그 잔재로부터 자유롭기가 쉽지 않다. 역자 개인의 경험에 비춰봐도 기존 통념을 극복하는 데 상당한 시간이 소요되었다. 역자 서문의 내용은 역자가 저자의 주장을 이해하기 위해서 넘어야 했던 인식의 장애를 몇 가지로 요약하여 정리했다.

1. 화폐의 본질: 화폐는 물물교환의 산물이 아니다.

경제학 교과서에 따르면, 화폐는 '물물교환을 하던 사람들이 그 불편함(욕망의 이중적 일치의 어려움)을 덜고자 서로 합의를 통해 특정 상품을 교환수단으로 결정하면서 탄생'했다. 이 같은 논리를 화폐의 '상품이론' 혹은 '시장이론'이라고 한다. 이 책은 상품이론이 오류라는 점을 분명히 한다. 실제로 인류학자들은 화폐가 물물교환으로부터 탄생했다는 역사적 증거는 전혀 없다고 말한다. 역사적 증거에 따르면 물물교환은 광범위하게 일어났지만, '낯선 자들 사이에서, 서로에게 도덕적 관계가 없는 사람들 사이에서 전형적으로 일어났을' 뿐이다.

　　사람들은 화폐가 없을 때 물물교환이 아니라 신용/부채 관계에 의존하여 상품을 거래를 했다. 즉 거래를 하면서 서로 신용/부채 관계를 맺고 일정 시점에 신용/부채를 상호 청산하는 방식을 택했다. 그리고 지불 의무를 표시한 부채증서가 제3자에게 양도되기도 하면서 '양도가능한 부채증서'가 지불수단으로 사용되기도 했다. 그래서 화폐는 '본질적으로 양도 가능한 신용(상대에게는 부채)'이라는 이론이 등장했다. 이는 화폐의 신용이론이라 불리며 많은 역사·인류학자의 지지를 받는다. 이 신용이론은 국가가 발행한 화폐도 국가의 부채증서(IOU: I owe you)로 규정한다. 그러나 이 책의 저자는 '화폐는 부채가 아니다'라는 입장을 개진한다. 저자는 국가가 어떤 증표(charta)를 발행하고 그 증표를 납세수단으로 선언하면 그것이 화폐가 된다고 주장하는 증표주의(chartalism)를 받아들이면서 국가가 발행한 증표 자체는 부채가 아니라고 단언한다. 그의 입장에서 화폐는 부채가 아니라 부채를 청산하는 수단이다. 저자의 주장을 화폐의 '국가이론'이라고 한다. 저자는 국가이론에 입각하여 국가가 '부채가 아닌 화폐(debt-free money)'를 발행할 것을 주장한다.

2. 대부분의 화폐는 민간 은행이 발행한다.

화폐는 어디서 발행하는가를 묻는다면 적지 않은 사람들은 국가 혹은 그 나라의 중앙은행이라고 대답할 것 같다. 우리가 돈이라고 하면 가장 먼저 떠올리게 되는 현금(중앙은행권과 주화)은 중앙은행이 주로 발행한다(미국의 경우에 주화를 발행하는 곳은 재무부이다). 그러나 우리가 거래를 할 때 사용하는 화폐(M1)나 저축해 둔 화폐까지 포함한 통화량(M2)에서 현금이 차지하는 비중은 극히 적다. 한국의 경우에 현금통화의 비중은 M1의 약 11%, M2의 약 4%에 불과하다.

경제학 교과서는 '은행은 예금자들이 저축한 예금을 모아서 자금이 필요한 주체(주로 기업)에게 대출하는' 금융중개기관이라고 설명한다. 하지만 화폐 중에서 현금이 차지하는 비중이 극히 적다는 점을 감안하면, 은행이 예금을 대출로 이어지는 금융중개기관이라는 사실은 성립할 수 없다. 은행은 사실상 신용 창조를 통해서 유통 중인 화폐의 대부분을 직접 발행하는 화폐발행기관이다.

은행이 저축을 대출로 단순히 중개한다는 인식을 낳는 주된 원인들 중의 하나는 경제학 교과서가 금리의 결정 과정을 설명하면서 도입하는 대부자금이론이다. 세계적으로 경제학 교과서를 대표하는 맨큐의 『거시경제학』은 대부자금이론에 입각하며 '투자의 자금은 저축을 통해서 조달'되며, 금리(이자율)는 '대부자금의 공급인 저축과 대부자금의 수요인 투자가 일치하는 수준에서 결정된다'고 설명한다. 그러나 사실은 그렇지가 않다. 이 책의 저자는 대부자본이론의 비현실성을 4.2절에서 상세히 설명하고 있다.

3. 예금이 대출의 원천이 아니라 대출이 예금의 원천이다.

은행이 신용 창조를 통해서 (은행)화폐를 창조한다는 사실을 분명히 인지하고 있음에도 불구하고, 은행은 예금을 대출로 이어지는 금융중개기관이라는 통념은 쉽게 지워지지 않는다. 그러나 현실에서 은행이 어떻게 대출을 진행시키는가를 살펴보면 오히려 대출이 오히려 예금을 낳는다는 사실을 알 수 있다.

현실에서 은행은 대출을 해줄 때 대부분의 경우에 대출금을 현금으로 지급하는 것이 아니라 차입인의 예금계좌에 대출금의 액수를 간단히 기입해준다. 따라서 현실에서는 '예금이 대출을 낳는 것'이 아니라, '대출이 예금을 낳는다'. 그 예금은 수표, 계좌이체, 현금카드 등을 통해 지불행위에 사용될 수 있기 때문에 분명한 화폐이다.

그러면 이해를 돕기 위해서 신용을 통한 화폐 창조가 현실에서 어떻게 이뤄지는지를 보다 구체적으로 알아보자. 젊은 직장인인 철수가 은행에서 집을 사기 위해서 대출을 받는다고 하자. 고객인 철수가 A은행에 가서 5억원을 대출해줄 것을 요청했고, 그 은행은 철수의 신용상태를 평가한 후 상환능력이 있다고 판단하면 대출을 실행한다. 은행은 대출 계약이 체결되면 다음의 〈표〉의 T차트처럼 균형을 이루는 한 쌍의 회계 항목을 만든다.

대출은 A은행에게는 5억원(과 이자)의 가치를 갖는다. 그래서 A은행은 대출계약을 대차대조표에 자산(asset)으로 기록한다. 그리고 A은행은 철수를 위해 새로운 은행계좌를 만들어서 5억원을 기입한다. 이 계좌는 A은행

표	A은행의 대차대조표	
자산(asset)		**부채(liability)**
철수의 대출 = 5억원		철수의 새로운 예금 = 5억원
☞ 은행은 대출을 실행하면서 동시에 대출(자산)과 예금(부채)을 생성한다		

이 철수에게 지게 된 부채(지불약속)이기 때문에 자신의 대차대조표의 부채(liability) 쪽에 기록된다. 이 두 항목은 '허공으로부터' 만들어졌다. 즉 이 두 항목이 만들어지는 과정에서 어떤 돈도 다른 계좌로부터 오지 않았다. 이제 철수는 주택 매입을 위해서 대출금을 지출할 수 있다. 이처럼 은행이 철수의 계좌에 기입된 숫자는 지불에 사용할 수 있기 때문에 분명히 화폐이다.

이 설명은 대부분의 경제학 교과서에서 제시하는 설명과 크게 차이가 나기 때문에 무척 의외로 느껴질 수 있다. 그렇지만, 많은 은행가와 일부 경제학자들은 이러한 점을 오랫동안 지적해왔다. 미국의 경제학자 제임스 토빈(James Tobin: 1918~2002)은 1963년의 글에서 은행장이 대출을 승인하고 차입자의 예금계좌에 금액을 입력하면 화폐가 창조된다는 점을 지적하면서, 은행화폐를 '은행장의 펜에 의해서 창조되는 만년필 화폐'라고 불렀다.

아직까지 경제학 교과서들은 이 사실을 인정하지 않지만, 최근 들어서는 몇몇 중앙은행은 인정하기 시작했다. 영국의 중앙은행인 영란은행은 2014년 월간 보고서에서 '예금이 대출을 창조하는 것이 아니라 대출이 예금을 창조한다'는 점을 인정했으며, 현재 프랑스 중앙은행(Bank of France) 등도 공식적으로 인정하고 있다. 영란은행은 2014년 1/4분기 회보(Quarterly Bulletin 2014 Q1)에서 '은행은 대출할 때마다, 동시에 그에 해당하는 예금을 차입자의 은행계좌에 창조함으로써 새로운 화폐를 창조한다'는 점을 분명히 했다. 프랑스의 중앙은행(Banque de France)이 2019년 1월에 발간한 책자를 보면 '신용이 예금을 창조한다는 점은 오늘날 인정된다'고 밝혔다.

은행은 대출을 통해서만 (은행)화폐를 창조하는 것은 아니다. 은행은 국채나 회사채와 같은 금융증권('거래가능한 대출'이라 할 수 있다)을 매입하며 그 증권을 대차대조표의 자산에 추가하고, 증권을 매각한 기관(회사나 연기금 등)의 은행 잔고를 늘림으로써 화폐를 창조한다.

4. 대출에 의해 창조된 예금은 재대출의 재원이 아니다.

대출이 예금을 창조한다는 사실을 정확히 이해하기 위해서는 '대출을 통해서 창조된 예금은 은행으로의 현금 유입을 수반하지 않기 때문에 재대출의 재원이 아니'라는 점을 알아야 한다. '대출이 예금을 낳는다'는 표현은 단순히 '예금이 먼저인가, 대출이 먼저인가'라는 순서의 문제가 아니다. 현실에서 대부분의 대출은 현금의 개입 없이 이뤄지기 때문에 예금 없이 대출이 이뤄지며, 대출을 통해 생성된 예금은 은행이 고객에 지고 있는 부채를 의미할 뿐이며, (현금처럼) 대출에 사용할 있는 재원이 아니다. 사실 은행은 새로운 예금을 생성하여 대출을 실행할 수 있기 때문에 대출을 위한 새로운 재원을 필요로 하지 않는다. 단, 은행이 현금으로 대출하는 경우에만 예금된 현금을 대출로 중개한다는 말이 성립될 수 있다. 그러나 현행 시스템에서 현금으로 이뤄지는 대출의 비중은 극히 적다.

5. 지급준비금은 대부분 현금이 아니라 중앙은행계좌상의 화페이다.

경제학 교과서에서 부분지급준비금제도를 설명할 때 지급준비금이 모두 현금으로 구성되는 것으로 상정한다. 하지만 실제로 현금 형태의 지급준비금은 비중이 매우 적다. 지급준비금(payment reserves)의 대부분은 은행이 중앙은행에 개설된 당좌계좌에 금액이 기록된 준비금(reserves, 지급준비예치금)

이다. 보통의 교과서는 '은행이 지급준비금을 중앙은행에 예치한다'고 표현하고 있어, 은행이 마치 지급 준비를 위해서 현금을 중앙은행에 입금하는 듯한 오해를 낳는다. 그러나 준비금(지준예치금)은 처음부터 중앙은행의 신용으로 창조된 비현금화폐이며, 실제로는 그 이름과 달리 현금 지급에 대비하는 역할을 수행하지 않는다.

　　이 책에서는 상업은행이 중앙은행의 계좌에 보유하고 있는 지급준비예치금을 '준비금(reserves)'이라고 부르며, 준비금과 시재금을 합쳐서 지급준비금(지준금, payment reserves)으로 지칭한다. 은행은 중앙은행과 거래에서 준비금을 1:1로 현금과 교환할 수 있지만, 준비금 자체는 고객에게 직접 전달될 수 없는 계좌상의 화폐이며, 중앙은행을 포함한 은행 간의 거래에서만 유통된다.

6. 은행은 예금 유치 노력은 대출을 위한 것이 아니라 준비금 고갈을 막기 위해서이다.

은행의 대출은 대부분 차입자의 예금계좌에 금액을 입력하는 방식으로 이뤄지기 때문에 현행 시스템에서 은행은 대출을 위해서 예금을 기다릴 필요가 없다. 그런데 은행들은 현실에서 예금을 유치하기 위해서 서로 경쟁한다. 은행들은 자신들의 대출금이 자사의 예금계좌에 입금되어 있도록 하거나 저축성 예금을 유치하지 않으면 안 된다. 그런데 은행들이 예금을 유치하려는 것은 대출 자금을 마련하기 위해서가 아니라 다른 이유 때문이다. 그 이유를 알기 위해서는 '준비금(reserves)'의 역할을 이해할 필요가 있다.

　　사람들이 대부분의 화폐를 은행예금의 형태로 가지고 있는 현실에서 서로 간의 지급이 어떻게 이뤄지는가를 살펴보면서 '준비금'의 역할을 알아보자. 철수가 영희에게 500만원을 지급해야 한다고 가정하자. 가장 쉽게 상상할 수 있는 것은 철수가 자신의 은행에서 500만원의 현금을 인출해서 영희에게 직접 전달하는 방식이다. 은행은 이 경우에 대비해서 지불준비금(payment reserves)의 한 형태로서 현금을 보유하고 있어야 하고, 은행이 보유한 현금을 시재금(vault cash)이라고 한다. 그러나 현재에 시재금의 수요는 그리 많지 않다. 2021년 11월 현재 한국 시중에 유통중인 현금은 약 153.4조원인데 시재금은 약 7.9조원이다. 그리고 시재금이 지급준비금 총액에서 차지하는 비중은 약 8.3%에 불과하며, 나머지 금액은 중앙은행의 계좌의 잔고로 남아 있는 준비금(reserves)이다.

실제 현실에서 개인 간의 지급도 대부분 계좌 이체를 통해 이뤄진다. 그 경우에는 어떻게 지급 과정이 진행되는가를 보자. 철수와 영희가 모두 같은 은행의 계좌를 갖고 있다면 철수가 영희에게 돈을 지급하는 과정은 간단하다. 철수는 현금을 양도할 필요 없이 은행에 요구하면 철수의 계좌에서 500만원을 줄이고 영희의 계좌에 500만원을 늘린다. 이 경우에는 중앙은행도 개입할 필요가 없다. 만약 두 사람이 다른 은행을 사용할 경우에는 두 은행이 중앙은행에 개설해 둔 준비(예치)금계좌를 사용하게 된다. 같은 은행에서의 결제와 마찬가지로 철수의 예금계좌에서 500만원이 지워지고 영희의 계좌에 500만원이 새로 기입된다. 그런데, 차이점은 철수의 은행이 영희의 은행으로 중앙은행에 개설된 계좌를 통해서 500만원의 준비금을 이체해야 한다는 점이다. 하지만 고객들 간에 은행 간 이체가 이뤄질 때마다 준비금이 이체되지는 않는다. 실제로는 전국적으로 수백만 명의 사람들이 몇몇 주요 은행을 통해 상호간에 준비금을 이체한다. 이 은행들은 대체로 매일의 마감시간에 상호간 이체를 상쇄하여 준비금을 절약하기 때문에 실제로 이체되는 준비금은 총 이체 금액의 일부에 불과하다.

이처럼 은행화폐와 준비금의 순환은 분리되어 있다. 비은행경제주체 간에는 은행화폐가 사용되고 준비금은 은행과 은행 그리고 중앙은행과 은행 간의 유통에만 사용된다. 현행 화폐시스템에서는 은행화폐와 준비금이 상호 분리되어 순환하기 때문에 이 책에서는 현행 시스템을 '두 계층의 분리-순환 지급준비금시스템(split-circuit reserve system)'이라고 부른다(99쪽).

분리-순환 시스템에서 각 은행들은 고객의 요청에 따라 다른 은행들에게 결제할 수 있도록 중앙은행에 준비(예치)금 잔고를 충분히 유지해야 한다. 만약 한 은행이 다른 은행으로 예금이 일방적인 이체로 인해서 계속 빠져나간다면 그 은행의 준비금은 고갈될 수 있다. 이 경우에는 은행은 자신들이 가진 자산을 담보로 해서 다른 은행에서 빌리거나(콜시장) 중앙은행으로부터 차입한다(공개시장정책 혹은 할인창구를 통해서). 따라서 은행은 예금(정기예금이든 요구불예금이든)이 대출을 위한 재원 마련 차원이 아니라 은행 간 상호지급을 언제든지 저렴하고 용이하게 하기 위해서 반드시 필요하다. 그래서 은행들은 항상 예금을 유치하기 위해서 경쟁한다. 이 예금이 은행의 대차대조표의 부채 항목에서 가장 큰 비중을 차지하며, 대출이 대차대조표의 자산 항목에서 가장 큰 비중을 차지한다. 이 때문에 은행이 예금을 받아서 대출을 한다는 통념이 강화되는 것으로 보인다.

7. '지급준비금' 규모가 통화량을 통제하지 못한다.

경제학 교과서는 은행이 보유한 지급준비금 규모와 통화량 간에는 안정적인 비례관계가 성립하는 것을 상정한다. 교과서 설명에 따르면 은행은 지급준비금이 허용하는 한도까지 최대한 대출을 하지만 대출의 규모는 기존에 존재하는 지급준비금의 규모에 의해서 제약을 받는다. 이 같은 지급준비금과 통화량 간의 관계는 두 가지 측면에서 현실에 적용되지 않는다.

첫째, 은행은 전망이 불확실할 때에는 대출의 여력이 있더라도 대출을 하지 않을 수 있다. 2008년 글로벌 금융위기 이후 은행이 대출을 기피함에 따라 양적완화로 인해 준비금이 은행에 누적되었던 현상이 그러한 사실을 잘 증명해준다.

둘째는 은행의 지급준비금 규모가 대출을 제약하지 못한다. 현실의 은행가들은 지급준비금의 상태를 확인하고 대출을 결정하지 않는다. 은행도 이윤을 추구하는 영리기업이기 때문에 이윤 전망이 높으면 먼저 대출을 하고 이후 지급준비금을 중앙은행에 요구하며 중앙은행은 이를 수용하지 않을 수 없다. 1969년 미국 중앙은행의 수석 부총재였던 알랜 홀름즈(Alan Holmes)의 증언에 따르면, '현실 세계에서 은행은 신용을 확대하면서 예금을 창조하고 이후에 지급준비금을 찾는다'.

그리고 중앙은행은 유동성 위기(및 지급 능력) 위기를 방치하거나 금리가 약속한 수준(정책금리 수준) 이상으로 상승하는 것을 허용하지 않는 한 지급준비금의 공급을 제한하는 방식으로 통화 공급을 관리할 수 없다. 중앙은행이 만약 추가적인 지급준비금 공급을 거부하면 관련 은행은 다른 은행에게 지급을 하기 어려운 상황에 봉착한다. 이때 해당 은행이 선택할 수 있는 방법은 두 가지이다. 하나는 다른 은행에서 '준비금'을 빌리거나 자신이 보유한 자산을 매각하는 것이다. 전자를 택하게 되면 '준비금'의 은행 간 시장의 금리가 정책금리에서 크게 벗어나게 된다. 그러면 중앙은행의 금리 정책이 무력화된다. 그리고 그 은행이 은행 간 시장의 차입으로 문제를 해결하지 못하면 그 은행은 자산 일부를 매각하여 지급준비금을 늘리려 시도할 수 있다. 이때에 유동 자산은 가치 손실 없이 신속히 매각할 수 있지만 비유동적인 자산을 신속히 매각하면 종종 공정 가치보다 낮은 가격을 허용해야 한다. 따라서 유동성 문제는 곧 지불능력문제(은행의 부채가 자산보다 많아진 상황)로 이어질 수 있으며, 한 은행의 지불능력문제는 전체 은행시스템에 걸쳐 일련의 파산을 초래할 수도 있다. 이처럼 중앙은행이 지급준비금의 추가적인 공급을 거부하면, 중앙은행의 핵심 기능 중 하나인 금융 안정성 유지라는 임무에 반하게 된다. 이런 이유로 현재 영국과 미국에서는 법정지급준비율이 존재하지 않는다.

8. 현행 은행화폐체제는 경기 변동을 증폭한다.

현재의 화폐체제에서는 화폐의 공급은 일반 상업은행의 영리적 판단과 대출을 받고자 하는 가계와 기업의 의사에 크게 의존하기 때문에, 경기 변동을 증폭하는 속성이 시스템에 내재되어 있다.

경기 전망이 좋으면 은행들은 이윤을 쫓아서 대출을 늘리려 하고 다른 한편으로 가계나 기업의 대출 수요도 늘어난다. 따라서 경제의 낙관적 분위기는 쉽게 경기 과열과 자산가격의 거품을 낳아 금융위기를 야기할 위험이 있다. 특히 새롭게 창조된 화폐가 부동산과 금융자산의 매수를 뒷받침하게 되면 고질적인 문제를 일으킨다. 대출의 증가는 자산에 대한 수요를 높이지만, 그러한 자산시장의 공급은 매우 늦게 반응하기 때문에 쉽게 자산가격이 급등한다(자산-인플레이션). 더구나 대부분의 대출이 기존 자산의 매입에 사용되는지라 실물 경제의 생산능력은 그만큼 개선되지 않는다. 그래서 민간 부채의 수준은 높아지지만 국민소득을 직접적으로 높이지 못한다. 그래서 민간부채 수준이 소득증가보다 빠르게 증가한다.

그러나 이 과정은 쉽게 제어되지 않는다. 그 이유에 대해서는 미국의 경제학자 하이먼 민스키(Hyman Minsky)가 적절하게 설명했다. 민스키에 따르면 경제가 장기간 번영하면 경제 행위자들은 투기적인 도취에 빠져 더 큰 위험을 감수한다. 민스키에 따르면 금융기관은 먼저 원금과 이자를 현금 흐름으로부터 상환할 수 있는 헤지(hedge) 대출에서 출발한다. 그 다음에는 현금 흐름으로는 원금이 아니라 이자만 갚을 수 있는 투기적 대출로 이동한다. 그리고 마지막으로 현금 흐름으로 원리금을 감당할 수 없어서 부채를 갚기 위해서는 자산이나 기업체를 팔아야 하는 폰지 대출로 이동한다. 그리고 경제의 한 부문에서 대출의 경향이 폰지 범주에 가까워지면 위기의 가능성이 커진다.

그러나 민간 부채의 증가가 민간 부문 소득 증가를 영원히 능가할 수는 없다. 새로운 대출과 새로운 화폐 창조에 대한 수요가 마침내 줄어들면 자산에 대한 수요도 추락하고, 뒤이어 자산 가격과 그것과 연관된 금융자산이 결국 붕괴하면서 금융위기가 일어난다.

현재의 화폐체제가 이 같은 문제점을 가지고 있다는 사실은 1930년대의 대공황과 2008년에 발생한 대불황에서 확인할 수 있다. 대공황 이전인 1920년대에 미국의 민간 부채가 급격히 증가했다(민간 부채가 증가했다는 것은 바로 대출에 의해서 통화량이 증가했다는 것과 같은 의미이다). 1920년부터 1929년까지 민간 부채는 52.7%나 증가했다. 이러한 양상은 2008년에도 아주 흡사하게 나타났다. 선진권 경제의 민간 부채는 1990년대 중반에는 GDP의 90% 수준이었는데, 2007년에는 거의 두 배로 늘어나 170%에 이르렀다.

민간 부채의 이 같은 누적은 대체로 상업은행의 무분별한 대출에 의한 자금이 금융 및 자산 시장으로 몰렸기 때문이다. 은행 대출은 새로운 화폐를 창조하며, 경제의 지출 능력을 증가시킨다. 증가된 화폐는 상품과 서비스에 대한 총수요를 증가시키지만 이것이 과다할 때 경제 전반의 생산 과잉을 낳는다.

이와 반대로 경기가 위축될 때에는 상업은행은 대출을 지나치게 주저한다. 그래서 경기 후퇴를 막기 위해서 화폐의 추가적인 공급이 더욱 필요한 시기에 오히려 화폐 공급이 줄어든다. 이로 인해 경기가 위축되고 가격이 전반적으로 하락하는 디플레이션이 발생하는 심각한 공황에 빠져든다. 이 경향은 대공황이 진행되는 동안 전형적으로 나타났다. 1920년에 미국의 통화량이 민간 부채의 증가와 함께 크게 늘어났다가 1929년을 기점으로 급격히 수축되었다. 미국의 통화량(M1)은 1929년부터 1933년까지 약 1/3이 줄어들었다.

9. '부채 아닌 화폐(debt free money)가 필요하다.

경제 내의 통화량이 늘어난다고 전제하면 많은 이들이 가장 먼저 인플레이션을 우려할 것 같다. 그렇지만 경제가 순조롭게 성장하기 위해서는 통화량이 생산성 향상에 맞춰 지속적으로 늘어나야 한다. 기술 발전으로 생산성이 향상되면 동일한 생산요소의 투입으로 생산할 수 있는 상품(재화와 용역)의 양이 늘어난다. 이런 상황에서 통화량이 고정되어 있다면 상품 가격이 전반적으로 하락하는 디플레이션이 일어난다.

디플레이션은 상품화폐경제의 가장 부정적인 경제현상이다. 상품화폐경제에서 기업활동의 과정은 다음과 같은 전형적인 과정을 거친다; 기업은 우선 은행으로부터 차입하여 자본을 마련하고, 그 자본으로 노동력을 비롯한 생산요소를 구입한 다음, 그 생산요소를 사용하여 상품을 생산하며, 최종적으로 상품의 판매로 수입을 거둬들여서 원리금(원금과 이자)을 갚고 나머지를 이윤으로 취한다. 그런데, 디플레이션이 일어나 상품 가격이 하락하게 되면 상품 판매로 거둬들인 수입으로 원리금도 갚지 못할 수 있다. 왜냐하면 디플레이션이 일어나면 상품 가격이 하락하지만 부채의 액면가치는 줄어들지 않기 때문이다. 그래서 경제 전체적으로 자본의 순환이 정상적으로 이뤄지기 위해서는 생산시점의 화폐 총량보다 판매시점의 화폐 총량이 더 많아야 한다. 화폐의 양이 늘어야 이자를 내고 이윤을 실현할 수 있기 때문이다.

그런데, 현 화폐시스템에서 화폐는 대부분 부채 즉 대출을 통해서 늘어난다. 경제가 성장하기 위해서는 불가피하게 화폐가 늘어나야 하지만 화폐가 늘어나면 민간 부채도 같이 늘어난다. 자본주의가 은행을 중심으로 하는 자체적인 금융체제를 수립한 이후 200년동안 금융위기를 주기적으로 겪었다. 그 원인은 공통적으로 경제 성장을 뒷받침하기 위해서 늘어났던 화폐가 민간 부채의 과잉을 불러왔기 때문이다. 이처럼 경제가 요구하는 화폐가 은행의 신용 창조를 통해 부채를 기반으로 창조되는 현 시스템에서는 경제위기와 금융위기는 숙명과도 같다. 이런 관점에서 저자는 국가가 (중앙은행을 통해서) '부채 아닌 화폐(debt-free money)'를 창조하여 은행의 대출이 아니라 정부의 지출을 통해서 공급하는 주권화폐체제를 제안한다.

이상의 내용이 조세프 후버 교수의 저서인 주권화폐(sovereign money)의 현행 화폐·은행제도에 대한 기초적인 분석이자 그가 제안하는 새로운 화폐체제에 대한 구상의 요약이다. 후버 교수의 주장은 그 혼자만의 독특한 입장이 아니다. 20세기의 초반부터 화폐를 은행의 부채로서 발행하는 현대 화폐체제에 대한 문제의식은 등장했다. 그리고 대공황 시기에 시카고 대학에 적을 둔 일단의 저명한 미국 경제학자들이 부분지급준비금제도를 완전지급준비제도로 전환하자는 이른바 『시카고 플랜』을 제안했다. 2012년에는 IMF 소속 경제학자들이 『시카고 플랜』을 다시 상기시키며 완전지급준비제도로의 개혁 방안을 제안했다. 그 외에도 미국과 영국, 그리고 유럽에서는 부분지급준비제도를 폐지하고 주권화폐를 도입하자는 시민학술운동이 활발히 전개되고 있다. 모든 제도는 변한다. 화폐의 기원은 고대사회로까지 거슬러 올라가며 주화가 등장한 시기부터 따져도 2500년 이상의 시간이 흘렀다. 현재와 같이 상업은행이 화폐를 발행하는 시스템은 길어야 200년에 불과하다. 2008년 글로벌 금융위기를 계기로 현대의 화폐체제는 사실상 크게 변했다. 중앙은행이 양적 완화라는 정책을 통해서 인쇄기에 의존하여 화폐를 발행하고 그 화폐로써 금융상품을 사들였다. 그런 현실 변화를 반영하여 최근 들어 화폐에 대한 새로운 접근방식이 연이어 등장하고 있으며 후버 교수의 '주권화폐(sovereign money)'도 그런 새로운 세계적 논의의 맥락에서 출판된 대표적 저작이다. 이 책을 통해서 한국에서도 화폐 및 은행제도에 대한 활발한 논의가 일어나기를 기대한다.

2023년 10월
역자 유승경

인물 색인

※ 페이지 숫자 뒤에 있는 n은 각주 숫자를 의미.

A

Abbas, S.M.A., 192n186.

Aglietta, M., 75n45, 231n215.

Ali, R., 293n258

Aliber, R.Z., 72n41, 186n170, 233n216.

Allais, M., 280, 280n243.

Anderson, A., 231.

Apostolou, N., 41n11.

Aristotle, 91.

Arslanalp, S., 182n163.

Atkinson, A.B., 209n206 210n207.

B

Baba, N., 180n158, 272n241.

Bakija, J., 210n207.

Baranzini, M., 61n31.

Barghini, T., 148n123.

Barrdear, J., 293n258.

Bazot, G., 193n191.

Benes, J., 25, 233n216, 256n225, 265, 265n237.

Douglas, P.H., 183n168, 263n234, 279n242. 281n244

Dow, S., 167n140.

Duncan, R., 186n170.

Dyson, B., 29, 126n104, 252n220, 268n239, 286, 286n251, 286n252, 293n257, 293n258.

E

Epstein, G.A., 64n33.

F

Fama, E., 85, 85n59, 185n169.

Fein, M.L., 148n123.

Ferguson, N., 255, 255n224.

Fisher, I., 79n49, 154, 171, 172n144, 217, 217n212, 245, 279n242.

Fontana, G., 258n257.

Ford, H., 258.

Franklin, B., 235.

Friedman, M., 28, 66, 72n41, 142, 142n109, 182, 182n164, 200, 249, 279, 279n242, 285.

Fullarton, J., 83~84.

G

Galbraith, K., 72n41, 81n53, 108, 108n86, 235n217,

Gardiner, G.W., 75n46.

Gesell, S., 79n49, 79.

Gocht, R., 29, 121n98.

Godley, W., 92n72.

Gonczy, A.M.L., 113n90.

Goodhart, C.A.E., 71n40, 92n72, 126n104, 156n132,

Gourinchas, P.-O., 186n170.

Jefferson, T., 88

Jordà, O., 186n170, 187n176, 259n229,

K

Kaldor, N , 92n72.

Kaplan, S.N., 209n206.

Kay, J., 64n33.

Keen, S., 29, 107n84, 107n85, 120n95, 126n104, 150n126,

Keynes, J.M., 55, 55n22, 92, 92n73, 121n98, 121.

Kick, T., 186n170.

Kindleberger, C.P., 72n41, 186n170, 233n216.

Knapp, G.F., 91, 91n67, 91n68, 92n70, 93n74, 93n75, 93n76, 154, 157n133.

Knight, F., 279.

Köhler, M., 199n202.

Kregel, J., 191n183.

Krueger, M., 113n89.

Kumar, M.S., 195n194.

Kumhof, M., 29, 107n84, 233n216, 256n225, 265, 265n237, 282n246, 293n258.

L

Laeven, L., 165n138.

Laffargue, J.-P., 72n41, 186n170.

Lagos, R., 152n128

Lavoie, M., 107n84.

Law, J., 43, 57, 93.

Le Goff, J., 72n41.

Lerner, A.P., 92, 92n71, 93, 93n77, 157, 157n134.

Lietaer, B.A., 92n72.

Liikanen Report, 168n141, 170n143, 180n160.

Locke, J., 55.

Luxemburg, R., 64n33.

M

Mackenzie King, W.L., 80.

Macleod, H.D., 96n82.

Mairet, P., 79n49.

Mayer, T., 265n236.

McLeay, M., 113n90.

McLuhan, H.M., 108.

McMillan, J., 148n124, 149n125.

Mellor, M., 231.

Menger, C., 71~5, 151.

Mian, A.R., 188n178, 261n231.

Minsky, H.P., 92n72,121n99, 186n170, 189~190, 190n181, 190n182.

Mitchell-Innes, A., 153, 154n129, 157n134.

Moore, B.J., 107n85, 150n126.

Morrison, R., 231, 231n215.

Mosler, W., 92n72.

Munson, G., 79n49.

N

Nichols, D.M., 113n90.

North, M., 41n13, 72n41.

O

O'Brien, D.P., 81n53, 83n54.

Obstfeld, M., 186n170.

P

Palley, T.I., 64n33, 107n85.

Turner, A., 85n59, 145n114, 146n115, 168n141, 180n160, 192n185, 259n229, 285~6, 285n250.

V

Valencia, F., 165n138.

van Dixhoorn, C., 167n140.

van Lerven, F., 252n220.

Vickers Report, 170n143.

Vilar, P., 72n41.

Viner, J., 81n53, 279.

Vogl, J., 85n60.

von Mises, L., 96, 96n80.

W

Walsh, St., 156, 156n132

Walter, J., 285, 285n248.

Werner, R., 29, 107n84, 120n96, 121~122, 121n99, 173n148., 199n203, 231, 231n215.

Whale, P.B., 87, 87n62.

White, L.H., 85n58.

Wicksell, K., 150.

Withers, H., 78n48.

Wolf, M., 168n141, 285, 285n249.

Woo, J., 195n194.

Wray, L.R., 75n46, 92n72, 155n131.

Y

Yamaguchi, K., 29, 231.

주제 색인

L

loanable funds model(대부자금모델), 25, 103, 106~13. 121~3n99, 130n106, 114.

M

Marxism(맑스주의), 96, 257~8

maturity transformation(만기전환), 103, 131~2.

minimum reserves(최소지급준비금), 124~7.

'modern money' theory('현대화폐'이론), 57, 97, 157n134, 194, 231n215, 265.

Monetarism(통화주의), 24, 62, 196,

monetary financing(화폐적 자금조달), 80n51, 239, 242~44, 285~90, 292.

monetary intermediation(화폐 중개), 106. 114.

monetary policy(통화정책)

capacity orientation of(생산역량 기반 통화정책), 26, 200, 238~9, 248~53.

interest rate policy(금리 정책), 24, 84, 129~206, 252.

quantity policy(통화량 정책), 24, 84, 200, 238, 244, 252~3.

   --- in a sovereign money system(주권화폐시스템의 통화정책), 238~9,
     248~51, 253~56.

monetary prerogatives(화폐 권한), 22, 25, 76~81, 96, 230, 245, 293.

capture by banking sector(화폐 권한의 은행부문 차지), 25, 50, 95~7, 218~9.

legal and constitutional dimension(화폐 권한의 법적, 헌법적 차원), 22, 77n47, 85,
     87, 212~16, 216~9.

monetary privilege(화폐 특권), 56, 145~6, 240~41.

monetary quantity equation(화폐수량방정식), 171~76.

monetary quantum theory(화폐양자이론) 29, 65, 157~8, 171, 257~61.

monetary sovereignty(화폐 주권), monetary prerogatives(화폐 권한)을 보라.

monetary system, or money system, its relation to finance and the economy(화
     폐시스템 및 그것의 금융과 경제와의 관계), 19~20, 63 – 64, 74~5, 165~6, 170,
     229.

money(화폐), 62~3.

bankmoney(은행화폐), 47~50, 78~9.

T

주권화폐—준비금 은행제도를 넘어서
Sovereign Money. Beyond Reserve Banking

초판 1쇄 발행 | 2023년 10월 31일

지은이 | 조세프 후버(Joseph Huber)
옮긴이 | 유승경
편   집 | 배원일, 김민경
발행인 | 김태진
발행처 | 진인진
등   록 | 제25100-2005-000003호
주   소 | 경기도 과천시 관문로 92 101동 1818호(힐스테이트 과천중앙)
전   화 | 02-507-3077-8
팩   스 | 02-507-3079
홈페이지 | http://www.zininzin.co.kr
이메일 | pub@zininzin.co.kr

ⓒ 진인진 2023
ISBN 978-89-6347-576-9 93300

* 책값은 표지 뒤에 있습니다.